知的財産と
標準化戦略

FUJINO Jinzo
藤野仁三

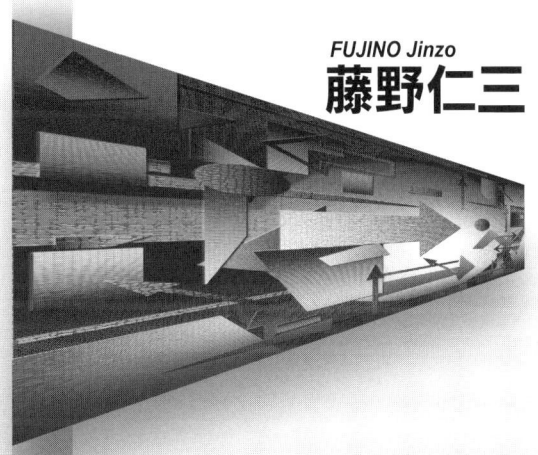

八朔社

はじめに
──特許と標準の交錯──

1 特許の特性

(1) 特許の目的

　特許制度は，発明の奨励によって産業・経済を推進することを目的とする。発明者に特許という独占権を認め，それをインセンティブとして社会全体に発明を奨励する制度である。しかし，特許が認められるためには条件がある。発明が新しく，産業に役立ち，そして技術進歩の伴ったものでなければならない。

　近代社会では，私的な独占は反社会的であるとして規制されることが多い。それなのになぜ特許の独占権は容認されるのであろうか。

　独占権を正当化する考え方として二つがある。一つが，発明者への制度的インセンティブを与えることにより発明が奨励されるとする考え方。これは特許法が目的としているものである。もう一つは，発明内容を広く社会に公開することによって，第三者がその発明を利用して新たな発明を生み出すきっかけにすることである。そのために特許制度では，発明の内容と権利の範囲が公表される仕組みになっている。

　発明内容の公開は，特許出願から 18 ヵ月後におこなわれる。公開された発明の内容は技術情報として利用できるので，改良発明や迂回発明を促す。最初の発明者に独占権を認めても社会全体としては制度上のメリットが大きいので，発明者個人への有限の独占権は法律で許容されるのである。

(2) 特許の活用

　特許制度は発明の情報を公開するための制度であるとすれば，企業はなぜ開発した技術発明を数多く特許申請するのであろうか。特許申請した発明は公開され，周知となる。特許を申請しない方が，むしろ発明情報を秘匿でき

るのではないかという疑問も起こる。

　確かにこれは重要な点である。日本企業は，従来から多数の企業発明特許を申請することで知られている。現在でも，年間30万件弱の特許が申請されている。仮に特許が認められるのは申請案件の半分とすれば，日本では年間10数万件程度の特許が成立していることになる。しかし成立した特許のうち，多くのものが実際には利用されていない「未利用」特許である。約4割が未利用特許であるという説もある。つまり，研究開発，特許申請，権利維持などにコストをかけながら，4割近くは特許から収益を得ていないことになる。

　このような特許活用の実態を踏まえ，近年ではできるだけ権利を活用することが求められている。一般的なのは以下のような活用である。

　①「**排他的活用**」　自社が発明した技術を特許化し，他社にはライセンスせずに技術を囲い込むことで他社の市場参入を阻止し，独占的な優位性の確立を目指す方法。60年代までのIBMなど，絶対優位の企業がとる基本的なアプローチである。

　②「**実施許諾（ライセンス）**」　特許使用料（ライセンス）収入そのものを期待したり，相互使用（クロスライセンス）契約を締結して他社技術との融合による技術的イノベーションを狙う方法。クロスライセンス方式は，1つの製品に多数の特許が関係して他社技術へのアクセスが不可欠な半導体業界やエレクトロニクス業界では普通に行われている。

　③「**特許共有化**」　これは「パテントコモンズ」と呼ばれる手法で，特許を広く無償供与し，第三者が一定条件の下で自由に実施することを可能にするものである。具体例としては，IBMの「オープン・ソースに対して500件の特許提供」（2005年）や，同じくIBMの「医療および教育分野に向け一定の特許の開放」（2008年）などが有名である。

　トヨタが2015年1月，燃料電池（FCV）関連特許6000件弱を無償開放すると発表して話題になったが，これもパテントコモンズにつながる動きと考えることができる。トヨタのFCVについては，次章で詳しく検討する。

(3) 実務と政策

　企業の特許制度に対する考え方は，大きく変化している。特許をビジネスを守るために活用するという受け身型の特許活用から，特許料収入を期待する積極的な権利活用，そして技術標準との連携を意識した戦略的な特許戦略など，特許活用が多様になっている。特に顕著なのが，ビジネスを推進するための知的財産の活用，いわゆる「知財マネジメント」重視への移行である。事業と切り離した特許活用ではなく，事業推進を目的とした特許の管理・活用に比重をおく考え方である。

　このような意識変化は，実務にも大きな変革をもたらす。つまり，従来型の特許実務は，権利取得や契約・訴訟という専門性が重視され，クローズドな業務形態となることが多かった。しかし，事業推進のための知財マネジメントのためには，他の関連部門との連携が重視される横型の業務形態が求められるようになる。つまり，企業の特許実務は，専門性の高いスタッフよりも，社内関連部門との連携のとれるスタッフが重視される。知財権の専門性については，必要に応じて，アウトソースすることもできるという発想である。表現を変えれば，企業の知財業務は，スペシャリスト型からジェネラリスト型に変容しつつあると言える。

　このような変化は，国の政策からも明らかである。日本政府は毎年「知的財産推進計画」を決定し，その実施を関係官庁が担っている。ちなみに，「知的財産推進計画2014」では，「産業競争力強化のためのグローバル知財システムの構築」，「中小・ベンチャー企業の知財マネジメント強化支援」，「デジタル・ネットワーク社会に対応した環境整備」，「コンテンツを中心としたソフトパワーの強化」の4つが重要施策となっている。最初の産業競争力強化のためのグローバル知財システムの構築の中に，「国際標準化・認証への取組」が位置づけられている。

2　標準化の特性

(1) 標準化の経済的効果

　標準化の特徴として，「ネットワーク外部性」，「スイッチング・コスト」，「ロックイン効果」などがある。これらは，本書のテーマの一つでもある，

知的財産権と標準化が交錯した時に生じるさまざま法律問題を考える際に重要なキーワードとなる。

①ネットワーク外部性　ネットワーク外部性とはネットワークに接続するユーザー数が多くなればなるほどユーザーの利便性が高くなる効果をいう。特に，情報通信技術（ICT）にみられる現象である。たとえば，電話ネットワークを例にとれば，内線電話よりも外線とつながる市外電話の方が，国内でだけつながる通信網よりも直接外国につながる電話ネットワークの方が利用者にとっては利便性が高い。

また，情報処理技術の場合，ユーザー数が多ければ多いほど使用されるソフトウェアの開発も活発になり，それがユーザーの利便性をさらに向上させることになる。このような特性から，標準化の目的は「普及」にあると言うことができる。

②スイッチング・コスト　スイッチング・コストとは技術やサービスの切り替えのためのコストであり，ある規格から別の規格に変更する際に発生するコストをいう。標準化技術は，その開発・普及までに大きな資本投資がなされているので，普及した技術を差し替えるには，技術変更に伴うコストが追加的に必要となる。それが，既存技術の切り替えに対する心理的・物理的要因となっている。

③ロックイン効果　ロックイン効果とは，ある技術が標準化されると，標準化した技術が定着し，世代交代が起こりにくくなることをいう。ロックイン効果により，標準化で先行した企業は市場での優位性を確立できる。そのため企業は標準化を急ぐ。しかし，ロックイン効果は，スイッチング・コストの問題ともあいまって，それが過度に働くと技術の世代交代を停滞させ，技術進歩を阻害する場合がある。したがって，ロックイン効果が顕著な市場では，独占禁止法に抵触する問題が常に浮上する。本書でもそのような事例を具体的に検討する。

(2)　標準化の戦略性
①ビジネス戦略　標準化の目的が「普及」であるとすれば，技術が標準化されると，その技術は公開され，普及し周知となる。また，標準化は，他

者にその使用を促す制度であるため，標準化によって市場が拡大したとしても標準化をリードした企業の競争優位性の持続は保証されない。したがって企業は，標準化した技術は開放するもののその周辺については標準化せずに知的財産権で囲い込もうとする。ここに，知的財産権と標準化の衝突が生じる背景がある。この場合，開放する技術と知的財産権で囲い込む技術の線引きをどうするかという問題があるが，裁判で争われるケースはほとんどが，知的財産権がコア部分に付着した場合である。

　②知財戦略との関係　　それでは，国家の知的財産戦略になぜ標準化政策が含まれるのであろうか。それは，知的財産の活用や国際標準の活用によって日本が国際競争力を強化できると国が考えているからである。国際競争力強化のためにはイノベーションを推進する必要があり，イノベーションにとって知的財産の活用と国際標準化が車の両輪であるとの認識をもっているからである。

　③オープン・クローズ戦略　　そのため，初期の知的財産推進計画では，標準化の実現が政策目標となっていた。しかし，最近では，標準化することで逆に市場優位性や市場競争力を失うことも判ってきた。そこで，標準化すべき技術と標準化すべきでない技術を峻別することが重要であると考えられるようになった。いわゆる「オープン」と「クローズ」の使い分けが事業戦略上重要であると認識されるようになった。

(3) 標準関連政策

　2014年版知財推進計画では前述のように，①グローバル知財システムの構築，②中小・ベンチャー企業の知財マネジメント強化支援，③デジタル・ネットワーク社会に対応した環境整備，④コンテンツを中心としたソフトパワーの強化—を重点分野として挙げている。

　その中で「グローバル知財システムの構築」が最重要施策で，「特許審査のための知財システム国際化推進」，「職務発明度の見直し」，「営業秘密保護の強化」，「国際標準化・認証への取り組み」，「産学官連携機能の強化」，「人材育成の場の整備」が具体的な政策項目となっている。

(4) 標準教育

　知的財産推進計画でとりあげた政策項目は，産業界だけではなく，学校教育にも影響を与えている。たとえば，国立高等専門学校や大学で，技術者教育の一環として，知的財産を選択科目として導入するところが増えている。

　また，技術系の大学院でも標準化についての知識の重要性が認識されている。特別講義を用意することもある。社団法人 日本工学教育協会が平成26年に開催した「第62回年次大会」（会場：広島大学東広島キャンパス）では，国際標準化のための特集セション「知的財産と標準化教育」が実施され，標準化教育の実態について発表がなされている。

3　交錯事例の出現

(1) 利害調整のための法規

　特許と標準化の特質をあらわすキーワードとして「独占」と「普及」を挙げた。独占と普及は，辞書的な定義からすれば本来矛盾するものであるが，経済社会という広い観点でみると，いずれも技術発展のインセンティブ効果が認められ，今日ではイノベーションの推進にとって必要な制度と考えられている。上述した「知的財産推進計画」がまさにそのことを示している。

　しかし，個別の事例を具体的に検討すると，特許のもつ独占と標準化のもつ普及が衝突して期待されている技術発展を促す機能が発揮できない場合がある。たとえば，標準化団体は，協議対象の技術に関連する特許がある場合には，それを公表することを団体の内規でメンバーに求めている。この内規は「特許ポリシー」(patent policy) あるいは「知的財産権ポリシー」(intellectual property right policy) と呼ばれている。しかし標準化団体の内規は，ルール（規則）としての拘束力がないというのが一般的な考え方であり，その拘束力や調整力は必ずしも大きくない。したがって，特許と標準が交錯した場合には，法律による調整が求められようになった。

　特許と標準化の交錯により生じる事件は，米国では1980年代になって顕在化した。特許保有者が関連特許の存在を明らかにしないで標準化を進めるパターンや，標準化後に関連特許を差別的かつ不公平に行使するパターンが一般的であった。

(2) ガイドライン

　独禁法は，基本的に判例にもとづいて違法性を判断するが，特許と標準化のように新しい時代の問題については，先例が少なくしかも時代の変化とともに独禁法の判断基準も変化が求められるようになる。そこで，独禁当局に何らかの指針を求める声が大きくなった。

　米国では，1995年に発表された「知的財産権ライセンシングに関する反トラスト法ガイドライン」をベースに独禁法の運用がなされてきた。しかし，2000年に入り，時代に即した違法性基準が当局の報告書（FTC Report）として発表されている。

4　パテントプール

　標準化は，相互接続性や相互操作性を可能にするため，とりわけ情報通信技術（ICT）分野では極めて重要である。ICT分野は特許出願も活発であり，おびただしい数の特許が存在する。そのため，事業化をすすめる際には入念な特許調査が必要となる。

　他者の特許に触れる可能性のある場合には，事前に特許ライセンス契約などを締結するなど特許のクリアランスが必要となる。しかし，関連特許が膨大なICT分野では，個々の特許を対象にしたクリアランス作業では間に合わない場合が少なくない。そのため，ある規格技術に関係する特許群をまとめて実施許諾できるような仕掛けが必要となる。その仕掛けは，規格関連の特許を提供してもらい，それをプールして一括して実施許諾するもので，「パテントプール」(patent pool) と呼ばれている。

　パテントプールの歴史は古く，19世紀に遡る。当時のパテントプールは，市場独占のための手段として利用されていたこともあり，パテントプールは独禁法に違法するとの考え方が最近まで有力であった。しかし，標準化の重要性が認識され，標準化を進めることが経済競争力を高めるとの認識が共有されている現在，パテントプールが違法とされる可能性は少ない。

　パテントプールについては第3章Ⅱで詳述する。

目　　次

はじめに──特許と標準の交錯

第1章　企業の標準化戦略…………………………………………13
Ⅰ　世代交代を促す戦略（クアルコムのWCDMA）　14
　　1　日韓当局の告発　　2　問題にされた契約条件
　　3　三社のプロフィール　　4　世代交代をめぐる駆け引き
　　5　基幹部品をめぐる駆け引き　　6　和解条件の内容
　　7　誰が真の勝者か　　8　事業戦略の見直し
Ⅱ　市場占有率を確保する戦略（アップルのスマートフォン）　34
　　1　スマートフォン特許訴訟　　2　当事者の主張
　　3　FRAND宣言問題の浮上　　4　基本ソフトのパッケージ化
Ⅲ　新市場創設のための戦略（トヨタの燃料電池車）　47
　　1　無償開放宣言の意味するもの　　2　先例の検討

第2章　標準の法律化…………………………………………………55
Ⅰ　米関税法下のFRAND抗弁　56
　　1　事件の概要　　2　特許クレームの用語解釈
　　3　FRAND抗弁　　4　意見書の内容　　5　委員会委員による反対意見　　6　本件の意義
Ⅱ　反トラスト法下の反競争的行為　69
　　1　はじめに　　2　連邦取引委員会（FTC）の調査開始と仮決定　　3　委員会による再審理　　4　まとめ
Ⅲ　ホールドアップ判例　87
　　1　はじめに　　2　エクイティの適用事例　　3　反トラスト法の適用事例　　4　その他の法理　　5　N-Data事件に見る新たな展開　　6　判例研究　　7　今後の方向性

目　次　11

第3章　排他権の調整 …………………………………………………… 105
　Ⅰ　権利制限理論　106
　　　1　はじめに　　2　事例の検討　　3　独禁法による制限
　　　4　特許法による制限　　5　権利濫用と信義則　　6　事
　　　例と一般条項　　7　まとめ
　Ⅱ　パテントプール　122
　　　1　パテントプールの歴史　　2　ライセンス規制　　3　わ
　　　が国のライセンス規制　　4　技術標準への適用　　5　ラ
　　　イセンススキームの実例　　6　ライセンス条件　　7　ま
　　　とめ
　Ⅲ　強制実施権　137
　　　1　はじめに　　2　環境の変化　　3　ICT分野の特徴
　　　4　強制実施権　　5　まとめ
　Ⅳ　社会領域論　149
　　　1　はじめに　　2　問題の所在　　3　衝突事例　　4　調
　　　整の必要性　　5　むすびにかえて

第4章　知財法制と判例 …………………………………………………… 161
　Ⅰ　職務発明法制史　162
　　　1　はじめに　　2　職務発明制度概観　　3　大正10年改
　　　正の背景　　4　昭和34年法への継受　　5　おわりに
　Ⅱ　特許適格（CLS事件米最高裁判決）　186
　　　1　事実　　2　争点　　3　判決　　4　判決理由
　　　5　判例研究
　Ⅲ　特許適格（ミリアッド事件米最高裁判決）　195
　　　1　事実の概要　　2　判旨　　3　解説
　Ⅳ　ディスカバリー命令権（インテル事件米最高裁判決）　201
　　　1　事実　　2　争点　　3　判決　　4　判決理由
　　　5　判例研究

第5章　知的財産マネジメント …………………………………………… 209
　Ⅰ　標準化政策　210
　　　1　規格は弱者を助ける　　2　知的財産推進計画　　3　標
　　　準化をめぐる利害の対立　　4　標準化と知的財産は異な

　　　　　る制度　　5　独自の標準化戦略の必要性　　　6　まとめ
　Ⅱ　並行輸入商標判例研究　219
　　　　　1　はじめに　　2　商標法の視点　　3　関連諸法の視点
　　　　　4　フレッドペリー事件　　5　消費者の利益　　6　まとめ
　Ⅲ　CAFC物語——栄光の日々と落日　249
　　　　　1　はじめに　　2　栄光の日々　　3　落日の予兆
　　　　　4　追い討ち　　5　CAFCの素顔　　6　今後の展開
　Ⅳ　標準化教育　259
　　　　　1　はじめに　　2　授業方法　　3　なぜ標準化が重視さ
　　　　　れるのか　　4　新しい時代の特許活用
　Ⅴ　知財権の正当化理論　268
　　　　　1　本書の目的と構成　　2　ジョン・ロックの所有権論
　　　　　3　カントの所有権論　　4　ロールズの所有権論
　　　　　5　知的財産権法の中間レベル　　6　おわりに

第6章　英文論考 ··· 275
　Ⅰ　The Employee Invention System in Japan—Review of its legislative history　276
　Ⅱ　Legal Theories to Combat Patent Holdup in Japan　306
　Ⅲ　Compulsory License: Potential Interface between Patents and Technology Standards　325
　Ⅳ　Case Note: *Higashi Murayama Tax Bureau v. Silver Seiko K.K.*　338

あとがき

第 1 章

企業の標準化戦略

I　世代交代を促す戦略（クアルコムのWCDMA）

1　日韓当局の告発

　アメリカの通信大手企業クアルコム（Qualcomm Inc.）は，2008年7月にノキア（Nokia Corp., フィンランド）との間で，そして2009年4月にブロードコム（Broadcom Com., アメリカ）との間で懸案であった特許紛争を和解によって解決した。一連の和解によって，クアルコムの前途は洋々であるかのように見えるが，最近になって新たな問題が浮上してきた。日本と韓国の独占禁止法（以下，独禁法）の執行当局が，クアルコムと世界の携帯電話メーカーとの間の契約に独禁法上の問題があると告発したからである。

(1)　日本からの排除措置の勧告

　日本の公正取引委員会は2009年7月，クアルコムに対して独禁法違反で排除措置を勧告した。新聞報道によれば，クアルコムは，日本の携帯電話メーカーとの間で携帯電話の通信方針に関する「第3世代技術」（3G）関連特許のライセンス契約を結ぶにあたって，メーカー側を不当に拘束する不公正な取引条件が含まれているとして，公正取引委員会がその改善を求めたものである[1]。

　クアルコムは3G関連の基本技術開発を開発し，それらの技術についての特許を多数所有していることで知られている。それらの技術を多用するために，日本の携帯電話メーカーはクアルコムから基本技術の提供を受け，しかも関連特許のライセンス（使用許諾）を受けなければならない。その対価として日本のメーカーは，携帯電話端末の卸売価格の5％未満のロイヤルティを支払うことを約束しているという。

　一般的には，特許技術に対するこのようなロイヤルティ率の高低が法律上の問題となることは少ない。それにもかかわらず公正取引委員会が今回問題にしたのは，契約条件の1つとして，日本の携帯電話メーカーが保有する

特許権を「行使できない」とする条項が含まれていたからだ。一部メーカーとの契約では，相手方の特許を無償で使用できる条項が含まれていることも問題とされた。なお，本稿執筆時点では，公正取引委員会のホームページには，今回の排除措置の勧告について何ら発表はない。⁽²⁾

　クアルコムは，この事態をある程度予想していたと思われる。その理由は，日本の公正取引委員会が2006年11月，クアルコムの行為に独禁法違反の疑いがあるとして調査を開始する可能性を通知しており，今回の勧告は，公正取引委員会のその後3年間の調査結果を踏まえた結論であるからだ。クアルコムは排除措置の勧告を公正取引委員会から受けたことを7月27日に報道機関向けに発表し，8月14日に，今回の排除措置の勧告に反論する方針を発表した。これはクアルコムが公正取引委員会と争うことを選択したことの表明である。

　今後，この問題は，公正取引委員会で正式な審判手続きが開始されることになる。それを踏まえて，公正取引委員会は，排除命令を出すかどうかを決定することになる。[3]

(2) 韓国では史上最高額の制裁金

　韓国でも同様の動きが報告されている。韓国公正取引委員会は2009年7月23日，クアルコムに独禁法違反の容疑で2600億ウォン（約194億円。以下，為替レートは2009年7月現在）の制裁金を科すことを発表した。クアルコムは，携帯電話の基幹部品であるCDMA（符号分割多元接続）チップセットを販売する際に，購入会社が製品全体の85％以上についてクアルコム製のチップセットを使用する場合には，購入した会社にリベートを提供し，CDMAの基本的な技術に関する特許使用料を割り引いた，という理由である。報道によれば，クアルコムのこうした行為は，CDMAチップセットを開発している韓国や台湾の企業の市場進出を不当に妨げたとされる。

　今回の制裁金2600億ウォンは，韓国公正取引委員会が決定した制裁金として史上最高の金額となる（『朝鮮日報』2009）。

2 問題にされた契約条件

　日本の公正取引委員会が今回問題としたのは,携帯電話技術をめぐる特許ライセンス契約の条件であった。具体的には,契約当事者の所有する特許の権利行使を禁止した条件を契約に盛り込むよう,クアルコムがその優位な地位を利用したことを問題にした。

　特許権の不主張を定めるそのような条項は,一般に NAP（Non-Assertion of Patents provision：特許非係争）条項と呼ばれるもので,特許ライセンス契約では必ずしも珍しいものではない。それでは,なぜ今回は排除措置が勧告されたのであろうか。それは,NAP 条項そのものが違法というよりも,クアルコムという市場影響力の大きい企業が NAP 条項を契約当事者に強いたことが問題になるからである。換言すれば,巨人クアルコムだからこそ問題になったのである。

　NAP 条項の違法性が初めて問題とされ,その判断が注目されたのが,マイクロソフト事件であった。この事件で日本の公正取引委員会は 2008 年 9 月,NAP 条項を契約に盛り込むことは不公正な取引方法にあたると結論づけた。マイクロソフトは,日本のパソコンメーカーとの間で結んだパソコン用基本ソフトの OEM 販売に関するライセンス契約の締結にあたり,日本の OEM 業者の所有する特許を侵害することを理由にして,マイクロソフトを訴えないことを契約のなかで確約させていた。そのような行為は OEM 業者の事業活動を不当に拘束するものであるとして公正取引委員会が問題にしたのであった。[4]

　今回のクアルコムに対する公正取引委員会の排除措置の勧告は,当然ながらマイクロソフト事件の審決を根拠としたものであろう。

　勧告を受けたクアルコムは,すぐに反論を表明した。クアルコムは,NAP 条項はライセンス契約ではごく一般に行われているものであって,契約当事者が長い交渉を経た上で自発的に合意した契約条件であるから何ら違法性はないと主張した。また,NAP 条項に合意できない契約当事者との契約では,NAP 条項は盛り込まれていないことも違法性否定の理由として挙げている。

　上述したように,NAP 条項単独では,契約自由の原則が優先され,独禁

法の違反理由とはなりにくい。それが深刻な法律問題となるのは，市場競争に大きな影響力を持つ企業がその条項を優位な立場を利用して強制する場合である。今回の公正取引委員会の勧告は，クアルコムの市場に対する影響力はマイクロソフトの場合と同じ程度に大きいと判断した結果であろう。[5]

　本稿は，このような独禁法問題に直面しているクアルコムが，携帯電話市場においてどのような事業戦略を展開してどのように市場力を獲得してきたかを，関連特許の動向および特許訴訟の観点から検討するものである。激しい攻防を展開したブロードコムとノキアについても検討することにする。

3　三社のプロフィール

(1)　クアルコム社

　クアルコムは，カリフォルニア大学の教員であったアーウィン・ジェイコブスを中心に，1985年7月にカリフォルニア州サンディエゴにて設立されたベンチャー企業である。

　1980年代前半のアメリカでは，自動車電話サービスの加入者が急増し，アナログからデジタルへの移行が検討されていた。しかし，当時のデジタル方式の標準技術は，TDMA（時分割多元接続）方式が主力であり，CDMA方式はその対象にはなっていなかった。

　アメリカの標準化機関，TIA（電気通信工業会）は1988年，TDMA方式を規格として採用した。このTDMA方式が第2世代技術（2G）であり，日本ではPDC方式（旧称：JDC），ヨーロッパではGSM方式として規格統一された。しかし，各国・地域間の相互互換性はなかった。

　クアルコムはTDMA規格の採用後もCDMA技術の優位性をアピールし，1988年にはサンディエゴでCDMAの実用実験に成功した。さらに1991年と1992年に第3世代技術（3G）であるCDMAの必須特許となる2件のアメリカの特許を取得した。[6]

　クアルコムはその後も関連特許を蓄積し，2008年末現在では総件数6641件，そのうち，2G関連特許の出願（公開）件数が1211件，3G関連特許の出願（公開）件数が2026件となっている。2001年以降のクアルコムの2Gと3Gの特許出願件数の推移を図1-1に示した。3G関連出願が2G

図1-1 クアルコムの2G・3Gの特許出願件数の推移（2001〜08年）

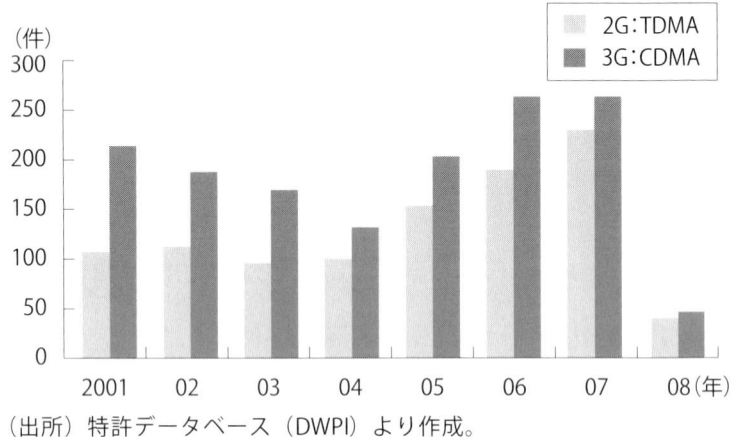

（出所）特許データベース（DWPI）より作成。

関連よりも多いことが見てとれる[7]。

(2) ブロードコム社

ブロードコムは，1991年にブロードバンド通信の実現を予想してカリフォルニア州アーバインに設立され，1988年に上場（IPO）された。現在では，家庭，企業，モバイル市場にブロードバンド通信の半導体ソリューションを提供するフォーチュン500企業としても知られている。

多様な製品ラインアップの1つがWCDMA/EDGE/GSM/GPRS電話およびPCカード対応の携帯電話ソリューションである。世界23カ所に販売拠点を持ち，52カ所にデザインセンターを持つ。従業員は世界で7200人という最大規模のファブレス半導体企業である（2009年9月現在）。2005年からの利益は，26億ドル（2005年），36億ドル（2006年），37億ドル（2007年），46億ドル（2008年）と右肩上がりで拡大している[8]。

ブロードコムの取得特許件数は，2002年以降，急速な伸びを示している。現在ではアメリカにおける特許総件数は3450件を超え，国外でも1350件あまりを取得している。出願中の特許も7350件を超える。そのなかで2G，3G両世代に関連するものは15％程度である[9]（図1-2）。

図1-2 ブロードコムの2G・3Gの特許出願件数の推移（2001〜08年）

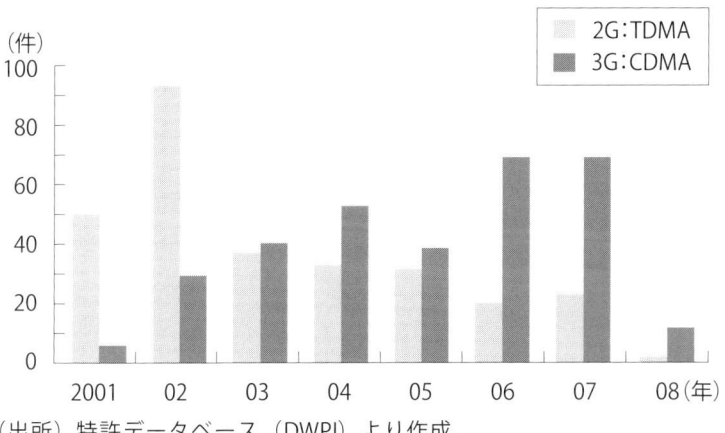

（出所）特許データベース（DWPI）より作成。

(3) ノキア社

　ノキアは，鉱山技師であったフレドリック・イデスタムが設立した製紙パルプ会社（1865年創設）にその起源がさかのぼる。20世紀初頭にケーブル事業を担当する会社が設立され，このケーブル事業会社が1960年にエレクトロニクス部門を開設し，1962年に無線通信機器の研究開発に着手した。

　このケーブル事業会社は1966年にノキアと合併し，翌1967年にはアナログ音声信号のデジタル化や電話線の通信容量を大幅に増やすPCM（Pulse Code Modulation）方式をとり入れた事業を開始した。そして1969年にはCCITT（国際電信電話諮問委員会）の標準に準拠したPCM方式の通信機器の販売を開始した。

　1970年代から1980年代にかけてモバイル通信に進出し，携帯電話端末や通信インフラ製品の開発に資源を集中し，これがノキアを通信分野のリーディングカンパニーに押し上げた。2000年からは2G携帯電話端末の有力なサプライヤーとなっている。

　クアルコムとの特許戦争がピークの時期（2005年〜08年）のノキアの正味売上高は，341億ユーロ（430億円。為替レートは2008年1月現在），411億ユーロ（518億円），510億ユーロ（643億円）と拡大の一途をたどる。

図1-3 ノキアの2G・3Gの特許出願件数の推移（2001～2008年）

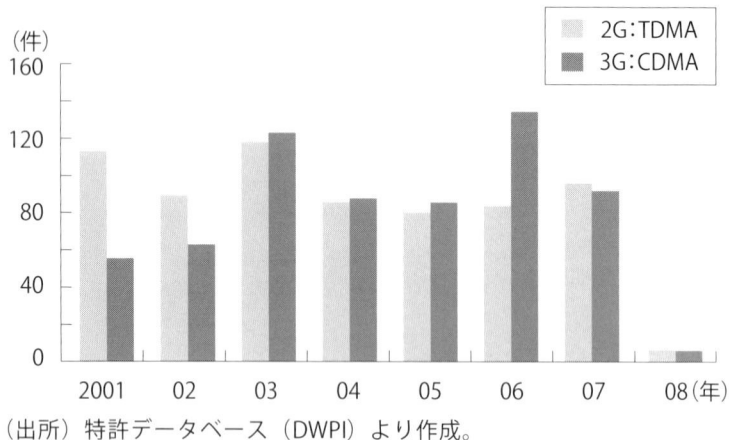

（出所）特許データベース（DWPI）より作成。

2008年には507億ユーロ（639億円）と前年比減益となっているが，それは膨大な裁判費用の影響による一過性のものと推測される。

ノキアは典型的な技術志向のメーカーで，多数の特許を保有する。1989年から2008年までの20年間に出願公開された特許件数は1万5856件にのぼる。そのうち，2G，3Gに関するものは総件数2297件であり，所有特許全体の約14％にあたる[10]（図1-3）。

4　世代交代をめぐる駆け引き

(1) クアルコムとノキアの綱引き

技術の進化につれて標準の世代交代も起こる。旧世代の標準に採用された技術を多数所有する企業にすれば，旧世代の標準が長く使用されることが望ましい。標準に関連する特許を多数所有する企業であれば特許料収入が継続するので，なおさらのことである。逆に，新世代の標準に関連する基本技術を持つ企業にしてみれば，標準の世代交代が早く行われることが望ましい。

携帯電話の通話規格である2G（TDMA）と3G（CDMA）をめぐる特許訴訟をくわしく検討してみると，背景にこのような考え方があることがわかる。たとえばノキアは，2Gの通信方式であるGSMについて数多くの関連特許

を保有している。図 1-3 に示すように，2005 年までは 2G の特許出願が 3G のそれより多い（図では出願公開された件数が示されている。それらが特許になるまでには 2～3 年かかる）。特許データから見ても，ノキアは少なくとも 2005 年前後までは，2G の規格をベースに事業を展開してきたといえる。

それに対してクアルコムは，図 1-1 で示すように，3G の基幹技術（CDMA 技術）に関する分厚い特許網の構築を志向している。クアルコムにとっては，早く 2G から 3G への世代交代が起こることが望ましい。3G では WCDMA と CDMA2000 の対立があり一本化が難しいという事情はあるものの，クアルコムにしてみれば，いずれに転んでも CDMA 技術が基盤であり，基本特許を多く保有しているので大きな問題ではない。

しかしノキアにとっては，GSM は世界で依然として支持されており，クアルコムの特許網が張りめぐらされている 3G に移行する理由はまったくない。

(2) 慣性の打破

通常，標準の世代交代は自然発生的には生じない。その理由の 1 つは，標準の特性であり「過剰慣性」という性質があるためである。この現象は，使い慣れた方式にユーザーが執着する傾向から生じる。したがって，世代交代を起こすには，過剰慣性を打破するきっかけが必要となる（藤野・江藤編著，2009）。

2000 年から 2005 年にかけての携帯電話市場は，ヨーロッパを中心に，アジア，南アメリカ，アフリカの開発途上国で 2G 方式の GSM が圧倒的なシェアを占めていた。クアルコムの予想では，この GSM 人気もいずれ下降線をたどり，3G 方式である CDMA に取って代わられるはずであった。

世界的に有名な調査会社を使って，2001 年から 2004 年の携帯電話端末の年間出荷実績をもとに，2009 年までの市場動向を調査した。それによれば，調査会社により時期的な違いはあるものの，総じて 2010 年前後に GSM から WCDMA への転換が加速されるとの分析結果であった。当然，クアルコムの事業戦略は，この市場予測を考慮したであろう（稲川，2006）。

しかし，2005 年になっても，GSM 人気の陰りは見られなかった。むし

図 1-4 世界の携帯電話サービス利用者数の推移 (2001〜2005 年)

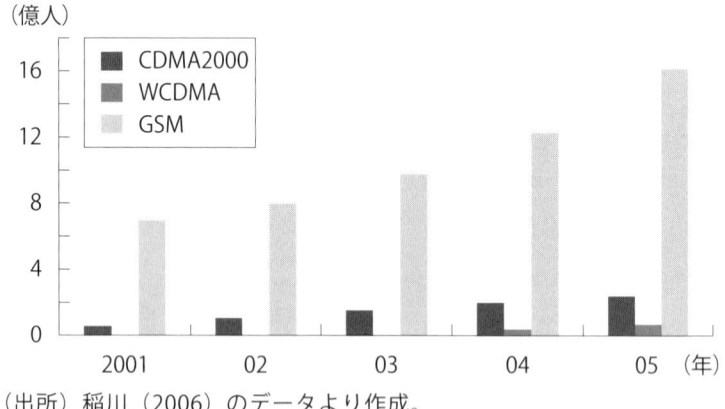

(出所)稲川(2006)のデータより作成。

ろ開発途上国を中心に，GSM の伸びは止まらなかった。このような状況で，クアルコムは，GSM に対する過剰慣性を断ち切ることが事業戦略上きわめて重要であると決断した。それは 2005 年になってからであった(図 1-4)。

(3) 特許戦争への突入

クアルコムはノキアとの間で，2001 年に CDMA インフラ設備をめぐる特許ライセンス契約を結び，両社の間でつかの間の平和が続いていた。しかし，両社の友好関係も 2005 年 4 月に破局を迎え，同年 11 月からすさまじい特許訴訟合戦に突入した。

まず，クアルコムがアメリカ国内でノキアを特許侵害で訴えた。その後 2007 年までに世界中で裁判が起こされた。クアルコムの提訴理由は，ノキアの技術や製品が「クアルコムの持つ 2G 特許を侵害した」であった。ここで注意すべき点は，裁判ではクアルコムが強みを持つ 3G 技術ではなく，ノキアの基盤である 2G 方式 (GSM) が争われたことである。

これに対してノキアもすぐに反撃に転じている。クアルコムが起こした個々の裁判に対して，ほぼ逐一，反訴を起こしている。ノキアの訴訟理由は，「ノキアの持つ 3G 特許をクアルコムが侵害した」であった。上述のように，ノキアのホームグランドは 2G であり，クアルコムに比べると 3G では後発

表 1-1　クアルコムとノキアの間の特許訴訟（2005 年～2007 年）

年月	原告	提訴理由	裁判所
2005 年 11 月	クアルコム	2G 特許 12 件侵害	アメリカ連邦地裁（サンディエゴ）
2006 年 5 月	クアルコム	2G 特許 2 件侵害	イギリス高等裁判所
2006 年 6 月	クアルコム	2G 特許 6 件侵害	アメリカ国際貿易委員会
2006 年 8 月	ノキア	確認訴訟	アメリカ連邦地裁（デラウェア）
2007 年 3 月	ノキア	特許無効	ドイツ・マンハイム地裁
2007 年 3 月	ノキア	特許無効	オランダ・ハーグ地裁
2007 年 4 月	クアルコム	2G 特許 3 件侵害	アメリカ連邦地裁（テキサス）
2007 年 4 月	クアルコム	2G 特許 2 件侵害	アメリカ連邦地裁（ウィスコンシン）
2007 年 5 月	ノキア	3G 特許 6 件侵害	アメリカ連邦地裁（ウィスコンシン）
2007 年 6 月	ノキア	3G 特許 6 件侵害	アメリカ連邦地裁（テキサス）
2007 年 8 月	ノキア	3G 特許 5 件侵害	アメリカ国際貿易委員会

（出所）藤野（2007）p.43。

であり，特許網もクアルコムに比べれば薄い。それにもかかわらず，クアルコム優位の 3G のフィールドであえて特許論争を挑んだのである。

このように，2005 年から展開されたクアルコムとノキアの特許戦争は，自分の得意分野ではなく，相手の得意分野での争いであることがわかる。これが何を物語るのかは明らかであろう。クアルコムの最大のねらいは，ユーザーの GSM 依存を断ち切ることである。「GSM は安住の地ではない」というメッセージをノキアはもとより世界中に送ることによって，3G への転換を迫ったのである。

それに対するノキアの主張は「われわれにも 3G 特許がある」というもの。これは 3G 特許網を誇るクアルコムに対する牽制であった。GSM 事業はノキアにとってドル箱であり，しかも開発途上国を中心に依然として市場からの支持を受けている。ノキアにとって，それを急いで手放す理由はどこにもない。ここに両社が壮絶な特許訴訟を継続する理由があった。筆者の調査によれば，2005 年から 2007 年にかけて，両社は 11 件の裁判や行政手続きをアメリカ・ヨーロッパで起こしている[11]（表 1-1）。

しかしこの「特許戦争」というべき状況も，2008 年 7 月 23 日に決着した。クアルコムがノキアに 15 年間の 3G 関連特許のライセンスを与え，ノ

キアが特許料をクアルコムに支払うことを条件に，すべての訴訟を取り下げることに合意したからである。[12]

5　基幹部品をめぐる駆け引き

(1) ブロードコムとの対立

クアルコムとブロードコムとの特許戦争も 2005 年にスタートする。先制攻撃はブロードコムが仕掛けた。ブロードコムは同年 5 月，クアルコムを 10 件の自社特許の侵害で提訴した。クアルコムによる 3G 特許の侵害という理由であった。同時に，クアルコムが輸入した半導体チップがブロードコム特許 3 件を侵害するとして，ITC（アメリカ国際貿易委員会）に提訴してその差し止めを求めた。ITC が侵害を認めれば，アメリカへの特許侵害品は差し押さえとなるので，ITC での審理は，事業者にとっては裁判以上に深刻な影響を与える。

このようなブロードコムの強気の特許攻勢は，3G 特許ポートフォリアの充実を抜きには考えられない。図 1-2 で示すように，ブロードコムの 3G 関連特許の出願件数は 2003 年に 2G 関連を逆転した。とはいえ，クアルコムの 3G 特許出願件数に比べれば，数量的には 4 分の 1 〜 5 分の 1 の件数であり，ブロードコムが比較劣位にあることは否めない。

ブロードコムの特許攻勢に対して，クアルコムは本社のあるサンディエゴの連邦地裁を中心に，ブロードコムを相手取って反訴を起こした（表 1-2）。両社の特許をめぐる訴訟戦略の成否は，ITC の判断にかかっているといっても過言ではなかった。なぜならば，クアルコムは自ら製造設備を持たず，外国で自社仕様の半導体チップを製造し，それを輸入するビジネスモデルをとっており，その利益は全体の 60% にも達していた。ITC で輸入差し止め命令が出されると製品供給が断たれることになり，クアルコムとしては，それは絶対に避けなければならないものであった。

もう 1 つ，クアルコムの事業戦略にとって重要な裁判がある。ブロードコムがニュージャージー連邦地裁に提訴した反トラスト法違反事件である。この事件で争われたのは，クアルコムが「合理的かつ非差別的な条件」（RAND 条件）でライセンスを与えるという標準化機関の方針（「パテントポリ

表1-2　クアルコムとブロードコムとの間の特許訴訟（2005〜2007年）

年月	原告	提訴理由	裁判所
2005年5月	ブロードコム	10件の特許侵害	アメリカ連邦地裁(サンフランシスコ)
2005年5月	ブロードコム	3件の特許侵害	アメリカ国際貿易委員会
2005年7月	ブロードコム	反トラスト法違反	アメリカ連邦地裁(ニュージャージー)
2005年7月	クアルコム	7件のGSM特許侵害	アメリカ連邦地裁(サンディエゴ)
2005年10月	クアルコム	2件の特許侵害差し止め	アメリカ連邦地裁(サンディエゴ)
2006年3月	クアルコム	企業秘密摂取・特許侵害	アメリカ連邦地裁(サンディエゴ)
2007年4月	ブロードコム	標準作成時の不正行為	アメリカ連邦地裁(サンフランシスコ)

（出所）クアルコム，ブロードコム両社のプレスリリースより作成。

シー」）に違反し，実際には合理的とはいえない高い料率でのライセンスを強要しそれによってCDMA技術の独占を勝ちとったかどうか。しかし，審理の過程で，クアルコムが標準化作業にかかわったことを示す証拠を隠滅した事実が発覚し，訴訟代理人にペナルティが科せられた（藤野・江藤編者，2009）。

　クアルコムとブロードコムの特許戦争の特徴は，携帯電話，特に3G方式の携帯電話の心臓部ともいえる半導体チップをめぐる技術的な論争となった点である。それは，クアルコムとノキアの場合のように，端末の標準の世代交代をめぐる網引きという事業戦略をにらんだものではない。これは，3G携帯電話への半導体チップ販売に活路を見出そうとするブロードコムにとって生き残りをかけた争いであった。[13]

(2) 差し止めをめぐる攻防

　アメリカ特許の所有者は，自分の特許を侵害する製品が外国から輸入された場合，連邦関税法の下で侵害製品の差し止めを請求することができる。この請求の適否は，準司法機関であるITCが判断し決定する。ITCは，日本の公正取引委員会と同じように委員会による審理を経て，最終的に差し止め請求を認めるかどうかを決定する。差し止めを認める決定が出されると，大統領がそれに対する拒否権を発動しない限り，侵害製品は水際で差し止められ，アメリカ国内への陸揚げはできなくなる。

　ブロードコムは2005年5月，クアルコムを相手取り関税法に基づく差

し止め命令を ITC に求めた。クアルコムがブロードコムの有線・無線通信に関連する 5 件のアメリカ特許に侵害する半導体チップを輸入したという理由であった。ITC はこの請求を受け入れ，調査を開始した。ITC の行政法判事はブロードコム特許 5 件のうち 3 件が有効であるとし，そのうち 1 件だけについてクアルコムによる侵害を認めた。残りの 2 件については侵害を認めなかった。

ITC の委員会は行政法判事の認定（＝特許 1 件侵害）に基づき，クアルコムによる侵害チップの輸入差し止めを決定した。この決定に対してクアルコムが連邦特許高裁に控訴したが，特許高裁は 2008 年 9 月に基本的に ITC の決定を支持した。[14]

この決定に対して，ブッシュ大統領（当時）の拒否権発動の有無が注目されたが，結局，大統領は拒否権を発動せず，差し止めは確定した。これは，収益の 6 割を半導体チップ販売に頼るクアルコムにとって大きな誤算であった。

(3) 損害賠償をめぐる攻防

ブロードコムは 2005 年 5 月，ITC への差し止め請求とは別に，連邦地裁に 2 件の特許侵害訴訟を提起した（表 2 参照）。第 1 の事件は，上記の ITC 提訴と同一の特許 5 件を含む侵害裁判であった。

それを受けてクアルコムは同年 7 月，紛争特許 5 件のすべてが無効であり，特許侵害は発生しないとする確認判決を求める反訴を行った。この事件は，その後一部の係争特許について別の裁判所に移送されるなど曲折があったが，最終的に ITC の決定が出るまで裁判所での審理は棚上げされた。結局，クアルコムの裁判所ルートでの反撃は成功しなかったのである。

第 2 の事件では，別の 5 件のブロードコム特許がクアルコムのチップ製品によって侵害されたかどうかが争われた。第 1 の事件同様，この事件でもクアルコムは係争特許 5 件に対する特許無効・非侵害の反訴を行った。その後，係争特許 5 件のうち 2 件が争いの対象から除外され，残りの 3 件について陪審員は特許侵害を認めた。クアルコムは 1960 万ドルの損害賠償を命じられた。クアルコムは，損害賠償の理由とされた 2 件の特許について，

裁判の途中で特許の有効性に疑問があるとして，アメリカ特許庁に再審査を申請していた。しかし裁判所は再審査の結果を待たず 2008 年 3 月，2280 万ドルの損害賠償をブロードコムに金利を加えて支払うよう命じ，クアルコムの敗訴が決まった。

6 和解条件の内容

冒頭記載のとおり，クアルコムはノキアとの特許紛争を 2008 年に和解で解決した。またブロードコムとの特許紛争も 2009 年に和解した。一般に，和解内容の公表については，当事者間の合意が必要となる。別の見方をすれば，公表された内容を検討することによって，当事者の立場の強弱がある程度推定できることを意味する。

ノキアとの和解条件は，ノキアがクアルコムから 15 年間の 3G 特許ライセンスを得て，それに対する特許料を支払うこと以外の詳細は公表されていない。一方，ブロードコムとの和解契約については，SEC（アメリカ証券取引所）への提出書類から部分的に和解の条件を知ることができる。

ここでは，SEC に提出された和解契約書をもとに，ブロードコムとの和解条件を検討してみよう[15]。

(1) 和解条件の検討

ブロードコムとの和解契約は 2009 年 4 月 26 日に締結された。この和解により両社間で「訴訟の取り下げ」「関連特許の不主張（ただし，クアルコムは和解金として 8 億 9120 万ドルを支払う）」「紛争特許の非独占ライセンス」「関連特許の譲渡」が実現した[16]。

①訴訟の取り下げ　両社が当事者となった係属中の裁判はすべて取り下げられる。全世界の裁判が対象で，特許裁判だけではなく，行政処分を求める裁判や独禁法訴訟も取り下げの対象である。特に独禁法訴訟としてブロードコムが提出した欧州委員会および韓国公正取引委員会での調査請求の取り下げについては，具体的に地域・国名が明記されている。また，世界の標準化機関のパテントポリシー違反問題についての手続きも取り下げの対象として具体的に明記された（和解契約書第 4 章 2 項）。

②関連特許の不主張　　クアルコムが手付金（2億ドル）の支払いを完了した後，クアルコムとブロードコムの両社は，相手方に対する訴訟を一切提起しないことになる。対象は特許訴訟だけではなく，行政処分を求める手続きや独禁法訴訟も今後提起されない。両社は，両社の子会社および両社製チップのユーザーに対して，所有する関連特許の侵害訴訟を提起しないことに合意した（同第5章）。特許不主張の期間は4年間である(17)（同第6章3項）。

　③係争特許の非独占ライセンス　　ブロードコムは，クアルコムとの訴訟で争われたあらゆる特許（「係争特許」）に関して，非独占の無償ライセンスをクアルコムに許諾した（同第7章）。

　④関連特許の譲渡　　ブロードコムは，所有特許のうちクアルコムが望むものを譲渡することに合意した。そのために，ブロードコムはクアルコムに関連特許のリストを提供した。クアルコムはそのなかから譲渡希望の特許を指定することができる。この手順を踏むことで，クアルコムは無償でブロードコム特許の譲渡を受けることができる。クアルコムに譲渡された特許についても，ブロードコムおよびその子会社は非独占のライセンスを保有する（同第8章）。

7　誰が真の勝者か

　2005年から一気に表面化したクアルコムとライバル企業2社との壮絶な特許戦争は，上述のように，ノキアとは2008年に，ブロードコムとは2009年に和解が成立して終結した。

　和解金の授受という側面だけから見れば，ノキアはクアルコムへの特許料支払いに合意したのであるから，クアルコムの軍門に下ったといえなくもない。それではクアルコムが本当に勝者かというと，それも断言は難しい。なぜならば，クアルコムは本稿でその沿革を紹介したように典型的なベンチャー企業であり，紛争解決は多数の投資家が最も関心を持つ事項であり，投資家へのIR情報として公表されるのが普通である。しかしノキアとの和解については，そうではなかった。これは，クアルコムにとっては本意ではない結末だったことを物語るのではあるまいか。つまり，ノキアとの和解交渉はノキアの思惑どおりに進んだとは言い切れないのである。

今回の和解により，ノキアは今後クアルコムの特許に煩わされることなく事業展開ができることになった。圧倒的な特許ポートフォリオを持ち，業界で「ABQ」(Anything but Qualcomm，クアルコムでなければ何でもよい）と揶揄されるほどの存在感を示すクアルコムとの間の特許問題が解消できるのであれば，和解金額は保険料と考えることができる。長い目で見れば決して高くないのかもしれない。

今回の和解成立についての発表のなかでは，GSMに関連した内容のものはない。あくまでも筆者の推測であるが，ノキアにすればドル箱事業であるGSM事業を支障なく推進できる何らかの保証があったからこそ和解に応じたのであろう。ノキアの2008年の事業規模（税引前利益約6300億円）を考えれば，和解金はむしろGSM事業継続のために必要な経費と考えることもできよう。[18]

和解により，クアルコムは今後4年間で9億ドル弱（900億円弱）をブロードコムに支払うことになった。これはブロードコムがSECに提出した報告書（Form 8-K）に記載されている。和解金の授受だけで判断すれば，クアルコムはブロードコムとの特許戦争に敗れたことになる。

ベンチャー企業である両社にとって，和解金額の公表は経営上きわめて重要である。支払う側にすれば，多額の和解金支払いはできるだけ公表したくはないであろう。しかし，受け取る側は，同じ理由から公表を強く求めるであろう。このようなIR上の力学に立てば，公表に強く反対したであろうクアルコムを押し切ってSECへの報告という形で一部とはいえ金額を含めた和解条件を発表したことは，和解交渉におけるブロードコムの立場の強さを示していると見てよいであろう。

確かにクアルコムは，ブロードコム特許の侵害のために自社仕様の半導体チップをアメリカ国内に輸入できない状況が迫っていた。このような状況での和解交渉である以上，ブロードコムに足元を見られることはやむをえないことであったろう。

ただクアルコムにとって，ブロードコムとの特許問題が解消され，チップ取引が煩わされることなく継続できるようになったことの意味は大きいであろう。2005年以降，クアルコムの訴訟費用は年間100億円に達していた

といわれ，それが和解により不要になることを考えれば，潤沢な財務状況にあるクアルコムにとって今回の和解金額はそれほどの出費といえないかもしれない（Myslewski, 2009）。

8　事業戦略の見直し

(1)　ルービン副社長の退任

クアルコムの事業戦略見直しの予兆は，対ノキア，対ブロードコムの訴訟がピークとなった2007年に見られる。まず，同年2月に訴訟チームにキャロル・ラムが法務担当副社長として加わったことである。これは，これまでクアルコムの特許訴訟を実質的に1人で率いてきたルイス・ルービン副社長の権限の分散化を意味した。そして，同年8月，ルーピンは自己都合により辞職すると発表した。クアルコムは更迭という観測を否定したが，明らかにクアルコムに不利な判決が連続したことに対する引責であろう。本稿でも触れたように，2005年からスタートした特許訴訟は2007年に佳境に入り，しかもクアルコム敗訴の判決が続いていた（藤野，2007）。

ルーピンは，1995年から2007年までクアルコムの法務問題を担当した。ライバル企業に対する特許訴訟では代理人として訴状に名を連ねており，彼が特許訴訟推進チームの中心人物であることは明らかであった。彼は実質的にクアルコムの特許・ライセンス問題を一手に握っていたようである。

そのような法務担当責任者が，新任の法務担当役員が着任してほぼ半年後に退任したことを考えあわせると，ノキアそしてブロードコムとの一連の和解交渉については，新任の副社長のラムが陣頭指揮をとったと推測される。その推測が正しければ，2005年にルーピンが振り上げた刀を，ラムが元のさやに収めたことになる。

(2)　ローゼンバーク副社長の着任

それでは今後，クアルコムの事業戦略はどのようなものになるのであろうか。そのカギをにぎるのが，2009年1月に上級副社長として着任したドナルド・ローゼンバーグであろう。ローゼンバーグはIBMに30年近く在職し，メインフレームコンピュータ関連の訴訟を担当した経歴を持つ弁護士である。

その後アップルに移り，法務担当副社長としてアップルの法務問題を担当した経歴を持つ。ローゼンバーグは，グローバルな訴訟問題に経験豊富であり，クアルコムとしては，今後，ヨーロッパ，韓国，日本で予想される独禁法をめぐる当局との争いに備えた布石であったろう。

　独禁法をめぐる審判事件は，商事事件のなかで最も複雑かつ長期化する。当然，費用も巨額となる。特許侵害訴訟で財務力を消耗したクアルコムが，どれだけ独禁法訴訟の長期戦に耐えられるかは予断を許さない。

　独禁法をめぐる争いは，市場へのインパクトが特許問題に比べて格段に大きい。違反ナシとの判断が下されても，企業には負のイメージが残る。クアルコムがそこまでのリスクをとるかどうかも疑問である。むしろ，圧倒的に強みを持つ3Gの時代をできるだけ長く維持するための事業戦略にシフトすると考えるのが順当であろう。その手綱さばきは，新任のローゼンバーグの副社長の手腕にかかっている。

⑴　『朝日新聞』2009年7月27日夕刊，1面。『読売新聞』や『日本経済新聞』の同日付夕刊にも同旨の記事が掲載された。
⑵　本稿脱稿後の2009年9月30日，公正取引委員会はクアルコムに対する排除措置命令を行った。公表された命令の根拠は必ずしも新聞報道と一致していないが，本稿は新聞報道をベースにした。
⑶　独禁法は，公正取引委員会が審判手続きを開始し，違反の事実を確認した場合は，審決を下した後に排除措置命令を出すことを前提にしている。これが正式審決と呼ばれるものである。しかし，今回の場合のように，正式審決を下す前に違反行為者に対して適当な措置を講じることを勧告した場合には，新たに審判手続きを進めず勧告内容と同一の内容の審決を下すことになる。違反行為者が排除措置を応諾すれば，排除措置に従うことを認めたことになるので，正式な審判手続きを省くことができる。このような略式審決は「勧告審決」と呼ばれ，正式審決とは区別される（谷原，2001，p.81）。
⑷　2008（平成20）年9月16日審判審決（平成16年［判］第13号）。
⑸　「契約自由の原則」は「所有権絶対の原則」「過失責任の原則」とともに日本の民法の三大原則をなすものである。
⑹　これらの特許は，「出力制御技術」「ソフトハンドオフ技術」に関するもので，第3世代の基本技術である。
⑺　2G, 3G関連の特許出願件数は，特許データベース（DWPI）を利用して，IPC（国際特許分類）により検索したものである。資料提供は日本技術貿易IP総研。
⑻　ブロードコムのホームページより（2009年9月）。

⑼　データベース DWPI から検索。注⑺参照。
⑽　注 9 に同じ。
⑾　対ノキア訴訟の詳細については，藤野（2007）pp.40-48 を参照。
⑿　クアルコムのプレスリリース（2008 年 7 月 23 日）。
⒀　ライバル企業同士が生き残りをかけて特許裁判を争った先例として，新興のアマゾンと全米最強の書店チェーン，バーンズ＆ノーブル（B&N）の訴訟が有名である。この事件は，B&N がオンライン書店を立ち上げたので，創業後間もないアマゾンが，「ワンクリック購入」モデル特許を盾にして B&N を牽制したもの。この事件は，パソコン画面のワンクリックで書籍購入ができるシステムに特許が認められた（いわゆる「ビジネスモデル特許」）ことで話題になっているが，黎明期のアマゾンにとって生き残りをかけて巨人 B&N に挑んだ訴訟戦略の手段として特許が利用された例でもあった。Jacobson（2009）参照。
⒁　最終的には，いくつかの点についての判断に問題があるとして，ITC に差し戻した。
⒂　ブロードコムの提出した Form 8-K（2009 年 4 月 26 日）。
⒃　和解条件の詳細は，ブロードコムが SEC に提出した Form 8-K に添付された契約書（秘密事項は削除されている）による。
⒄　クアルコムは今後ブロードコムに対して 4 年間に 8 億 9210 万ドルを支払うことに合意した。そのうち 2 億ドルは手付金として 2009 年 6 月 30 日までに支払われる。残余の支払いは，16 回に分けて四半期ごとに行われる。
⒅　出所は，ノキアの 2008 年アニュアルレポート。同レポートによれば，正味売上（net sales）は 507 億 1000 万ユーロ，税引前利益（profit before tax）は 49 億 6600 万ユーロである。本稿では，1 ユーロ 126 円のレートで円換算した。

［参考文献］

Broadcom (2009a) Broadcom Corporate Overview.
――(2009b) Form 8-K.
――Press Release (Archives).
『朝鮮日報』（2009）「携帯電話　半導体チップ会社 Qualcomm に公正委，課徴金 2600 億ウォン賦課」7 月 24 日，A1 面：「公正委，2600 億ウォン市場最大課徴金賦課」同 B1 面。
藤野仁三（2007）「クアルコムの標準化戦略と特許戦略」『日本知財学会誌』4 (1)，40-48 頁。
――(2009)『標準化ビジネス』白桃書房（江藤学共編著）。
稲川哲造（2006）「キンドルが変える出版業界 "旧秩序"」『週刊東洋経済』8 月 29 日号，48-52 頁。
Jacobson, Ayako (2009) "Qualcomm Surrenders in Broadcom Patent Spat – Only Lawyers Annoyed." The Register, 27th Apr.
Nokia (2008) Annual Report, Excerpts/

Qualcomm (2008) Qualcomm Corporate Overview.
——Press Release (Archives).
谷原修身（2001）『独占禁止法の解説〈四訂版〉』一橋出版。

II　市場占有率を確保する戦略 (アップルのスマートフォン)

1　スマートフォン特許訴訟

　米国アップル（Apple）と，韓国サムスン電子（Samsung）のスマートフォン端末およびタブレット端末に関する知財訴訟は 2011 年から世界各地で繰り広げられた。そして 2014 年 8 月 6 日に米国を除く全ての地域でこれらの訴訟を取り下げることを両社は共同発表した。世界各地を巻き込んだこれらの知財バトルの背景には何があったのか。これらの疑問を読み解くには，事件の概要を振り返るとともに，スマートフォンビジネスの現状，両社の事業戦略を考えなければならない。

(1)　アップルの先制攻撃と FRAND 違反

　両社の裁判は 2011 年 4 月にさかのぼる。最初に訴訟を仕掛けたのはアップル。サムスンのスマートフォン端末「Galaxy」シリーズとタブレット端末「Galaxy Tab」シリーズがアップルの特許，意匠，商標を侵害するとして米国，ヨーロッパ，アジア，オセアニアの諸国でサムスンを訴えた。これにサムスンもすぐ反発した。サムスンは，それぞれの国ですぐに自社の特許にiPhone／iPad が侵害するとしてアップルを訴えた。

　またたく間に訴訟は広がり，2012 年には世界 10 カ国で争われることになった。アップルの主張は「タッチパネルなどの先端技術に関連する特許，意匠，商標などの侵害」である。一方のサムスンは「広範な技術分野でアップルが自社特許を侵害する」と主張して対抗した。裁判が行われた国は，米国，ドイツ，フランス，英国，イタリア，オランダ，スペイン，オーストラリア，韓国，日本の 10 カ国におよんだ。

　裁判の特徴は，グローバルな訴訟戦略を採っていることに加えて，アップルの主張する「FRAND（フランド）違反」の問題が裁判で争われたことである。FRAND の問題は，サムスンの必須特許宣言に起因するもので，サムス

ンが無線通信規格に関する必須特許を「公正，合理的かつ非差別的な」条件（FRAND）でライセンスすることを拒んでいるのは標準化機関の「知的財産権ポリシー」（IPR Policy）に違反するとアップルは主張した。欧州委員会もこれが新しい形態の競争法（＝独占禁止法）違反問題だとして調査を決定し，知財訴訟に新たな一面をもたらした。

(2) 訴訟の経緯

訴訟直後は，アップルが優勢であった。実際にいくつかの国でアップルの仮差し止めの請求が認められた。例えば，オランダではサムスンのスマートフォンの初期の一部機種が，そしてドイツではタブレット端末が，アップルの意匠権を侵害するとして仮差し止めの命令を受けた。

しかし，その他の国では仮差し止めは認められなかった。オーストラリアや米国では，一審で仮差し止め命令が認められたが，結局控訴審で一審の判決が破棄された。

2012年になると，知財権の侵害問題をめぐる審理が本格的に始まり，同年7月には英国で意匠権の侵害をめぐる判決が出された。英国の一審はアップルの主張を認めず，アップルが敗訴した。そして8月には韓国，米国，日本でも一部判決が下りた。韓国の裁判所は両社の主張を退け，痛み分けの判決となった。日本ではサムスンの特許侵害は認めず，アップルの主張は認められなかった。

ところが，米国のサンノゼ地裁ではアップルの全面的勝訴となった。この判決はメディアでも大きく取り上げられ，関心を呼んだ。サンノゼ地裁の判決は，陪審裁判によるものであった。

また，2013年の2月には日本の東京地裁が，民法の基本原則を適用してサムスンには特許の損害賠償を求める権利はないという注目すべき判決を出した。しかし知財高裁は2014年5月，この地裁判断を退け，アップルのサムスンへの特許侵害を認め損害賠償額を算定した。

2　当事者の主張

(1) アップル

　アップルが主張する知的財産権は，特許，商標，意匠の複合型であった。具体的にいうと，特許はロック解除やバウンススクロールに関連するものが中心であった。ロック解除特許は「USP8046721」に代表されるが，この特許をめぐって Android に搭載されている指先による9点でのパターン解除技術の特許侵害が争われた。

　商標は，アイコンデザインに関する米国商標10件とトレードドレス2件が主張された。トレードドレスとは，画面上のアイコン形状や配置レイアウトの特徴を保護する商標権の一つである。また，デザイン特許として，トップダウン型またはフルスクリーン型メニューの生成画像に関するデザイン特許やポケット型のコンピュータおよびデータ処理装置に関するデザイン特許が主張された。

　米国の場合，デザイン（意匠）も「パテント」の一種であり，「デザイン特許」（design patent）と呼ばれている。初代 iPhone のデザイン特許は「D558758」で登録されている。ちなみに，日本の「特許」は，米国では「有用特許」（utility patent）と呼ばれるものである。

　裁判で争われた特許の技術分野は，「電気通信」「同一局における送信機および受信機（例：トランシーバ）」「無線電話設備の細部」「表示を有するもの」が中心で，その特徴は，これらの技術と，携帯端末の形状やグラフィカル・ユーザー・インタフェース（GUI）に関するデザイン特許，商標そしてトレードドレスなどを組み合わせて権利主張していることである。

　アップルは2012年6月に，経営破綻したカナダ Nortel Works から，米国マイクロソフト（Microsoft）やソニーなどと共同で，通信・半導体関連特許6000件以上を買収した。これは，サムスンや米国モトローラ（Motorola）との裁判を意識したものだと考えられている。

(2) サムスン

　これらのアップルの動きに対してサムスンの主張は，メーカーとしてのも

ので比較的シンプルである。その特徴は，長年メーカーとして蓄積してきた膨大な特許出願数を背景に，無線通信や画像処理などの広域分野での特許権を主張している点にある。サムスンは，最近は世界トップクラスの特許出願数となっており，分厚い特許網を構築していることがその背景にある。

サムスンは，第3世代（3G）モバイル通信技術の標準である「広帯域符号分割多元接続」（WCDMA）規格について，必須特許を所有していることを宣言していた。サムスンは今回の一連の訴訟で，これらの必須特許がアップルの iPhone や iPad により侵害されたと主張した。

(3) 勝敗を左右する陪審制度

アップル，サムスン両社の主張のポイントや訴訟戦略は，米国地裁での弁論を追うと理解しやすい。カルフォルニア州のサンノゼ地裁の裁判でアップルの訴訟代理人は，陪審員に対してサムスンのデザイン模倣を視覚的にアピールする戦略を採ったといわれている。

アップルの代理人は，iPhone の市場導入の前後では，Galaxy のボディー形状が大きく変わっていることを視覚的に示し，サムスンがアップルの iPhone デザインを「盗用したことは明らかだ」と主張した。これに対してサムスンの弁護士は「製品デザインは市場ニーズに影響を受けたもので，当時の業界全体が角張ったボディーデザインから丸みを帯びたボディーデザインに移行していた時期だった。デザイン盗用の主張は当たらない」と反論した。さらに「そもそもアップルのデザインは旧知のもので権利は無効である」とも主張した。

しかし，陪審員はアップルの主張を全面的に支持し，iPhone に関わる特許3件とデザイン特許2件，そしてトレードドレス2件が侵害されたと判断した。サムスンの主張（アップルによる自社特許3件の侵害，デザイン特許4件の侵害）は陪審裁判では認められなかった。

3 FRAND宣言問題の浮上

(1) FRAND宣言のリスク

サムスンは1998年，欧州域内の電気通信関連の標準化を進める「欧州電

気通信標準化機構」(ETSI) に対し，欧州の携帯電話技術の標準化に不可欠な必須特許を所有していると宣言していた。ETSI の特許取扱についての内規である「IPR ポリシー」によれば，標準作成メンバーは所有する当該標準の必須知的財産権（IPR）を ETSI に善意で申告しなければならない。

サムスンによる必須特許の宣言は，この IPR ポリシーに基づくものであるが，その宣言を受けて ETSI の事務局は，局長名でサムスンに対し第三者からの要請があれば必須特許を「公平，合理的，無差別の条件」（FRAND）でライセンス許諾するようにと事前に通知していた。

ETSI の IPR ポリシーに明記されている FRAND とは，「Fair（公正），Reasonable（合理的）and Non-Discriminatory（無差別な）」の略字であるが，この一文により，必須特許を持っている ETSI のメンバー企業は，保有する必須特許について，FRAND 条件でライセンスすることが求められることになる。

一方，特許所有者は，特許という独占権を保持しており，ライセンス条件を自主的に決めることができる。このため，高額な特許ライセンス料を要求したときに「FRAND 条件の約束と異なる」という問題が生じる。

アップルとサムスンの知財訴訟では，ライセンス交渉の中でサムスンが一台当たり 2.4％のロイヤルティーの支払いを求めたことが明らかになった。これに対しアップルは「業界の相場感からすればそれは極めて高いロイヤルティーであり，結果として競業者を市場から排除することになる」と主張して，各国の独禁当局に独占禁止法違反の申し立てを行った。

欧州委員会は 2012 年 1 月，サムスンの行為が独禁法違反に当たるかどうかの調査を行うと発表した。また，韓国の公正取引委員会も同年 9 月，アップルの告発を受け，サムスンに独占禁止法の違反があったかどうか調査すると発表した。

(2) **FRAND 条件と独占権の衝突**

この問題は何もアップルとサムスンの間だけで起こっている問題ではない。WCDMA の必須特許の権利行使をめぐる競争法違反の紛争は，米国マイクロソフト（Microsoft）と米国モトローラ（Motorola，現在はモトローラ・モビ

リティとモトローラ・ソリューションズに分割）の間や，その他のスマホ企業の間でも起きている。

マイクロソフトもアップル同様，3G 通信方式に関する必須特許について高いロイヤルティーを要求することは FRAND 条件に違反するとしてモトローラを独禁法違反で訴えている。

米国での独禁法違反の裁判は，「特許濫用」の有無が争点となる。標準必須特許の濫用に対して制裁を認めた判決例は少なく，標準必須特許に対する侵害差止めを認めるかどうかの判断は前例がなく，裁判所がどのように踏み込んだ判決を下すかも興味深い点となっていた。特に，米国でまだ最終的な裁判所の判断が出されておらず，それが，両社が各国で訴訟を取り下げる中でも，米国を除外した理由の 1 つであると考えることができる。司法判断が明らかにならなければ，標準必須特許の戦略が立てられないからである。

(3) 基本ソフトを巡る争い

①シンビアンの時代　スマートフォンの売り出し当初，基本ソフト（OS）の主役は「シンビアン（Symbian）」であった。この OS は，英国のシンビアン社が携帯 PC 用 OS として開発したものをフィンランドのノキア（Nokia）がスマートフォン用ユーザーインタフェースに改変したもの。2007 年にはサムスン，LG などの携帯端末にも搭載され，広く普及した。シンビアンベースの OS の 1 つに「シンビアン UIQ」がある。この OS は，モトローラ，ソニー・エリクソン製のスマートフォンに搭載された。

2007 年上期に販売されたスマートフォンの搭載ソフトの中では，シンビアンが圧倒的なシェアを握っていた。2007 年の第 2 四半期（4～6 月）ではその市場シェアは 72% となっていたが，それが 2008 年には 5 割を切り，2009 年の第 2 四半期には 35% にまで後退した。結局，ノキアは 2011 年にシンビアンからの撤退を決めた。

ノキアのシンビアンが急速に地盤沈下した背景には，当時，業界が直面していた基本ソフトのライセンス料の問題があった。シンビアンを搭載する場合，一台当たり 5 ドルのロイヤルティーが求められており，それがスマートフォン市場拡大の足かせとなっていた。この状況から，スマートフォン

OS の無償ソフトの開発が活発になった。この動きの背景に，ノキアによる市場独占への反発もあったことはいうまでもない。

　②**アンドロイドの登場**　　米国グーグル（Google），サムスン，韓国 LG エレクトロニクス（以下，LG），モトローラ，台湾 HTC，米国クアルコム（Qualcomm），米国 T モバイル（T-Mobile），米国スプリント（Sprint），NTT ドコモ，中国移動通信（チャイナ・モバイル）など 34 社は 2007 年，標準策定のためのフォーラム「オープン・ハンドセット・アライアンス」（Open Handset Alliance：OHA）を設立して，携帯端末の基本ソフト「アンドロイド（Android）」の開発に着手した。OHA の活動はグーグル主導で進められた。アンドロイドはリナックスをベースにして開発され，無償で提供された。アンドロイドの無償提供を契機に，他の基本ソフトも足並みをそろえてソフトの無償化に踏み切った。

　このような流れの中で，ノキアも「シンビアン」の無償化を迫られ，結局それに追随せざるを得なくなる。そして，それが後のシンビアン撤退の遠因となる。ノキアのシンビアン撤退の理由については，さまざまな報道があるが，興味深いのが，無償化後のシンビアンの品質に問題があったという指摘である。

　従来，高いロイヤルティーを受け取ることでシンビアンの品質は保証されていたが，オープンソース化によってその質の維持が困難となり，結局はユーザー離れを起こしたというのである。これはオープンソース・ソフトウェア（OSS）のもつ脆弱性を示す好例ともいえる。

　③**アンドロイドの知財権問題**　　アンドロイドは，シンビアンと入れ替わるようにスマートフォン市場でそのシェアを伸ばしていった。シェアが拡大した理由の 1 つは，アンドロイドがスマートフォンのプラットフォームとして利用できるため，携帯端末メーカーは独自のデバイスやソフトウェア，ユーザーインタフェースなどを付加して，メーカー独自の機能を付加することができるという柔軟性があるためであった。

　しかし，アンドロイドは特許クリアランスという面では脆弱であった。Java 関連の著作権訴訟が米国で提起されると，アンドロイド陣営に少なからぬ不安感が生まれた。Java 特許はそもそも米国サン・マイクロシステム

ズ（Sun Microsystems）が保有していたもので，サンはグーグルとの間の既存のライセンス関係に満足し，訴訟提起は控えていた。しかし米国オラクル（Oracle）による2010年のサンの買収で状況が急変した。オラクルがJavaプラットフォームの著作権・特許権侵害を理由にグーグルを訴えたからである。オラクルのサン買収の目的の1つは，急速に拡大するアンドロイド市場を知財権ロイヤルティーのさらなる収入源とすることにあったと言われている。

一般的にはこのような特許権者の攻勢に対して，企業はクロスライセンスで対応しようとする。グーグルもその例に漏れず，クロスライセンスでの決着を図ったようだ。しかし新興企業であるグーグルには保有特許件数が少ないため，対等な立場での交渉が難しかった。

ちなみに，2010年末での米国特許の保有件数を比較すると，マイクロソフトが1万5000件超，アップルが約2800件，グーグルは約500件であるのに対して，モトローラは1万6800件である。そのために，グーグルは，無線通信分野に強い企業を傘下に収める動きを展開したのである。

最初にカナダのNortel Works社に触手を伸ばしたが，アップル連合に敗れたことは既に述べた。その後，グーグルはモトローラ・モビリティを125億ドルという破格の値段で買収して保有特許を増強した。1万件を超えるモトローラ特許を手中に収めたことは今後の交渉力を引き上げる上で重要であった。買収発表時に，グーグルのCEOは「モトローラの製造部門を引き継ぐことはない」と明言し，2014年1月にモトローラのスマートフォンやタブレット事業をレノボに売却した。ただし，グーグルは，モトローラの特許は保有していることから，買収の目的はモトローラの特許にあったことは明らかである。

4　基本ソフトのパッケージ化

携帯電話端末は半導体プロセスの進歩による高集積化によって，さまざまな部品や機能がパッケージ化された。2000年代に入り，回路，ベースバンドIC，アプリケーションプロセッサ，メモリなどを1つのICに統合するワンチップ化やソフトウェアも含めて機能を1つのICに統合するカプセル化

が急速に進んだ。

　ワンチップ化やカプセル化は，階層（レイヤー）の異なるコア技術をパッケージ化したものと考えることができ，そのレイヤーの積層度により，パッケージ機能の高低が決まる。ある意味でこれは「縦型のレイヤー標準」ということができる。

　このようなパッケージ化は，技術プラットフォームや開発支援ツールの充実と関係し，従来とは異なる産業発展を促す。従来の携帯端末のメインプレーヤーだけでなく，技術蓄積の少ない新興国の端末メーカーでも携帯端末市場に参入できるような事業環境が整うからである。

　言い換えると，基本ソフトを含む標準技術がパッケージ化され，それをプラットフォームとして利用できるようになると，資本があれば誰でも標準機能を搭載した低中級のスマートフォンが製造できるようになるのである。

　このことは，1990年代の終わりから2000年代にかけての主要メーカーの顔ぶれを見れば明らかである。90年代後半の携帯電話端末の主要プレーヤーは，ノキア，モトローラ，エリクソンという伝統的な製造メーカーであった。それが2000年代初頭からは，サムスン，LGの韓国勢が加わり，5強の時代となる。しかし，2000年代末になると，絶対的な市場シェアを保持していたノキアが後退し，リサーチ・イン・モーション（RIM），アップル，マイクロソフトなど米国の新興のベンチャー企業がプレーヤーとして登場する。彼らは，製品設計は行うが自らは製造しない「ファブレス」（Fabless）のビジネスモデルを採ることで知られている。

　また，ファブレスの受け皿としてこれまで下請けの地位にあったアジアの新興企業も，カプセル化した標準技術を使用して自らのブランドで市場参入もできるようになった。現在の中国メーカーの躍進もこれらの状況が背景にあったということができる。

(1) **標準化，オープン化の抱えるリスク**

　アップルとサムスンというスマートフォンの両雄の知財紛争は，当然，世界の注目を集めた。和解のためのトップ会談が何度か開かれたが，なかなか合意に至らなかった。しかし，それがなぜ2014年8月になって裁判の取

り下げを決意したのか。そこには廉価版のスマホで市場シェアを伸ばす新興勢力の存在がある。

アップルとサムスンの争いを「標準技術をパッケージ化した製品同士のシェア争い」と考えると，これまでの報道では取り上げられていない新たな問題が見えてくる。すなわち「新興国への技術移転」という深刻な問題である。

なぜ，基盤技術がまだ十分に育たない新興国で，ハイテクの象徴ともいえるようなスマートフォンが製造できるのか。また，その国の企業が，自社ブランドとして世界で展開することが可能なのか。これらの疑問に対する回答は，実は日本の歴史を振り返ることで導くことができるのである。

(2) 工作機械が生産拠点を変えた

一定の品質のものを大量に自動で製造するために使われる製造装置として工作機械がある。第二次世界大戦後の工作機械市場は，米国とソ連の両大国が二分していた。これらに対抗すべく，日本では，工作機械の中でも放電加工機と NC（Numerical Control）工作機械の開発に力を入れた。源流をたどれば，放電加工機はロシアの技術者が基本技術を発明している。またNC工作機械は米国空軍のヘリコプターのプロペラを加工するために生まれたものと言われている。しかし，最終的に日本企業が技術改良に成功し，日本製の工作機械が市場を席巻するようになった。

日本は1982年に工作機械の生産高で世界トップに立ち，それ以後ドイツの追い上げを受けながらも，トップの座を維持し続けている。さらに，日本の工作機械の輸出額は1996年以降，急速に伸びた。大きな輸出先となっているのが，韓国，台湾，中国と他の東南アジア諸国である。

日本からの工作機械輸出が大きく伸びたのは，デジタル機器の製品化が進んだ時期と一致する。デジタル化された製造技術がソフトウェアとして工作機械に組み込まれていく。そこで，技術インフラの乏しい新興国でも，日本から購入した工作機械を使えば，一定水準の品質を確保した製品を大量に生産できるようになった。

従来の新興国の製品は低価格，低品質のものが多かった。しかし，日本から輸入した工作機械を使用して製造した製品は，かつての「安かろう悪かろ

う」というイメージを払拭できるほどの品質向上を実現させた。このような製品が，価格メリットもあってやがて日本市場を覆い尽くしてしまうことになる。いわゆる「ブーメラン現象」である。結果的に競争力を維持できなくなった日本企業は国内生産をやめ，アジアに拠点を移すようになる。

　デジタル技術をベースとした情報通信技術（ICT）革命は，従来とは異なる産業発達を促すことが明らかになっている。日本が誇っていた品質主義も，標準化されソフトウェア化された製造プロセスの普及によって，もはや絶対的な差別化要因として機能しなくなった。それは日本の国際競争力の低下を見れば明らかである。

(3)　壮大なブーメラン

　工作機械が有効な製品分野と無線通信分野では事情は異なるが，デジタル化の生産方式への影響は基本的に同じである。従来の伝統的な製造業の場合には，蓄積された技術力を持つ企業しか市場参入ができなかった。しかし，デジタル化が進んだ市場では，資金力と柔軟な発想を持つ経営者を有する企業であれば市場参入が可能になった。さらに，製造技術を活用することで，短期間で主要なプレーヤーとなることができるようになった。これらの新たなプレーヤーたちは，伝統的な価値観と事業形態に縛られて動きの遅い企業に，国際市場からの退場を促している。

　このような事業モデルの多くは，米国で考え出された。そこで生まれた製品アイデアにもとづく革新的製品は，ファブレスという生産様式の下で，労賃の安い外国で製造され，それが先進国市場にブーメランのように還流する。

　この設計と生産の分離は，生産拠点となった新興国に局所的な技術ストックをもたらす。それが，基本ソフトを含む標準化された汎用ソフトウェアの利用によって，ノウハウを蓄積した伝統的な企業をも凌駕（りょうが）するようになった。そこでは，国家や産業全体というマクロな技術基盤の底上げのための非効率な分配をせずに，有限のリソースを特定の分野に限定して振り向けることで国際競争力を得ることを目指す。韓国はICT分野に特化して国際競争力を高めてきた。そして現在，サムスンやLGというグローバルな競争力を持つ企業が現れた。台湾でもHTCは，スマートフォン市場の主

プレーヤーの一角を担っている。

　今後は，ICT 分野に限らず，あらゆる分野で，技術的，営業的，経営的なノウハウが標準化・パッケージ化され，それが汎用ソフトとして提供されていくことになるであろう。その場合に汎用ソフトに含まれるような知的財産権が，これまでのように独立した排他権を主張できるかどうかは不透明である。ソフトウェア特許の潜在的な問題について，米連邦取引委員会（USFTC）が 2003 年に特許制度の見直しを含めた問題提起を行っている。アップルとサムスンの知財紛争は，まさにそのような不透明な問題への回答をわれわれに求めていたのである。

(4) 迫られた事業戦略の変更

　最後に，アップルとサムスンの米国を除く裁判の取り下げ声明に関する 2 つの疑問点について考えてみる。「なぜ 2014 年 8 月になって訴訟を取り下げたのか」と「なぜ米国の裁判は除外されたのか」である。

　まず「米国を除く諸外国で訴訟を取り下げたのはなぜか」であるが，それはスマートフォンの販売データを見ると明らかになる。サムスンのスマホのマーケットシェアは下降を続けている。また，アップルもシェアを落としている状況は変わらない。両社はこれまで市場の 2 強ともいえるメインプレーヤーであった。つまり，それぞれのシェアを落とすことがそのまま自社の利益につながった。しかし，中国の Huawei や Lenovo，Xiaomi などの新興メーカーが大幅にシェアを伸ばしており，両社のシェアが食われていることが明確化してきた。ライバルはアジアの新興勢力となったわけである。これでお互いが訴訟でけん制し合う理由がなくなった。

　それではなぜ米国では裁判を続けるのか？これは今後の新たな訴訟に向けた布石のためだと考えることができる。企業の戦略に関わる問題であり，部外者が知り得るものではないが，推測は可能である。つまり，アップルやサムスンが，新興勢力をけん制しようとした場合，そのツールとして有力なのは特許を中心とした知財権となる。新興企業が多くの知財を保有しているとは考えにくいためだ。そして，米国が依然として重要な市場である限り，特許の権利行使は不可欠なものとなる。

ところが，FRAND 宣言した特許の効力（差し止め）について，米国裁判所の判断はまだ確定していない。この判断が確定しない限りは，今後の新たな戦略は立てようがない。そこで米国での裁判所の判断が確立するのを待って方針を策定しようという"見極め"の姿勢に入っているのだと推測できる。この司法判断については間もなくめどが立つと予想されており，それを踏まえて今度は新興勢力に対する知財攻勢を行うことになるであろう。

III 新市場創設のための戦略（トヨタの燃料電池車）

1 無償開放宣言の意味するもの

　トヨタ自動車は正月明けに，燃料電池自動車（FCV）の普及に向けた取り組みの一環として，同社が保有している約5680件の内外特許を無償でライセンス供与すると発表して，話題となった。トヨタのFCV特許の無償公開について，「ITMediaニュース」は，以下のように報じた。

>　「トヨタ自動車は1月5日，同社が保有する燃料電池車関連の全特許5680件を無償提供すると発表した。燃料電池自動車を早期に普及させるため，ほかの自動車メーカーや水素ステーション整備を進めるエネルギー会社などに特許の実施権を無償で提供する。米ラスベガスで開かれる家電見本市「2015 International CES」開幕に先立つ記者会見で，ボブ・カーター北米トヨタ上級副社長が発表した。燃料電池スタックや高圧水素タンクなど燃料電池システム関連の特許を利用して燃料電池車の製造・販売を行う場合，2020年末までの特許実施権を無償で提供。水素ステーション関連の特許は，期間を限定せずに無償とする。特許を利用する企業はトヨタに申し込んでもらい，具体的な条件などを個別に協議した上で契約書を締結する予定。同社は昨年12月，世界初の一般向け燃料電池車「MIRAI」を発売している。」（出所：http://www.itmedia.co.jp/news/articles/1501/06/news147.html）

　今回の発表内容やその意図について，さまざまな憶測や評価がある。たとえば「なぜ特許を無償公開するのか」，「なぜ2020年までの期限付きか」，「米テスラ・モーターによるEV関連特許の開放と関係があるか」，「FCVでホンダとの協調は可能か」などについて，ネット上でも様々なコメントが飛び交った。これらの疑問点について検討してみる。

(1) なぜ特許を無償公開するのか

　トヨタが燃料電池自動車の研究開発に着手して30年近く経つと報道されている。その研究開発の成果は、今回無償公開されると発表された5700件弱の特許と考えて間違いない。本来、特許は対象技術を独占するための権利であるので、それを無償でライセンスするということは、開発技術に対する優位性を放棄することであり、業界として「歓迎すべき」（池自工連会長）というコメントが出ても不思議ではない。

　常識的には、特許取得のコストを回収するため、できるだけ権利活用することを考えるのが普通だ。しかし、今回の発表は、常識的な発想を超えたものであるので、その意図が見えにくくなっている。

　今回の発表内容は、特許活用というよりも、標準化戦略という視点で考えると判りやすい。つまり、FCVという新しい市場を確立するために必要な特許技術を開放することで、FCV市場への参入を促し、ガソリン車から水素燃料車への世代交代を計るという意図があると考えるのである。

　技術を標準化するために関連特許を活用することは一般的ではない。しかし時代は変わった。スマホの特許戦争からもわかるように、特許料を得るために特許を使用する時代から、特許を手段としてマーケット確保をする時代なりつつある。言い換えれば、特許活用は、事業戦略の一環としてより経営の視点にたって行われる時代となったのである。

　今回の特許無償公開の裏には、ハイブリッド車の教訓があるのではないかという指摘がある。つまり、ハイブリッド車は日本で普及したものの、世界ではそれほどでもなかったのは、関連特許で囲い込みをしたためだという理由である。筆者は、必ずしもその考えには賛同しない。その理由は、ハイブリッド車はガソリン車市場内での高付加価値製品であり、それは基本的にモデルチェンジしたものへの消費者の購買意欲に依存するもので、市場を変えるものではないからだ。

　今回のFCVの場合、燃料供給のためのインフラを替える必要があり、新しい市場に乗り換えるための大掛かりな仕掛けが必要となる。そのためには、長年の研究成果の成果を開放することも厭わない―という決断をしたのであろう。

(2) なぜ2020年までの期限付きか

このように考えると，トヨタは無償の特許開放期限をなぜ有限にしたのかという疑問に対する回答もおのずから導き出せる。標準化活動とは，仲間作りの動きでもあり，トヨタとしては，早期にFCVに世代交代させるために，参入企業をできるだけ早めに仲間に入ってもらう必要がある。電気自動車(EV) という有力な規格候補があるので，早くFCVへの流れを作ることは，事業戦略上，極めて重要となる。言い換えるならば，同業他社に今後の流れがどうなるかを様子見されては困る。速やかにFCVの仲間に入ってもらうために，期限を設定したと考えるのが合理的であろう。

(3) 米テスラ・モーターによるEV関連特許の開放との関係

電気自動車 (EV) の普及を左右するのが，急速充電器の規格統一である。政府は，「知的財産推進計画2012年」の中で，2013年を目処に急速充電器の接続部の国際標準化をはかるとして日本発の「CHAdeMO」の国際標準化を推進してきた。

CHAdeMOは，2014年4月にEV用急速充電規格としての国際標準化が実現し，あとは普及を待つばかりの段階になった。そのような時期に米テスラ・モーターが電気自動車関連特許を開放すると発表した (2014年6月)。これはEVへの流れを加速させることを意図したものであろう。

標準には，ある技術が規格として採用され普及すると，それを置き換えるのは難しいという特性がある。これを「ロックイン」または「過剰慣性」と呼ぶ。つまり，利用者は使い馴れたものに固執する傾向があり，新製品が出てもなかなか乗り換えをしないことをさす。

もしEVがガソリン車に代わる規格となれば，その時には現在のガソリンスタンド網と同じように，充電装置や充電システムが全国，全世界に張り巡らされることになる。一たんEVのインフラが整備されると，それに代えて水素ステーションを設置するということは，現実にはかなり難しいことになる。

環境保全の観点からFCV規格が望ましい理由はだれにも理解できる。ガソリン車の場合，化石燃料資源が有限であり，排ガスによる大気汚染の問題

がある。また，電気燃料の場合には，電気を作るために化石燃料が必要であり，しかも環境汚染を引き起こす。それに対して水素燃料は，環境への負荷が少なく，「究極のエコ」と呼ばれている。しかし，標準化の世界では過剰慣性がはたらき，どれほど代替品がよい物であっても世代交代が簡単には起こらないのである。

(4) ホンダとの協調

ニュース報道によれば，ホンダは本年度中に，日産は2017年度に，それぞれFCV車を販売予定だと言われている。とりわけホンダは，FCV車の技術力ではトヨタに並んで双璧と言われている。トヨタがFCV特許の公開を決めたことで，ホンダの事業戦略にも影響を与えることは必須であろう。

トヨタは今後，開放特許の利用者（ライセンシー）との間で，一種の協調関係つまりアライアンスを作ることになる。そうすると，ホンダとしては，トヨタのアライアンスに参加するか，あるいは別のアライアンスを作るか，はたまた一社でデファクト・スタンダードを追求するか，その選択肢は限られてくる。

トヨタのアライアンスに組みすれば，当然ホンダの特許も開放せざるを得なくなる。それを拒めば，対抗アライアンスを作ることになる。しかし，これは両刃の剣で，下手をすると次世代DVDのBlu-rayとHDのように，陣営による規格統一の争いとなり，インフラ整備に手が回らない可能性も出てくる。また，一社でのデファクト作りは，仮にそれが成功したとしても，トヨタ・アライアンスへの対抗規格というイメージがつきまとう。これは，新しいFCV車市場を発展させるというオールジャパンのニーズとも合わない。

ホンダとの協調は可能かという疑問に対する回答は，ホンダが，FCVの事業戦略を，ガソリン車市場の延長として考えるか，全く異なる新しい市場を作るという発想に立つかによって大きく異なってくるであろう。

2 先例の検討

特許取得にはかなりの費用がかかる。国内の場合と外国の場合では異なるが，仮に特許一件あたりのコストが平均して300万円かかるとしよう。そ

うすると約5680件の特許の取得費用は，約170億円かかったことになる。今回のトヨタの発表は，そのコストの特許による回収を放棄することを宣言したということになる。大きな驚きをもって受け止められたのも不思議ではない。

　当然ながら，トヨタにはそれ以上に大きな市場機会をイメージしているのであろう。つまり，新しいFCV市場の創設である。FCV市場を作る場合，燃料供給のためのインフラを替える必要があり，新しい市場に乗り換えるための大掛かりな仕掛けが必要となる。そのためには，特許という独占権を捨て，同業他社の参入を促してFCVを推進しようとしたと考えることができる。

　このような事業戦略には先例がある。IBMの提唱した「パテント・コモンズ」がその一つである。

(1) IBMモデル

　①パテント・コモンズ　　IBMは2004年から毎年，世界中のさまざまな国や地域で有識者を招き，「Global Innovation Outlook（GIO）」を開催してきた。そこで，医療や環境，安全，政府の役割，企業の未来といった今日的課題について議論をしてきた。このGIOで提案されたアイデアの一つが「オープンソース・コミュニティに対する特許の公開」であり，「環境保護に貢献する特許の開放」である。これらは「パテント・コモンズ」と呼ばれる構想である。

　なぜ「オープンソース」に特許を開放するのか。この疑問に答えるためには，1980年代後半から米国でソフトウエア関連発明に特許が認められるようになったという時代背景を理解しておかなければならない。その後，パソコンやインターネットの全盛時代になると，当然ながらオペレーション・ソフトウエア（OS）にも特許保護が認められるようになる。

　当初，Windowsのように企業内で開発されたプロプライアティ・ソフトウエア（proprietary software）がソフトウエアの主流であった。しかし，次第にLINUXに代表されるオープンソース・ソフトウエア（OSS）の存在感が増し，スマートフォンの場合，OSSであるAndroidの方がプロプライアティ・ソフトウエアであるiOSよりも優勢となっている。

OSS の人気が高まると，当然，OSS に対する特許攻勢が激しくなる。OSS の開発者は第三者からの特許侵害訴訟を心配をしなければならなくなる。OSS 陣営は，開発した OSS 関連の知的財産権を主張しないことにしているが，第三者からの権利主張に対してそれは何ら抑止効果をもたない。そこで IBM はオープンソースを後押しするために，関連特許の開放を決めたのである。2005 年 1 月のことであった。

②エコ・パテント・コモンズ　環境関連の特許については，2008 年に「エコ・パテント・コモンズ」が設立された。エコ・パテント・コモンズには，有識者の会合である「世界経済人会議」が中心となり，ノキア，ピツニーボウズ，ソニーなどの企業が賛同した。コモンズに登録された特許は，WBCSD の専用サイトで公開され，無料で誰もが利用できるようになっている。2010 年 7 月現在，ボッシュ，ダウ・ケミカル，デュポン，富士ゼロックス，HP，などが加わり，様々な業界を代表する世界的な企業 12 社がエコ・パテント・コモンズの取り組みに寄与し，100 件を超える特許が開放されて環境問題への取り組みを推進している。

開放特許には，有害廃棄物発生の削減や省エネ，節水など環境問題に貢献するものに加えて，環境保全にプラスの効果をもたらすための製造技術や購買・物流などのビジネスプロセス向けの特許も含まれている。

エコ・パテント・コモンズの設立目的は環境保全のために既存技術の活用を促進し，新しいイノベーションを醸成する企業間の協働を促進することにあった。つまり，環境を切り口としたオープン・イノベーションの新たな試みである。エコ・パテント・コモンズには，環境保全に貢献する技術については，特許による独占という負の部分を解消しようという意味も込められている。

この点について，IBM の知的財産部長の上野剛史氏は「自社ビジネスの大きな成長を図るためには，オープン・イノベーションを推進し，市場を更に拡大させるという戦略的なアプローチが重要になってきます。… そのための一つの方策として，独占的なアプローチだけでなくオープンなアプローチも最大限に活用する，という視点が必要でしょう。まさに，知的財産戦略が経営戦略の中核の一つとして位置づけられるべき時代が来ている」（日本

IBM ホームページ）と語っている。

(2) IBM モデルとの違い

①パテント・コモンズの場合　　ここで，トヨタの FCV 関連特許の無償開放と IBM のパテント・コモンズ構想を比較してみよう。両社とも業界は異なるが圧倒的な特許所有件数を誇る。ちなみに，2014 年の米国特許発行件数では，IBM は第 1 位。22 年連続でトップの座を保持している。トヨタも第 21 位であるが，自動車メーカーでは断トツである。そして，特定の技術領域に関係する特許群（ポートフォリオ）を無償で開放するという点でも共通する。

しかし相違点もある。オープンソースに対するパテント・コモンズの場合，IBM モデルは基本的に自社ビジネスのインフラ構築をねらいとしたものである。つまり，OSS が普及すれば，自らのソリューションビジネスの基盤が広がり，それが自社ビジネスの拡大につながるという戦略である。それは当時（2005 年）の IBM 副社長ジム・スターリングのインタビューからも明らかである。彼は次のように語っている。

> 「我々は，パテント・コモンズによって，イノベーション（技術革新）を起こしたいと考えています。……当社のビジネス戦略は，オープン・スタンダードに立脚しています。オープン・スタンダードこそが，お客様と当社の成長を推進するものと信じています。」（出所：http://itpro.nikkeibp.co.jp/free/NC/NEWS/20050307/157090/）

IBM は 1999 年，マルチプラットホーム対応の OS として Linux を発展させることを宣言し，Linux を含むオープンソースソフトウェアのコミュニティに対して，Linux とオープンソースソフトウェア技術の発展に向けた甚大なリソースの提供を開始している。翌年の 2000 年には，x86 サーバー（System x / BladeCenter）に加えて，RISC サーバー（Power Systems）とメインフレーム（System z）を含む全てのプラットホームでの Linux のサポートを実現した。そのような Linux との関係を考えれば，2005 年の特許開放宣

言は当然の帰結といえよう。

　②エコ・パテント・コモンズの場合　ところが，エコ・パテント・コモンズの場合には若干様子が異なる。オープンソースの場合，特許開放は市場囲い込みのための事業戦略としての色彩が強いのに対して，エコ・パテント・コモンズは，環境保護という社会的に賛同を得やすいイメージが先行するからだ。企業は社会奉仕を目的としている訳ではないので，当然事業目的に沿った戦略であることに間違いはなく，同社のホームページでも「社会貢献とビジネスチャンスの両方」を目指すと公言している。しかし，ビジネスチャンスの色合いは表面上はそれほど目立たない。それは，IBM の広報戦略の効果によるものかも知れない。

　広報戦略についていえば，「Global Innovation Outlook」(GIO) や「世界経済人会議」(World Business Council for Sustainable Development：WBCSD) などで有識者を巻き込んでいるのが特徴である。そのメッセージの客観性と正当性をアピールする効果がある。それが，エコ・パテント・コモンズの場合 12 社もの賛同企業につながった理由であろう。それに，一般には，環境ビジネスは IBM の本業ではないという認識があることも，エコ・パテント・コモンズには有利に働いている。

　トヨタの FCV 特許も，広義に言えば，エコ・パテントの範疇に入るものである。しかし，トヨタは自動車市場で圧倒的なシェアと影響力を保持しており，誰もが FCV はトヨタの本業の延長線上にあると理解する。そのような中で，どのようにして特許開放の仲間を増やすか，これは難題である。

第 2 章

標準の法律化

I 米関税法下のFRAND抗弁

1 事件の概要

(1) サムスンの337条提訴

サムスン電子は2011年6月,同社の保有する米国特許5件（US7,706,348, US7,486,644, US7,450,114, US6,771,980及びUS6,879,843）の侵害を理由として米国関税法337条に基づく侵害製品に対する排除命令を国際貿易委員会（ITC）にもとめた。5件の特許のうち2件（348特許及び644特許）については,サムスンが「欧州電気通信規格協会」（ETSI）において通信規格の必須特許（SEP: Standard-Essential Patent）であるとの宣言をしていた[1]。

ITCは2011年8月1日,サムスンの申立を受け,337条調査の開始を決定した。ITCでは,1名の行政法判事（ALJ）が事案を担当し,6名の委員が合議体でALJの結論（仮決定）の承認または再審理を行う。

(2) 仮決定

2012年9月14日,ALJ[2]（Administrative Law Judge）はサムスンの排除命令請求を棄却した。348特許,644特許,980特許については非侵害,114特許については無効につき非侵害という理由からであった[3]。

また,国内産業要件における経済性については,要件を満たしていると認定したが,技術面の要件は充足されていないと認定した[4]。

(3) 委員会による再審理

ALJの仮決定に対し,サムスンおよび委員会調査官（CIA）は2012年10月1日,委員会に再審理を申し立てた。委員会は2012年11月19日,仮決定を再審理することを決定し,FRAND抗弁ならびに特許技術について質問項目を公表してパブリックコメント（意見書）を募集した。

サムスン,アップル及び業界団体「イノベーション・アライアンス」（IA）

は，全質問項目にわたり意見書を提出した。

また「競争技術協会」(ACT:Assoc. of Competitive Technology)，「ビジネス・ソフトウエア・アライアンス」(BSA:Business Software Alliance)，エリクソン，GTW，ヒューレット・パッカード (HP)，IA，インテル，モトローラ，クアルコム，RIM (Research In Motion) 及びスプリント・スペトラム (Sprint Spectrum) が，FRAND問題について意見書を提出した。

委員会は2013年3月13日，改めて2回目の意見書を募集した。それに対して，サムスン，アップル，IAが全質問項目に，ACT，BSA，シスコ・システム (Cisco Systems)，HP，IA，マイクロン，「小売業代表者協会」(RILA:Retail Industry Leaders Assoc.) がFRAND問題について意見書を提出した。

提出された意見書の内容を検討した委員会は2013年6月4日，最終決定の要約を「通知」(notice) として公表した。その中で委員会は，アップルの一部製品による348特許の侵害を認定し，救済として侵害製品の差止命令を認めた。[5]

委員会の最終決定の詳細な理由は，同年7月5日に公開された。

(4) 委員会の決定内容

委員会の最終決定の要点は，以下のようにまとめることができる。
①対象製品による348特許の侵害をサムスンは十分に立証した。
②アップルの348特許クレームの無効性の立証は不十分である。
③348特許についての国内産業要件の立証は十分である。
④644特許，980特許，114特許の国内産業要件の立証は不十分である。
⑤644特許，980特許については，非侵害である。114特許は非侵害であるが，特許の有効性は認める。
⑥サムスンの行為に対するアップルのFRAND積極的抗弁の立証は不十分である。
⑦委員会は，本件における損害の回復には禁輸・販売の差止が適正と判断する。

(5) 大統領の拒否権発動

この委員会の最終決定に対して，オバマ大統領は 8 月 3 日，公共政策の観点から拒否権を発動した。大統領による委員会決定への拒否権発動は 26 年ぶりとなる。

2　特許クレームの用語解釈

対象特許のうち委員会が最終的に有効と認めた特許は 348 特許 1 件だけであった。本稿は，標準必須特許に対する差止救済を検討することを目的とするものであるため，以下では，委員会が唯一有効と認定した 348 特許のクレーム 75-76 及びクレーム 82-84 についてのみ検討する。[7]

(1) クレームの構成

本件特許は，CDMA 移動通信システムのトランスポート・フォーマット・インジケータを符号化・復号化するための装置及び方法に関するものである。その発明の内容は以下の通り。

> セルラーフォンの transport format combination indicator（TFCI）信号と呼ばれる特定のプロトコル信号を符号化・複合化する装置及び方法。TFCI 信号は，送信器からのデータ速度（data rate）を受信器に通知する。発信に先立ち，TFCI データは，長い「コードワード」（codewords）に符号化される。コードワードは発信途中にエラーがあっても，それを正しく受信器が解釈できるようにエラー矯正できる。

係争クレームは，独立クレーム 72 及び 82 で，それぞれ以下の内容である。[8]

〈Claim 72〉

以下の構成を特徴とする CDMA 移動通信システムの TFCI 符号化装置：
コントローラに入力する複数の 10 ビット TFCI 情報の中の 1 個の 10 ビット TFCI 情報に対応する，複数の 30 ビットコードワードの中の 1 個の 30 ビットのコードワードを出力するコントローラであって，コントローラから出力される 1 個の 30 ビットコードワードが，コントローラに入力する 10 ビット TFCI 情報に対応する 1 個の 32 ビットコードワードと同等なもの。

〈Claim 82〉
以下の構成を特徴とする CDMA 移動通信システムの TFCI 符号化装置
　コントローラ（controller）に入力する複数の 10 ビット TFCI 情報の中の 1 個の 10 ビット TFCI 情報に対応する，複数の 32 ビットコードワードの中の 1 個の 32 ビットのコードワードを出力するコントローラ，及びコントローラから出力される 1 個の 32 ビットコードワードから 2 つのビットに puncturing するための puncturer であって，2 つのビットが予め定められている場所で puncture され，コントローラで出力される 32 ビットコードワードと同等な 1 個の 30 ビットコードワードを出力するもの。

(2) Puncuterer/Puncturing の意味

　① ALJ の解釈　　当該クレームの用語解釈の目的で，行政法判事（ALJ）はマークマンヒアリングを実施した。そこでクレームの用語・語句の意味が検討された。当事者間で解釈が相違したのが puncturer と puncturing の定義であった[9]。

　アップルは，puncturer とは，ビットを「削除・除外（deleting/removing）する」ためのハードウエア・ソフトウエアであると主張した。ALJ は，アップルの用語解釈は狭いとしてその主張を退けた。ALJ は，削除・除外以外にも puncturing の方法は存在しており，puncturer とは「puncturing する」ためのハードウエア・ソフトウエアであると解釈した。ALJ の説明によれば，puncture とは一般的に物体が通り抜ける穴を意味するもので，これは 348 特許の明細書での記載に合致する。

　② 委員会の解釈　　この点についての ALJ の解釈の適否が，委員会の再審理で問題となった。サムスンは以下のように主張した。

　「外部証拠（extrinsic evidence）によれば，puncturing とはコード化されたブロックの特定のビットを抑制することである。先行特許によれば，puncturing にはビットを " 排除する "（exclude）ことも含まれる」と。

　この主張に対して委員会は，次のように反論した。

　1）Markman 判例により，クレーム解釈は明細書の記載に照らして行われる。348 特許の明細書に puncturer と puncturing の定義は記載されてい

ないので，ALJ の解釈には無理がある。そのような場合，審査経過書類や辞書などの外部証拠に拠らなければならない。

2)「通常の技術者」（当業者）は状況を勘案した上で，"puncturing bits from a codeword at a predetermined position" というフレーズは "excluding, suppressing, ignoring, or skipping bits at the predetermined position" であると解釈するであろう。

3) 結果として，puncturer とは "hardware or software used for excluding, suppressing, ignoring, or skipping bits" と解釈される。

(3) Controller の意味

① ALJ の解釈　この用語の定義について，アップルは，ハードウエア装置に限定した解釈をすべきだと主張した。しかし ALJ はアップルの主張を退けた。ALJ は，348 特許には logic も含まれるとの記載があるので，software もその対象に含まれると解釈したからである。ALJ によれば，用語の意味は当業者の常識にもとづき，一般的な意味で解釈されなければならない。

この解釈に対してサムスンは，Claim 75 と Claim 82 の controller は異なる意味を持つと主張した。

②委員会の解釈　委員会は，特許クレームの用語解釈にあたり，「平易かつ一般的に」行うとする ALJ の理解は正しいものの，本件での controller の解釈には誤りがあるとした。本件の controller は汎用目的ではなく，限定された意味をもつもので，Claim 75 と Claim 82 の controller は異なった定義であるとした。その上で ALJ の解釈に誤りがあるとして仮決定の内容を修正した。

3　FRAND 抗弁

(1) 先行技術としての 1999 年規格

1999 年に発行された規格の技術説明が，348 特許の先行例にあたるかどうかについて，意見書を提出したイノベーション・アライアンス（IA）は以下のように主張した。

「正しくpuncturingを解釈すれば，Claim 82は1999年の規格の仕様に照らして自明であり，348特許は新規性を喪失して無効とされるべきである。1999年規格は348特許以前に，15スロット・トランスミッション・システムを開示している。」

これに対し委員会は，IAの自明性喪失の主張は，「後知恵」に基づくもので採用できないとして退けた。委員会によれば，1999年規格についての仕様書の記載は，当業者にpuncturing技術を符号化スキームに応用させるような動機付けをもたらすものではなかった。

(2) アップルのFRAND抗弁

米国における特許侵害訴訟では，被告が抗弁として，特許無効・特許非侵害・権利行使不能を申し立てるのが一般的である。その場合，本案（特許侵害・損害賠償）に先立ち，抗弁が優先的に審理される。

抗弁は上記の3つの請求が普通であるが，特許無効・非侵害の抗弁は，特許法に基づいた特許性欠如や発明要素との技術比較などにより主張を立証しなければならない。それに対し権利行使不能の抗弁は，エクィティ（衡平法）の原則に基づき特許権者に非行があったことを立証しなければならない。

本件でアップルは，348特許と644特許について，①サムスンは排除命令を求める権利を喪失している，②当該特許は権利行使不能である―との抗弁を提起した。サムスンがFRAND宣言をしているので，その排除命令請求権が制限されるべきであるとの抗弁を提起した。[10]

(3) 委員会の判断

これに対して委員会は，FRAND抗弁を根拠にして337条違反の認定ができないとするアップルの主張は十分な証拠によって裏付けられていないとしてその主張を退けた。委員会は以下のようにその理由を述べた。

イ）根拠となる判例が引用されていない。これまでALJはFRAND義務違反に基づく略式決定のモーションを退けてきた。欧州電気通信規格協会（ETSI）は，必須特許に対する差止救済請求を禁止する規定を知的財産取扱規定（IPR Policy）に導入しようと何度も試みたができなかった。この事実は，

アップルの証人も認めているし，クアルコムも認めている。

ロ）（必須特許宣言は契約を構成するという）契約理論により337条に基づく排除命令が阻止されるとするアップルの主張は証拠により立証されていない。また，他の抗弁（例えば，エストッペル，ラッチェス，フロード）の根拠も提示されていない。

ハ）FRAND宣言によって生じるとされたサムスンの責任が具体的に特定されていない。FRAND違反を主張する当事者は，それがどのような責任であるかを立証しなければならないが，アップルはそれを行っていない。ETSIでの必須特許宣言は，「フランス法」に準拠するが，フランス法に基づくサムスンの違法性を，アップルは証拠で立証していない。

ニ）アップルは，348特許と644特許は「必須特許ではない」と主張した。必須性の問題は事実問題であり，当事者はそれを行政法判事に対して提起すべきであるのにそれをしていない。行政法判事が仮決定の中で両特許とETSI規格との技術比較を行っていないのはそのためである。技術的な異同についての比較検討無しにFRAND義務の範囲は特定できない。

ホ）例外的な場合を除き，必須特許の侵害問題を扱う権限をITCは持たないとアップルは主張するが，そのような主張を裏付ける判例が示されていない。

4 意見書の内容

(1) Association for Competitive Technology（ACT）

ACTは5000社に及ぶ中小企業のメンバーから構成される業界団体である。

ネットワーク製品は標準を必須としており，ACTメンバーは市場への参入に際して標準に依存する。FRAND宣言は差止命令や排除命令を求めないことの選択を意味する。したがって，FRAND宣言された特許の侵害を理由に排除命令を認めることは公共政策に反する。また，各必須特許について事前にライセンスを得ることはほぼ不可能に近い。

(2) ヒューレット・パッカード

ITCの必須特許侵害に対する排除命令には反対する。その理由は，そのよ

うな命令により近代経済における標準化機関の役割が低下し，業界におけるホールドアップの増長を促すからである。ホールドアップにより，必須特許所有者であってもロイヤリティを過重に支払うことが求められる。特許権侵害に対する救済としては金銭的賠償が妥当である。

(3) モトローラ・モビリティ

原則として，関税法337条による排除命令は維持されるべきである。制定法上，必須特許宣言した特許に差止救済が認められないとする規定はない。また，そうでないと公益重視が過剰となる。エクイテイを根拠としたFRAND規制が主張されているが，委員会の救済命令は制定法（関税法）によるものであって，エクイティによるものではない。また，eBay判決にもとづくエクイティは，ライセンシーに回復不能な被害が生じる場合を考慮したものである。[11]

また，ウィスコンシン地裁で，FRAND宣言は特許権者の差止救済を奪うことはないと判決している。

(4) クアルコム

FRAND宣言については，通常の契約理論によるべきである。そのためには以下の3点を確認することが必要となる。①関連する書類とETSIとの契約，②ETSI IPR Policyの歴史，③関連業界のライセンス慣行と実務―である。

ETSIとの契約について，FRANDライセンスの提供義務は必須特許である場合に限られる。アップルは，サムスンの特許が必須ではないと主張しているが，もしそうであればサムスンにライセンス義務が発生しないのは明らかだ。

IPR Policyの歴史については，IPR Policyの趣旨からして，FRANDでのライセンス許諾を約束したからといって，ETSIのメンバーは，差止救済の放棄を強いられることはない。

ライセンス慣行・実務について，必須特許の侵害に対する排除命令を認めないとすると，それによる悪影響の方が深刻となる。まず特許を持つ価値が弱まり，標準化団体への参加インセンティブが損なわれる。

5 委員会委員による反対意見

6名の委員会の委員のうちピンカート委員（Commissioner Pinkert）は，クレーム解釈については他の委員の結論に賛同したものの，関税法337条に基づく排除命令については公益の観点から反対した。以下の理由からである。

サムスンは，348特許をFRAND条件でライセンスすることを約束した。サムスンにはその約束を守る責務があり，サムスンもその義務があることを否定していない。「公益」を理由とした擁護論はその範囲をどこまでにするかという問題が残されていることは事実であるが，サムスンのFRAND義務が本件の判断に影響を与えるほど重要であるにも拘わらず，その重要性が看過されている。サムスンが求める排除命令を認めるのは適切ではない。

(1) 契約理論

本件を考える際，クアルコムの提出した意見書が参考になる。クアルコムは，FRAND宣言により特許権者と標準化機関の間に「契約関係」が生まれると指摘した。そして，FRANDにもとづく積極的抗弁を立証するためには，当事者間の契約内容を確かめ，契約ではその意味がはっきりしないときには，当事者の意思を確かめる必要があると指摘した。

クアルコムは，FRAND宣言の場合に一律に排除命令を認めないとするのは特許の価値を弱めるので問題があると指摘する一方で，FRAND抗弁が立証されない場合に，どのようにして公益を守るかという視点から，「標準準拠の製品に代わる代替品が市場に出回るかどうかという問題も残されている」と指摘した。

つまり，クアルコムの指摘は，委員会がFRAND抗弁を認めないと決定した時点で，FRAND宣言についての残された問題は一切考慮されなくなるというものである。

(2) 契約申し入れの不存在

委員会に提出された証拠を見る限り，サムスンは348特許のFRANDライセンス条件をアップルに申し入れていなかったことは明らかである。この

ような場合にはライセンス申し入れの立証責任は相手方であるサムスンに転嫁される。ところが，サムスンはその責任を果たしていない。

　サムスンがライセンス条件を開示したのは 2012 年 12 月のアップルとの交渉の時であり，それも口頭で示されたに過ぎない。

(3) 公益とのバランス

　連邦取引委員会（FTC）は，FRAND 宣言がありながら FRAND ライセンス条件が相手方に知らされなかった場合，関税法 337 条に基づく救済を認めると，結局は消費者へのコスト転嫁につながると指摘した。[12]

　また，米司法省と米特許庁は，標準化活動に参加するインセンティブを維持することが重要であるとしている。これは，必須特許の侵害に関税法 337 条下で排除命令を認めるかどうかを決定する際，FRAND 宣言と公益とのバランスが必要であるということを強調したものである。

　本件の場合，348 特許は，複雑かつ多数の部品から構成される装置の，比較的重要性の低い部品についての特許である。したがって，サムスンがアップルにライセンス条件を開示しなかった以上，アップル製品を侵害品という理由で米国市場から排除してしまうことは公益の観点から問題である。スウィッチ・コストを消費者に負担させることになるからだ。それを許すならば，標準化プロセスへの信頼や米国経済の競争力を弱くしてしまうであろう。

6　本件の意義

　今回のサムスンとアップル間の 337 条違反事件は，二つの点で意味がある。まず，委員会が合議体としてプロパテント的な筋論を通したこと，そして，大統領の拒否権の今後の政策への影響である。

(1) プロパテント的権利解釈

　本稿でも取り上げたように，委員会の権利解釈は，行政法判事（ALJ）の下でのマークマンヒアリングをベースに行われた。つまり，地裁における用語解釈の手続きと同じように権利解釈が行われた。

　これまで米 ITC は，国内企業を擁護する傾向があると言われてきた。し

かし今回に限っては，委員会が ALJ の非侵害の仮決定を覆し，米国屈指の優良企業であるアップル社の製品差止を認めるという意外性のある決定を行った。これはある意味で，委員会の意地の表れかも知れない。

それではなぜ委員会が意地を張る必要があるのか。それを理解するためには，最近の米国の反トラスト政策の動向を知る必要がある。米国では，司法省や連邦取引委員会（FTC）が中心となり，標準必須特許（SEP）に対する差止救済に何らかの歯止めを課すべきであるという論調が強い。その結果が，今（2013）年の 1 月 8 日に，司法省および特許庁が発表した「政策指針」（policy statement）である[13]（これについては，次節で詳細に述べる）。

委員会は今回の最終決定の中で，特許法にもとづく差止救済と関税法に基づく排除命令は異なる意味をもつことを強調した。つまり，eBay 最高裁判決にもとづく救済は，状況を勘案して救済の適否を決める衡平法上の救済であるのに対し，関税法にもとづく救済は，侵害品を水際で排除する手段であって，金銭的賠償による救済を認める特許法下での救済とは異なる機能と役割をもつと主張した。

しかし，オバマ大統領は，委員会決定を承認しなかった。大統領の判断は最終であり，それに不服を唱えることは制度上できない。したがって，大統領の拒否権発動により本件の委員会決定は無効となった[14]。

(2) 大統領の拒否権発動

大統領の拒否権の発動の根拠の一つとなったのが，上述した米司法省と米特許庁の標準必須特許侵害の救済問題に関する「政策指針」である。

この政策指針では，FRAND 宣言した特許の救済としての差止命令または排除命令は，公共の利益に反する場合があると明記されている。権利者の救済のために，市場の競争が阻害され，消費者の利益が損なわれるというのがその理由である[15]。

この考え方は，米司法省や連邦取引委員会（FTC）で支配的であり，たびたび連邦議会で立法化をもとめる証言がなされてきた。つまり，米国政府としては，標準必須特許の差止救済については，競争政策の観点から何らかの規制が止むを得ないという指針を打ち出している。今回の委員会決定は，米

国のそのような流れに反発したと読みとめることもできよう。

　いずれにせよ，今回の大統領の拒否権発動は，今後の米国の知財関連政策にも大きな影響を与えることになろう。まず，ITC は別の特許侵害案件で，大統領の拒否権発動後まもない 8 月 9 日，アップルの申し立てたサムスン製スマートフォン（Galaxy シリーズ）のアップル特許侵害を認め，排除命令を決定しているので，オバマ大統領はこの決定を承認するか，拒否するかを 60 日以内に決定しなければならない。[16]

　アップルの特許は標準とは関係しないと言われており，サムスンの 348 特許の場合とは状況が異なるので，公益を理由とした拒否権を発動することはきわめて考えにくい。

　しかし，米国の事情では正当化できても，外国から見れば，アップル製品に対する排除命令には拒否権を発動し，サムスン製品の排除命令は容認したという結果だけが際立って見えることになる。それは，米国が自国産業の保護に傾いた政策を採っているという不信につながる。

　このような不信は，現在進行中の TPP 交渉にも大きな影響を与えることは間違いない。TPP の知的財産権分野で米国は交渉国に権利保護強化を求めており，自国では保護主義的な政策を行う一方で，交渉国には知財権の強化を求めるのは矛盾しているという反発が出ることが予想されるからだ。

　今回の委員会決定に対する拒否権発動は，フロマン通商代表名で行われた。そして TPP 交渉で年内妥結の先導をしているのもフロマン通商代表部代表である。

　彼は二役を演じなければならない。

(1)　訴状によれば，対象特許と対象製品は以下のとおり。348 特許については，iPhone3GS（AT&T），iPhone4（AT&T），iPad3G（AT&T）及び iPad23G（AT&T）；644 特許については iPhone4（AT&T），iPhone4S（全モデル）及び iPad23G（AT&T）；980 特許については iPhone3GS（全キャリア），iPhone4（全キャリア）及び iPhone4S（全キャリア）；114 特許については iPhone3GS（全モデル），iPhone4（全モデル），iPhone4S（全モデル），iPad（全モデル），iPad2（全モデル）及び iPd touch（第 4 世代）である。
(2)　国際貿易委員会には現在，6 名の行政法判事が在籍する。いずれも弁護士資格を持ち，事案を一人で担当する。

⑶　843 特許については，仮決定が出される前に取り下げられた。
⑷　国内産業（domestic industry）要件は，337 条提訴に特有のもので，保護すべき国内産業がなければ，提訴は認められない。その詳細は本稿の目的はないので，ここではそれ以上は述べない。
⑸　この通知は全文で 3 頁の決定内容の要約のようなものである。
⑹　拒否権発動は 1930 年関税法 337 条に基づく米国大統領の権限である。その権限は，2005 年に通商代表部（USTR）に委譲された。（70 Fed. Reg. 43251（July 26, 2005）今回の拒否権は通商代表部のフロマン代表の名前で出された。
⑺　委員会の最終決定の理由書（公開版）では，他の特許についても詳細な非侵害の理由が検討されている。しかし，その内容は本稿の目的である差止救済とは関連しないのでここでは取り上げない。
⑻　本稿のクレーム部分の翻訳は，後続の用語解釈問題の理解を容易にする目的で作成したものであり，特許翻訳としての正確性は保証しない。
⑼　「マークマンヒアリング」は，特許侵害の事実審理おいて裁判官がクレーム中の用語の定義を確定するために行うヒアリングである。このプロセスを経て「当業者」による用語定義が特定される。これは，用語解釈についての連邦最高裁判例（Markman v. Westview Instruments, Inc., 517 U.S. 370, 1996）による手続きである。
⑽　アップルの積極的抗弁（affirmative defence）とは，訴訟で請求しているサムスン特許の「権利行使不能」（unenforceability）を前提に，新たな事実を主張して権利行使不能の請求を強化するための抗弁であり，アップルがそれを立証しなければならない。
⑾　eBay Inc. v. MercExchange l.L.C., 126 S. Ct. 1837（2006）．
⑿　なお，FTC 解釈は，特許が複雑な構成をもつ装置に組み込まれた一部品に関係する場合を想定したものである。
⒀　正式名称は，"Policy Statement on Remedies for Standards-Essential Patents subject to voluntary F/RAND Commitments" 米司法省（United States Department of Justice）と米特許商標局（United States Patent & Trademark Office）が連名で 2013 年 1 月 8 日に発表した。
⒁　しかしサムソンは，標準必須特許（SEP）以外の特許についての委員会の決定（特許非侵害）の見直しを求めて連邦控訴裁（CAFC）に控訴したと報じられている。CAFC が特許侵害を認めれば，特許法にもとづく差止救済が復活する可能性がある。
⒂　上掲注⑿，6 頁。
⒃　In the matter of certain electronic digital media devices and components thereof, Investigation No. 337-TA-796.

II 反トラスト法下の反競争的行為

1 はじめに

　米国電子工業会(EIA)傘下にある標準団体(JEDEC)は1990年,「シンクロナスDRAM(SDRAM)のデザインとアーキテクチャー」に関する標準化作業を開始することを決定し,最初の会合が90年12月に開催された。標準化作業は,RAM関連の標準を扱う「合同小委員会」(JC-42.3)が担当した。JC-42.3には,米国のみならず世界の主要なメモリー設計,メモリー製造業者そしてメモリー・ユーザーが参加した。JC-42.3は,1993年に「第一世代SDRAM標準」を,そして1999年に「第二世代SDRAM標準」を発行した。[1]

　ランバス社(以下,「ランバス」とよぶ)は,高速DRAMの設計開発ベンチャーとして1990年に二人の大学教授が設立した。同年4月にはDRAM関連の基本発明が特許出願された。ランバスの経営陣は,特許がスムーズに認められれば,いずれJC-42.3が発行する標準を包含することを予想し,その予想に立った事業計画を立てていた。90年暮に行われた第1回JC-42.3会合にオブザーバーを送り,翌91年2月にJEDECに正式に入会した。[2]

(1) ランバスの戦略

　ランバスで標準問題を担当したのはリチャード・クリスプ氏(Richard Crisp)であった。彼は,92年5月からJEDECを脱会する96年まで,ランバスを代表してJC-42.3の会合に毎回欠かさず出席した。一方,ランバスの特許出願については,社外弁護士のレスター・ビンセント氏(Lester Vincent)が担当した。

　ビンセント弁護士は,クリスプ氏がJC-42.3の会合に参加する前に,クリスプ氏とその上司に会って,JEDEC加入により将来の特許権行使が妨げられないように十分注意するよう助言した。彼は具体的に「会合では積極的

な発言をしない」,「投票は棄権する」ことをアドバイスした。そのアドバイスに従い,クリスプ氏は実際に会合で沈黙を守り,4回の投票のうち3回は棄権し,1回は反対票を投じた。

どの標準化団体もほぼ例外なく,審議対象の標準化技術に関連する特許をメンバーが保有しているどうかを事前に確認する。これは「パテントポリシー」と呼ばれるルールに従わなければならないからである。JC-42.3 の議長も,各メンバーに関連特許の有無について申告を求めた。クリスプ氏は 93 年 9 月,基本特許出願を親とする関連出願が登録になったとして,1 件の米国特許を開示した。しかし,その特許は,JEDEC が審議していた標準技術とは直接的には関連しないものであった。それ以外の開示は行われなかった。

その一方でクリスプ氏は,情報の蒐集には積極的であった。会合での議論や発表の内容を逐次記録し,重要事項についてはビンセント弁護士に協議の会場から電子メールで知らせていた。その情報をもとに,ビンセント弁護士は出願中の特許クレーム文言や明細書の記述を修正し,時には継続（CP）出願や一部継続（CIP）出願を申請した。

その一つが 96 年 4 月に発行された米国特許 5,513,327（327 特許）である。この特許は,ランバスが JEDEC の在籍中に取得した唯一の標準に関連する特許であり,パテントポリシーの下で開示されるべきものであった。しかしこの特許が開示されることはなかった。もし開示されていれば,審議中の SDRAM 標準に関係するため,JC-42.3 は標準の内容を変更したとも考えられる程,標準との関連性の強い特許であった。

(2) **標準化団体からの脱退**

JC-42.3 会合でのクリスプ氏の沈黙と関連特許の非開示は,次第にメンバーの楽観を生んだ。メンバーは,審議中の標準技術に関係する特許をランバスは持っていないと考えるようになった。

それまでクリスプ氏は 2 回の会合で関連特許の有無の確認を迫られた。それに対して具体的に答えず,代わりに 95 年 5 月になってコメントを差し控える旨を書状で回答した。[3] JEDEC 標準として発行された技術や今後追加される予定の技術が,ランバスの係属中の特許出願に含まれるかどうかにつ

いては，この書状では一切触れていない。

　クリスプ氏はこれと並行して，ランバスの幹部に①所有特許のうち主要特許についてのみ開示する（それ以外は一切開示しない），②次回の会合で特許リストだけを提出し，標準との関連性については会員それぞれの判断にゆだねるとのみ記し，侵害可能性については言及しない──いずれかを選択すべきであると提案した。[4]

(3) 脱退後の行動

　ビンセント弁護士は95年暮，デル・コンピュータ事件でのFTC同意審決の内容を知った。[5] 彼はすぐにランバスの社内弁護士と対応策を協議した。そして，翌年1月，ランバスに対してこれ以上いかなる標準化団体にも参加すべきでないと助言した。ランバスは同年6月，JEDECからの脱退を決意した。

　ランバスは96年6月，脱退届をJC-42.3事務局に提出した。その届けには，ランバスが所有する23件の特許および特許出願のリストが同封されていた。ランバスはリストの中で，独自の条件でそれらをライセンスすることを明記した。しかし，標準技術の侵害可能性については一切言及しなかった。しかも，脱退2ヶ月前の96年4月に発行された唯一の関連特許である327特許はリストには記載されていなかった。

　JEDECからの脱退後も，クリスプ氏はJEDECの協議内容についてさまざまなルートから情報を仕入れていた。これらの情報は，ランバスの経営幹部にも伝えられた。また，社内では，DDR関連の出願中の特許について，口外無用のかん口令が敷かれた。特許が成立しても，すぐには権利行使を行わないことを申し合わせた。

(4) 特許権の行使

　JEDECは1998年3月，第二世代のSDRAM標準「ダブル・データ・レート-SDRAM」（DDR SDRAM）を採択した。それと時を合わせるかのように，出願中のSDRAM標準関連の出願が次々に登録された。1999年11月には，DDR SDRAMが対象とする4つの技術を包含する4つの特許が登録された。

そこでランバスは，ライセンスキャンペーンを積極的に展開した。ライセンスを受けない企業に対しては，侵害訴訟の提起も厭わなかった。対インフィニオンの訴訟は，反訴を受けたため本格的な訴訟に発展した（以下，「インフィニオン訴訟」と呼ぶ）。この訴訟では，ランバスがJEDECで特許を開示しなかった行為がバージニア州法の「フロード」（詐欺）に当たるかどうかが争われた。地裁の陪審は，ランバスの行為はフロードにあたると判断し，高額の損害賠償支払を命じた。しかし連邦控訴裁（CAFC）は，一審判決を破棄し審理を地裁に差戻した。

最終的に当事者は和解した。[6]

2　連邦取引委員会（FTC）の調査開始と仮決定

(1)　調査開始決定

ランバスの動きについては反トラスト法の執行機関の一つである連邦取引委員会（FTC）も注目していた。[7] 調査を進めていた調査官は，審判開始が妥当であると判断した。[8][9]

訴訟における訴状にあたる「審判開始決定書」（Complaint）は2002年6月19日に公表された。決定書は，JEDECにおけるランバスの行為が，以下の理由から不公正な取引方法にあたると指摘した。[10]

イ）意図的に反競争的・排除的な行為に従事したため，SDRAM技術市場とその関連市場で独占力が確立した。

ロ）SDRAM技術市場とその関連市場で，独占の意図をもって反競争的・排除的な行為に従事することにより，それぞれの市場において独占の蓋然性が生まれた。

ハ）意図的に反競争的・排除的な行為に従事することにより，SDRAM技術市場とその関連市場での通商を非合理的な程度に拘束した。[11]

(2)　仮決定

行政法判事（ALJ）は2004年2月23日，「仮決定」（Initial Decision）を発表した。結論は「違反ナシ」であった。350頁にもおよぶ長文の決定理由が付された。その中でALJは，①審判官が決定書で主張した事実が証拠

で裏付けられていない，②決定書が根拠とした法理論では，FTC法5条違反の結論は導けないことが立証された，③立証された事実に法理論を適用すると決定書の結論と異なる結論が導かれる—をその根拠とした。ALJは，以下の認定からその根拠を導いた。

イ）JEDECの標準化とランバスの独占力の獲得の間に因果関係はない。

ロ）決定書では有効な代替技術の存在が立証されていないので，ランバスの行為は反競争的な効果を生んだとは断言できない。

ハ）ユーザーに対する価格上昇がなかったので，ランバスの行為は反競争的な効果を生んだとは言えない。

ニ）JEDECは標準化作業の中でランバス技術に「ロック・イン」[12]されていない[13]。

仮決定に対し，決定書を起草した審判官が異議を申し立て，ランバスも異議を申し立てた[14]。FTCはそれを受けて，委員会による再審理を決めた。再審理の理由の一つが，ランバスによる証拠湮滅の問題であった。

(3) 分かれた地裁の判断

ランバスは1998年，外部の弁護士のアドバイスの下で「文書管理規定」を導入した。その規定によれば，5年を経過した社内文書は破棄することができる。

ランバスではこの社内規定により，関連文書が大量に処分された。その中にディスカバリーで開示を免れる秘匿特権付文書も含まれていた。この問題が裁判所で争われた。たとえば，インフィニオン訴訟[15]の差戻し審において，バージニア東部地区地裁は，訴訟に不利となる文書，特に弁護士と依頼者の間で交わされた秘匿特権付文書を処分するために文書管理規定が利用されたと認定し，秘匿特権付文書の証拠開示を命じた[16]。また同地裁は，サムソン電子対ランバス事件でランバスに証拠湮滅があったと認定した[17]。

しかし，この問題の認定については，地裁の足並みがかならずしも揃っているわけではない。たとえばハイニックス対ランバス事件でカルフォルニア北部地区地裁は，ランバスに悪意の文書管理使用があったとは認められないとして，ハイニックスの抗弁—ランバス側が「汚い手」[18]を使ったので侵害の

主張を認めるべきではない―を退けた[19]。同地裁は 2006 年 7 月，JEDEC に対するランバスの開示義務違反は反トラスト法に違反しないと判決した。マイクロン対ランバス事件でデラウエア地区地裁の予審判事は，ランバスに「フロード（詐欺）がない以上，秘匿文書の提出を認める理由がない」とする意見書を裁判官に提出している[20]。

ALJ の仮決定に関連する証拠収集は，2003 年 10 月に終了していた。そのため，その後に地裁で議論された証拠湮滅問題は，仮決定に影響を与えることはなかった。

3　委員会による再審理

(1) 検討項目

このような状況もあって，FTC は，委員会による再審理を決めた。委員会は，仮決定の内容検討だけではなく，ALJ が入手できなかった証拠資料も新たに収集した。証拠基準に関しては，ランバスが「明確で説得力のある」証拠基準の採用を主張したが[21]，委員会は，当事者の提出した証拠の比較考量による「証拠の優越基準」により判断することを決めた[22]。

委員会は「証拠の優越基準」に則り，①排除行為，②独占力の保持，③因果関係，④証拠湮滅―についてそれぞれ詳細に検討した。今回の審決において，委員会は「排除行為」の分析に多くの紙面を割いている[23]。

①排除行為　委員会は，先ず，排除行為の有無を決定する要素は，JEDEC でのランバスの行為が「反競争的」すなわち「排除的」な行為であったかどうかであって，独占力の有無は直接的には関係がないとした。その場合の判断基準は，ランバスの行為が「詐欺的」（deceptive）であったかどうかである。

詐欺にあたるかどうかについては，FTC の内規（Policy Statement）がある。それによれば，合理的な行動をおこなう第三者の行為や決定を誤った方向に誘導するような「重要かつ誤った表明，過失等」がある場合に詐欺が構成される。

委員会の内規は，先ず，「シャーマン法」2 条の「詐欺」となるためには[24]，被審人（被告）がその行為を，独占力を得るために「意図的に」（willfully）

に行っている必要があると定義する。つまり，シャーマン法2条については，善意の場合は詐欺と認定されない。

次に，FTC法5条(25)の場合には，被告の行為に競争上の有害性があったことを立証する必要はない。これに対してシャーマン法では，被告の行為が競争プロセスにとって有害であり，かつ反競争的な有害性が競争促進的な利益よりも大きいことが認定要件となる。このため，ランバスの行為がシャーマン法2条違反であるとするためには，反競争的な影響が競争促進的な効果よりも大きくなければならない。

②**標準化プロセスでの証拠基準** ランバスは標準化プロセスにおける証拠の判断基準として「犠牲の基準」(sacrifice test) を主張した。この基準は，単純に言えば，経済的合理性のない行為が競争の排除または競争の緩和につながるかどうかでその違法性を判断するという考え方である。

委員会はランバスの主張を採用しなかった。経済的合理性という犠牲がなくてもシャーマン法2条違反を認めた連邦最高裁判例があり[26]，また独占者の行為全体が競争を阻害しているかどうかに焦点をあてて排除行為の違法性を判断した判決例[27]もある。委員会はそのような判例を根拠とした。

委員会が重視したのは，「標準化」という協調的な作業が求められる環境において，一社しか知らない決定的な情報が隠匿され，それが結果として競争に大きな影響をもつ点であった。これは標準化特有の問題で，その影響は直ぐには表れず後になって手の打ちようがない事態となる。

標準化のプロセスでは市場原理による競争は行われない。その代わりに消費者が互換性などの商品・技術特性をみてその消費行動を決定する。標準化は合意形成プロセスであることから競争の機会を減少させる。しかし，その効率性という利益は不利益を上回る。また，標準化プロセスの特徴の一つに，需要と供給の方向付けをおこなうことがあり，それは競争促進効果をもつ。そのような競争促進効果を阻害し，しかも標準化の協調精神を損ねる排除行為は，競争阻害のリスクを高める。

③**特許との関係** 標準化技術に特許が行使されると特許権者の市場支配力は格段に強化される。そのため標準化団体は，標準化作業に入る前に，特許技術を含めることについて採択で会員の同意をえる。標準団体の会員は，

特許技術が有望であれば，たとえロイヤルティを支払ってもその特許技術を標準に含めることを選択する。しかし，その逆もありうる。

標準関連の特許が予め開示されれば，標準の普及・浸透を阻害する「ホールドアップ(28)」問題にも対処しやすい。場合により標準化前にホールドアップ特許の所有者と交渉して，妥当な料率でライセンスを得ることも可能となる。侵害発生の可能性が事前に分かれば標準化団体は，その技術の標準化を断念するなど何らかの対策を講じることができる。

このような状況を考慮すると，FTC の内規が定める「詐欺」の構成要件とランバスの FTC 法 5 条違反問題には関連性がある。

④ランバスの行為　JEDEC が SDRAM 標準を採択するまで，ランバスは自分の特許出願を秘匿し，特許取得後もその開示をしなかった。標準の採択後，ランバスは標準ユーザーを特許侵害で訴えた。委員会はこれをランバスの権利濫用にあたると認定した。

ランバスは，JEDEC 会合で得られた情報を利用して，SDRAM 標準を取り込むように特許クレームを補正した。このような行為は，単独では明らかな詐欺とは言えないかも知れないが，協同作業としての標準化を阻害する。

委員会は，ランバスの二つの行為が詐欺にあたる可能性があると指摘した。つまり，① DDR SDRAM 標準が採択されるまで特許と特許出願の存在を隠し続けたこと，②ランバスの行為について釈明を求められたとき，ミスリードするような誤った表明を行ったこと，である。

⑤開示ルール違反　第一の問題が JEDEC のパテントポリシーをランバスが守らなかったことは開示義務の違反に当たるかどうか。この点について ALJ は，パテントポリシー自体の拘束力は弱く，法的な「義務」を構成するものではないと判断した。仮決定は，ランバスに違法は無いと認定した(29)。

再審理では，開示義務の違反だけではなく，標準化という環境の中で詐欺にあたる重大な行為が行われたかどうかが問題にされた。JEDEC は協調的な合意形成の場であり，そのような場における詐欺行為は競争阻害の効果が大きい。JEDEC の会員は，将来，権利行使がなされる可能性のある特許・特許出願については開示されることを期待している。この期待は，JEDEC のパテントポリシーの存在によってさらに高められているという判断である。

実際にランバスは，終始沈黙を守り投票にも参加しなかった。2度，回答を求められる場面があったが，結局，その場を沈黙でしのいだ。また，脱退時には，最も関連する特許1件―それこそが開示されるべきものであった―を除いた特許リストを提出しただけであった。その一方で，特許出願の補正や，JEDEC標準を包囲するためのポートフォリオ作りが並行して水面下で進められていた。

委員会は，このようなランバスの行為はFTC法5条の下で「詐欺」にあたると認定した。また，ランバスの行為は，JEDECの会員を不当にミスリードするものであり，ランバスは故意にそのような詐欺的な行為に従事したと認定した。

登録前の特許出願は企業秘密であるのでそれらの秘匿は正当化されるべきであるというランバスの主張についてはALJもそれに同意した。しかし委員会は，もしその開示ができないのであれば，ランバスはJEDECに参加すべきでなかったと断じている。

(2) 独占力の保持

この事件で問題となった市場は，DRAM用に利用される4つの技術（上出注(1)）である。独占力（monopoly power）は，①競争レベルを超えた価格に引き上げる力または競争を排除する力，②適切に関連づけられた市場における高い割合の占有率または高い参入障壁―のいずれかを示す証拠によって立証される。シャーマン法2条違反を立証するためには，独占力が強くなければならない。参入障壁が低ければ，独占力がいくら強くても新規参入しやすく競争阻害は避けられる。

ランバスはこれら4つの技術市場で90％超の占有率をもっていた。1998年以降，ほとんどのDRAM製品は，SDRAM標準対応であった。それらについてはランバスの特許侵害が避けられないというのがランバスの主張であった。そのような高い市場占有率があれば独占力の存在を推論する十分な根拠であると多くの裁判所は認定した。ALJもランバスの独占力の存在を認定した。

この点については委員会も同様に，ランバスは独占的地位を獲得していた

と結論づけた。

(3) 因果関係

以上のように，ランバスが排除行為を構成する一連の詐欺的な行為に従事していたこと，ランバスが関連市場で独占力を獲得したこと，が確認された。問題は，ランバスの行為と独占力の獲得がどのような関係にあるのか，つまり「因果関係」の立証である。委員会は，いくつかの要因間の因果関係を分析した。

①ランバスの行為とJEDECの決定の関係　　ランバスの狙いは，JEDECに，自分の特許技術を取り込んだSDRAMとDDR SDRAM標準を採択させること，それらの標準利用者に特許権を主張することであった。委員会は，もしランバスの行為が無ければ，JEDECはランバス技術を標準から除外するかランバスにRAND条件でのライセンスを要求していたであろうと考えた。その理由は，JEDECの会員がコストに敏感であり，特許料が付加されるのであれば別の代替技術に乗り換えることを考えていたことが証拠により裏付けられていたからである。

代替技術は，ランバス技術を選択していた当時，入手可能であった。代替技術の方がよいと考えていた大手企業もあった。しかし，ALJは，コスト意識を示す証拠を採用しなかった。当時のJEDECの会員の主観的な意見であるという理由からであった。

委員会は，ALJが因果関係の論証ポイントを見落としたと指摘し，ALJの判断を支持しなかった。適切な情報を受けていればJEDECは代替技術を選んだであろうという証拠があり，それはランバスの行為とJEDECの意思決定プロセスの因果関係を示すものであると判断した。[30]

②JEDEC標準とランバスの独占力の関係　　JEDECがランバスの特許技術を取り込んだ標準を採択したことは，ランバスの独占力と関連する。たとえば，JEDEC標準対応の製品にとって当該特許が必須であるとするランバスの主張，販売製品のほとんどがJEDEC標準に依拠しているという事実，ランバスの4つの技術市場の占有率は90%を越えるという事実——これらは証拠により立証されている。

業界に強い影響力をもつ JEDEC が標準を作れば，ユーザーの多くはそれを利用し，購入することは当然おこりうる．とくに DRAM 産業では，ユーザーが互換性の高い DRAM を要求しており，それは標準化によってのみ可能であった．

これらの点を考慮し，委員会は，JEDEC 標準とランバスの独占力の間に因果関係が認められると判断した．

③因果関係の連鎖　ランバスは，以下の 4 つの理由から，自社の行為と独占力の因果関係を否定した．

(i) インテルの影響

ランバスは，インテルがランバスの技術を選択したので，ランバスの独占的地位が高まったと主張した．この主張に ALJ も同意した．しかし，この結論が正しいとすると，それはランバスの行為がランバスの独占的地位の唯一の原因であったことについての立証責任を審判官に転嫁することになる．それは法律的な誤りであり，それは事実ではない．

インテルは RDRAM でその影響力を行使しえなかった．つまり，インテルだけでは SDRAM の帰趨に影響をあたえることはなかった．成功の理由は，4 つの技術が市場で好感されたことであり，それは証拠により明らかである．それを JEDEC が標準として採択したのでそれがさらに顕著になった．

(ii) ランバス技術の優越性

ランバスは，仮に全面的に特許の存在を開示したとしても，JEDEC は結局ランバスの技術を標準化せざるを得なかったであろうと主張した．ランバス技術が他の代替技術にくらべて優れており，必須技術であるという理由からであった．

審判官によれば，当時，最低でも 6 つの代替技術が存在していた．委員会は，対象技術ごとに代替技術に対するランバス技術の価格，機能面での優越性を詳細に比較した．その結果，ランバス特許の存在が開示されたとしても JEDEC がランバス技術を標準化したであろうという主張については，ランバスが立証責任を満たしていないとの結論にいたった．

(iii) ランバスの行為と標準との関係

ランバスは，仮にランバスの行為が JEDEC の決定プロセスに何らかの影

響を与えたとしても，JEDEC の利害と公衆全体の利害が異なるため，競争阻害の効果をもたらすものではなかったと主張した。また，標準化プロセスは「勝者がすべてを制する」ので，ランバスが仮に特許開示を行っても結果は変わらなかったとも主張した。

　委員会は，いずれの主張にも同意しなかった。JEDEC は広範な業界からの参加をえており，特に DRAM 技術と DRAM 製品の購入者の参加が多いので，経済的な意向が JEDEC の決定に反映した点をその理由にあげた。また，後者については，コンピュータ業界ではロイヤリティ支払いの有無は極めて重要であり，かりにランバスの特許技術が開示されていたならば，合理的で非差別的な（RAND）条件でのライセンス提供などが保証されない限り，JEDEC は代替技術を標準化したであろうという理由からである。

(iv)　ロック・インの不存在

　ランバスは，仮に独占力を認めるにしても，標準利用者に代替技術の選択の余地がある限り，つまりロック・インがない限り，独占力が永続的な要因とはならないと主張した。ロック・インがなければ，競合企業はその気になればランバスに挑戦できたはずだという理屈である。ALJ は，この主張を受け入れ，DRAM 業界が JEDEC 標準にロック・インしていたという審判官の認定を退けていた。

　委員会は，いつの時点でロック・インの存在を評価するかを重視した。つまり，ランバスの関連特許情報を入手し，それに対する措置を講じた時点で評価しなければならないとした。JEDEC 会員が特許の存在を知ったのは，ランバスが 2000 年初頭に最初の特許侵害訴訟を提起したときであった。その時点ではランバス技術へのロック・インが発生していたと認定した。しかし，DDR SDRAM 標準については JEDEC の採択との因果関係が明らかではないとした。

(v)　独占力は無関係

　ランバスは，仮にランバスの行為が独占力を生んだとしても，審判官が消費者に対する不当価格による競争阻害を立証できなかった以上，ランバスが責任を問われるべきではないと主張した。具体的には，特許ロイヤルティは，DRAM メーカーにとって事業コストであるという主張であった。ロイヤル

ティ率は合理的なものであり，反競争的な効果はないとも主張した。

委員会は，高止まりしたDRAM価格から発生するDRAM生産量の減少の影響をランバスは過小に評価していると指摘した。生産量が減れば，業界にとって深刻な損失を招くことになり，それがひいては社会福祉の低下につながるとした。多くの証拠がロイヤルティ率は合理的ではなかったことを示しているが，そのような証拠に依拠しなくても，法律論からランバスの主張は受け入れられない。つまり，市場独占につながる詐欺的行為は，本質的に競争阻害をもたらすものであり，「独占者のごとく振舞っていない」という弁明は判例上も受け入れられないとした。

(4) 証拠湮滅

ランバスは，外部弁護士の助言のもとに文書管理規定を1998年初頭に改変し，同年7月に実施した。98年9月に会社全体で「シュレッダーデイ」を設け，翌年8月には膨大な量の文書を処分した。2000年12月に新しい社屋に移転する際，同程度の分量を破棄した。その一環として，電子メールを消去し，コンピュータのバックアップテープも破棄した。また，外部のビンセント弁護士に対しても，彼の事務所の出願関連ファイルを破棄するように指示した。

証拠によれば，ランバスの幹部および弁護士も文書の破棄を実行した。破棄された文書にはFTC手続関連のもの，たとえばJEDEC関連の文書も含まれていた。クリスプ氏やランバスの社内弁護士が，後にJEDEC関連の書類を探そうとしても見つからなかったほどその処分は徹底したものであった。

しかし委員会は，ランバスの証拠湮滅の有無を立証する必要はないとの判断を示した。これまでに収集された証拠で委員会の判断が支持されているからだ。したがって，証拠湮滅に対する救済命令も必要ないとした。

ただし，この問題に関連して委員会は留保条件を付けた。ランバスの広範な文書破棄運動により，委員会がランバスの行為を十分に審査する機会を否定される可能性があると強調した。認定に依拠した証拠よりももっと関連のあるものが破棄された可能性があれば，この問題を追及すべきであろうとして，制裁の可能性を留保した。

4 まとめ

　上記のとおり，委員会は ALJ の仮決定を全員一致で覆した。委員会が FTC の決定機関であるため，反トラスト法違反問題についての FTC 判断はこれが最終となる。委員会は，引き続いてランバスに対する制裁措置（救済問題）についての審理を行うことになる。しかしながら，今回の審決に対してランバスが司法による再審査を請求することは十分に考えられるため，最終的な決着はまだ先になることが予想される。

　委員会の審決が公表される前の本年（2006 年）3 月，米連邦最高裁はインデペンデント・インク事件判決の中で，従来の「抱き合わせ」の違法性要件を緩和する判断を示して注目された。この判決により，これまで特許権者にとって制約となっていた抱き合わせ問題が実務上かなり緩和されることになる。この判決からも，米国のプロパテントの流れが続いていることが読み取れる。しかし，それならばなぜフォローの風の中で特許権者であるランバスが今回，一転して敗れたのであろうか。

　その理由の一つに，米政府の標準化重視の政策がある。米政府は 2000 年に「国家標準戦略」(NSS/2000) を発表し，2005 年には「合衆国標準戦略」（案）(USSS/2005) を発表した。その中で米政府は，標準化をめぐる環境が激変し，新しい標準化プロセスが求められていること，従来の公平性，透明性，合意性に加え，市場ニーズに迅速かつ柔軟に対応しなければならないことを強調している。

　そのような政策を後押しするように，ブッシュ大統領は 2006 年の一般教書演説で，国家予算の投資効率を高めるために，予算の配分先を選択・集中することを明らかにした。重要配分先の一つとされたのが NIST（国立標準技術研究所）である。このような標準化重視の方針が，プロパテントに先行し，ランバス事件の審決に何らかの影響を与えたと考えることができる。

　また，FTC が一般論としてではあるが，最近の特許の質の低下を問題視していたことも今回の審決に影響を与えたかも知れない。FTC は 2003 年，特許法政策と競争法政策を調和させる必要性があるとの立場から，有効性の低い特許の市場競争にあたえる弊害，特にビジネス方法特許の弊害について報

告書で指摘し，特許庁に早急の改善を求めていた。[34]

今回，委員会が ALJ の仮決定を覆した最大の理由は，煎じ詰めれば，増加する技術標準の政策的重要性と脆弱な有効性に起因する特許の存在感の減少の両者を秤にかけ，結局，前者に重きを置いたということが言えよう。

(1) SDRAM 標準のうち，ランバス特許が包含する技術は具体的には「待ち時間（latency）技術」，「バースト長（burst length）技術」，「データ促進（data acceleration）技術」，「クロック同期（clock synchronization）技術」の 4 つであった。
(2) 米ランバス社の詳細については本稿の目的とするところではないが，以下のウェブから日本語による会社情報が入手できる（http://www.rambus.co.jp/about/）。
(3) その書状の内容は以下のとおり。「今回，ランバスは，我々の知的財産の立場について一切のコメントを差し控えることを選択します。我々が委員会の会合に参加し，そこで発言を控えたことで，…中略…わが社の知的財産に対する（標準の）将来の侵害可能性について何らかの表明が行われたと解釈されるべきではありません。」
(4) 以上，本事件の事実関係については，FTC 審判官の訴状による。
(5) デル・コンピュータ事件は，標準化団体での審議で関連特許がないと申告してにもかかわらず標準採択後にデル・コンピュータが標準関連特許を行使したことに対する FTC の訴追である。結局，デル・コンピュータは FTC で争うことをせず，その指摘に同意して和解した。同意審決の内容について，拙著『特許と技術標準』（八朔社，1998 年，88-92 頁）を参照されたい。
(6) 「インフィニオン訴訟」の地裁判決，控訴裁判決の内容については，拙稿『特許法と反トラスト法の相克―ランバス特許争訟を契機として―』（「知財管理」Vol.54, No.1, 2004 年，50 頁以下）を参照されたい。
(7) 連邦取引委員会（Federal Trade Commission）は，大統領の指揮権から独立した規制委員会の一つであり，5 名の委員によって構成される「委員会」が決定機関である。委員長は委員の中から大統領が指名する。その下に事務局があり，ライン機能をもつ局（Bureau）とスタッフ機能をもつ室（Office）が置かれている。
(8) 調査官（investigative attorney）は連邦取引委員会の職員である。調査官には調査権限が与えられており，裁判の場合と同様に，文書提出命令や証人喚問等を行う権限をもつ。
(9) 連邦取引委員会の審判は準司法的な性格をもつ。審判は，裁判の原告にあたる審判官（complaint counsel）と被告にあたる被審人（respondent）の間で事実関係の認否や適用判例についての議論が交わされる。当事者間の行司役を務めるのが行政法判事（ALJ）であり，審判の指揮をとる。審判官も ALJ も FTC 所属の職員ではなく，人事管理局から派遣される。彼らは，法曹資格と 7 年以上の実務経験をもち，そして一定の資格試験を合格した専門家である。この派遣制度は，審

判官やALJに，身分保障と委員会からの独立性を担保するために設けられたものである。FTC帰属の職員でないことで，独立した地位と身分を保障されている。(松下満雄『アメリカ独占禁止法』東京大学出版会，1987年，24-29頁，参照)

(10) その他にも，①EIA/JEDECのパテントポリシーは，必須特許の早期の開示を促すが，ランバスはそれに違反していない，②告訴状が反トラスト法違反の根拠として引用した判例は，本事件の事実関係には適用できない，③ランバスの行為は「詐欺」にあたらず，開示義務の違反とはならない，④ランバスはJEDEC在籍時に開示すべき特許・特許出願のうち非開示のものはなかった，⑤ランバスの特許出願の拡張補正には何ら違法性はない，⑥ランバスの訴訟行為は正当なものであり，何ら「排除行為」にあたらない，⑦JEDECの開示ルールを知りつつそれを破ったとしても，それによってJEDECに対する「故意の誘導」とはならない，⑧ランバスに不履行や誤った表明があったとしてもJEDECメンバーはそれに依拠していない—などの理由が挙げられた。

(11) 技術の発展においては，その立ち上がりの時期の事情によって選択された方式をその後になってもかえることができない現象がしばしばみられる。それを「ロック・イン」(lock-in)と呼ぶ。(金森他編『経済辞典』有斐閣，2002年)

(12) 仮決定の「結論の要約」(6-7頁)ではその他に8項目挙げている。

(13) 被審人が30日以内に異議申し立てをせず，委員会が再調査を命じない限り，仮決定が最終審決として確定する。一般に，審判官の専門性と独立性に鑑みて，委員会は審判官の判断に「適切な尊敬」を払うことが原則となっている。

(14) JEDECでの関連特許の非開示が州法の「フロード」(詐欺)にあたるかどうかをめぐって争われた事件で，一審の陪審は，州法違反を認めた。しかし，控訴審(CAFC)は，その判断を退け，事件を一審に差し戻していた。その経緯の詳細については，拙著「特許法と反トラスト法の相克—ランバス特許争訟を契機として—」(『知財管理』Vol. 1，2004年，47頁以下)参照。

(15) Rambus, Inc. v. Infineon Techs. AG, 222 F.R.D. 280 (E.D. Va. 2004).

(16) Samsung Elecs. Co. v. Rambus, Inc., 398 F.Supp.2d 70, 473 (E.D. Va. 2005).

(17) 「汚い手」(Unclean hands)とは，他の法規では対処できない行為に対して，正義・衡平の観点から救済を認める米国法特有の法理である。

(18) Hynix Semiconductor Inc. v. Rambus Inc., No. CV-00-20905 RMW, 2006 WL 565893 (N.D.Cal. Jan. 5, 2006).

(19) Micron Tech., Inc. v. Rambus Inc., CV-0-792-KAJ (D.Del.Mar.6, 2006).

(20) "Clear and Convincing Proof" 一般に事実の証明は「証拠の優越」で足りるが，例外的により高いレベルの証明が必要とされる場合があり，その場合の証明の程度を表す概念である。(田中英夫編『英米法辞典』東京大学出版会，1998年，150頁)

(21) "Preponderance of Evidence" ある事実についての証拠の重さ，証明力が全体として，相手方のそれよりも優越していること。民事事件ではこれによって，当該事実の存在ないし不存在を認定してよいとされる。(田中英夫編『英米法辞典』東京大学出版会，1998年，658頁，150頁)

第 2 章　標準の法律化　　85

⑵　審決の内容を日本語で紹介した文献として和久井理子・横田貴史「ラムバス事件―技術標準と特許, 独禁法―」(『知財プリズム』Vol. 5, No. 50, 2006 年 11 月) がある。
⑶　Sherman Act. 1890 年に制定された米反トラスト法の中核をなす連邦法。シャーマン法 2 条は,「…取引もしくは通商のいかなる部分をも独占し, 独占を企画し, 又は独占する目的で他の者と結合もしくは共謀する者は, 重罪を犯したものとして, 有罪の決定があったときは, 裁判所の裁量により, 罰金もしくは 3 年以下の禁錮に処し, …」と規定する。
⑷　Federal Trade Commission Act. 価格差別を禁止するクレイトン法と共に 1914 年に制定された連邦法。シャーマン法, クレイトン法とあわせて米反トラスト法を構成する 3 つの主要な法律である。FTC 法 5 条は,「通商におけるもしくは通商に影響を及ぼす不公正な競争方法及び不公正なもしくは欺瞞的な行為又は慣行は, これを違法とする。」と規定する。
⑸　Walker Process Equipment, Inc. v. Food Mach. & Chem. Corp., 382 U.S. 172 (1965).
⑹　United States v. Microsoft Corp., 253 F.3d 34, 58-59 (D.C. Cir. 2001), 58-59.
⑺　規格や標準の利用に障害となるような行為を言うが, 一般には, 標準利用に障害となる特許を意味することが多い。「ホールドアップ特許」とも呼ばれる。
⑻　ALJ はその理由として①開示義務が立証されていない, ②企業秘密の正当化事由 (つまり特許出願が係属中であること) は標準化機関への入会により損なわれない, ③審判官が適用した法が誤りである―を挙げた。
⑼　ALJ の考え方は, JEDEC のもつ規範性が弱いというものであった。規範性が弱い以上, 独占力との因果関係は認めることができないと認定した。
⑽　Illinois Tool Works v. Independent Ink, et al, 547 U.S. (2006). この事件は, プリントヘッドとインク容器をクレームする特許をもつ被告 (ITW) が, ライセンシーである OEM メーカーに ITW からのインク購入を義務付けたことに端を発した。原告 (Independent Ink) は, そのようなライセンス条件は違法な「抱き合わせ」であり, 反トラスト法違反に違反するとして略式判決を求めた。「抱き合わせ」が違法となるには, 特許権者に「市場支配力 (market power)」があることが要件となる。最高裁の判例によれば, 抱き合わせする製品 (tying goods) に特許がある場合には市場支配力が「推定」される。つまり, 判例上, 市場支配力が無いとの反証は特許権が行うことになる。しかし, 一審地裁は, 最高裁判例に既判力はなく,「推定」がない以上, 市場支配力を立証するのは原告の責任であるとして, 原告の請求を退けた。控訴審で CAFC は, 最高裁判例に反するという理由から地裁判決を破棄・差し戻した。上告審で最高裁は, CAFC 判決を破棄し, 原告に ITW の市場支配力の立証責任があるとした。つまり, 特許権者は, 市場支配力の存在を否定する挙証責任から放免されることになる。
⑾　"National Standards Strategy for US"NSS, 2000.　官民の標準化関係者の議論を ANSI (米国規格協会) が取りまとめ, 公表したもの。米国の標準戦略の基盤となっている。

(32) "United States Standards Strategy"(Final Draft 2005) NSS. これは NSS/2000 の改訂版である。日本の「知的財産推進計画」で挙げている国際標準化関連の項目を意識したような記載が少なくない。

(33) 拙稿「大統領経済報告にみる米国の知財政策」『発明通信』第 522 号，2006 年 6 月 1 日。

(34) FTC Report "TO PROMOTE INNOVATIONS: THE PROPER BALANCE OF PATENT LAW AND POLICY"2003, Oct.; DAF/WD（2006）52" ROUNDTABLE ON COMPETITION, PATENTS AND INNOVATION".

III ホールドアップ判例

1 はじめに

今日，標準化はたんに科学技術政策にとどまらず，国際競争力を左右する産業政策としても重要である。技術先進国は，標準化の効率的な推進が生産性向上の鍵をにぎると認識し，それぞれの国・地域で独自の標準化戦略を発表している[1]。

知的財産の重要性も変わっていない。知的財産は，標準化と共に研究開発を推進する車の両輪と位置付けられ，イノベーションを支える重要な役割を期待されている。しかし，近年，知的財産権によって標準化が阻害される事例が発生しており，イノベーション推進の観点から大きな問題として取り上げられている[2]。

その一例が標準化活動に関わりながらも関連する保有特許を開示せず，標準策定後に特許を行使する「ホールドアップ」問題である。また，標準化活動には一切関わらずに，標準のユーザーを標的にして保有する特許権を行使するアウトサイダー問題もある。本稿ではこれらの特許権による標準化の阻害問題を包括的に「ホールドアップ」と呼ぶ。

ホールドアップ問題に対しては，一般的に競争法の規制による対処が期待されているが，競争法の適用にはおのずから限界がある。まず競争法による規制は，知的財産権の正当な権利行使には適用されない[3]。反トラスト法上問題となる行為は，標準化作業の過程で関連特許の非開示や不当な誘導などに限られる。またそのような場合であっても，どのような基準で違法性が問われるのかは必ずしも明確になってはいない。

本稿は，標準化という文脈においてホールドアップ特許問題を米国の裁判所がどのように判断しているかを，代表的な審判決例を検討して明らかにし，併せて今後の法解釈の方向性を考えるものである[4]。

2 エクイティの適用事例

(1) エクイティとは

エクイティ (Equity) は英米法特有の法理論で，いわば不文律の権利調整理論といえる。社会正義に照らして許されない権利請求に対して，被告は権利者の請求が不当であると主張することができる。そのような主張の根拠は，エクイティであることが多い。日本では「衡平法」と呼ばれている。

エクイティにもとづく抗弁は，特許侵害訴訟でも提起しうる。たとえば特許権者は特許出願時に関連先行例を開示しなければならない。もし開示すべき先行例を開示しないで審査官を欺き，特許取得後にその権利行使をした場合には，特許権者の非開示行為はエクイティに照らして不法であり，その結果，特許侵害裁判の被告は，原告による権利行使の不能を主張できる。

以下に標準化の過程で関連する特許権が開示されず，後日権利主張された事例を紹介する。これらの事件では，被告はエクイティ上の救済を求めた。[5]

(2) ポッター事件 (1980年)

この事件は，ポッター・インスツルメント社がストーレッジ・テクノロジー社他多数の企業を特許侵害で訴えた事件が併合されたものである。

ポッター社 (原告) は，磁気テープにデータを記録する技術を開発し，米国特許を2件取得した。一つが磁気テープ・ドライブのZ-バッファ規格に関連するドライブ特許で，これはIBM他多数の企業にライセンスされた。もう一件の特許はグループ・コード記録 (GCR) と呼ばれる情報記憶技術に関するGCR特許である。

原告は1973年頃に破産の危機に直面していた。そのためストーレッジ社 (被告) への特許権主張を停止していた。IBMは1973年，GCR特許方式を業界規格として採用するよう標準化団体に提案した。当時，GCR方式が原告のドライブ特許に触れるのではないかとの指摘がなされていた。同標準化団体のパテントポリシーによれば，関連特許の所有者は事前の通知を行い，会員にRAND条件でのライセンスを求めなければならない。原告はこの委員会に参加していたが，自社特許については一切その所有を表明しなかった。

結局，GCR 方式は 1976 年に規格として採択された。原告は 1979 年，ドライブ・GCR の両特許について，複数の規格ユーザーを特許侵害で訴えた。被告は，禁反言（エストッペル）および消滅時効（ラッチェス）を根拠として訴えの却下を申し立てた。地裁は被告の申し立てを支持した。しかし控訴審では，ラッチェスを根拠とすることに同意したものの，エストッペルについては認めなかった。[6]

(3) スタンブラー事件（1988 年）

この事件は，個人発明家のスタンブラーが，ディーボルド社などを特許侵害で連邦地裁に訴えた事件である。地裁は，被告のラッチェス抗弁を認め，原告の請求を退ける略式判決を下した。

スタンブラー（原告）は，銀行の自動応答装置（ATM）に使用するカード照合システムに関する米国特許（ATM 特許）を 1974 年に取得した。原告はディーボルド社（被告）に対して ATM 特許のライセンスを打診したが，被告は断りの返事を送った。

その後，ATM システムの標準化が提案され，標準化団体がその検討を開始した。原告はその検討委員会のメンバーの一員であった。原告は，提案された ATM システムが規格になれば，自分の特許に侵害することを認識していたが，検討委員会では自分の特許を公表しなかった。ATM システムは最終的に ANSI 規格として採択された。

原告は 1985 年，被告を ATM 特許侵害で提訴した。被告はラッチェス抗弁を主張し，原告の請求を却下する略式判決を申し立てた。地裁は，原告が ATM 特許の権利行使を不当に遅らせたと認定し，その上で原告には所有する特許について開示し，注意を促す義務があるとした。原告の ATM 特許についての沈黙は，同特許についての権利行使を放棄したことを示唆するものであると判示した。[7]

(4) ストライカー事件（1990 年）

この事件は，ジマー・スモヤー・アソシエーツ社がストライカー社を特許侵害で訴えた事件である。被告は，ラッチェスおよびエストッペルにより原

告の請求を却下するよう申し立て（モーション），地裁はそのモーションを認めた。

ジマー社（原告）は，人工腰椎に関する特許の独占的ライセンシーで，1974年にライセンス許諾を受けた。原告は1976年からライセンス製品に許諾特許の表示を行った。原告は，他社が侵害品を製造しているにも拘わらず何のアクションもとらなかった。そこでストライカー社（被告は），人工腰椎メーカーを買収し，自社特許の発行（1980年）を待って自社製の人工腰椎の販売を開始した。被告はその後の4年間に人工腰椎事業に200万ドルを投資した。

原告は，1974年から1984年までの間，業界で特許侵害品が出回っていることを知っていながら特許権行使をしなかった。その間に被告は人工腰椎分野でのトップメーカーとなっていた。被告は1981年，原告がライセンス特許の権利行使を放棄したと判断し，1980年発行の自社特許にもとづく侵害警告状を原告に送付した。侵害警告状を受けて原告は，一旦販売活動を停止していたが，2年後の1983年，許諾特許の権利行使を被告に通告した。被告は，原告が許諾特許の権利を行使できないとの確認を求める確認訴訟を提起した。

地裁は，スタンブラー事件判決（上出）を引用し，事業が商業的・経済的価値を持つまで権利行使を控えるのは不当な行為であるとして，ラッチェス・エストッペルの法理にもとづき，原告の許諾特許の権利行使不能を宣言する略式判決を下した。[8]

(5) ワング事件（1993年）

この事件はワング社と三菱電機の間で争われた特許侵害訴訟である。裁判所は，三菱の主張する衡平法上の「アンクリーンハンド」（汚れた手）の法理により，原告の請求を退けた。

ワング社（原告）は1983年，シングル・ライン・メモリー・パック（SLMP）に関する特許を二件出願した。出願と同時期に原告は，業界標準化団体に9チップ30ピンSLMPを規格として採択するよう働きかけていた。原告は標準化団体に対して，出願中の自社特許には言及しなかった。そのう

ちに SLMP 規格は採択された。規格が採択されて間もなく，原告は三菱電機（被告）に対して規格製品を大口発注した。

原告の二件の特許出願は 1987 年と 1988 年に認められた。原告は 1989 年，被告および訴外企業に特許侵害警告状を送付した。そして 1992 年 1 月，原告は被告を国際貿易委員会（ITC）に提訴した。同年 6 月，ITC 提訴を取り下げ，連邦地裁に提訴した。

被告は，原告が当該特許を業界規格に導くよう積極的に活動し，大口注文を行い被告に投資を誘導したことは，特許権の濫用（ミスユース）にあたり，反トラスト法違反であると主張した。地裁は被告の主張を基本的に受け入れ，最終的に被告に違法はないと判決した[9]。

3　反トラスト法の適用事例

(1)　反トラスト法の射程

反トラスト法は，米国における競争法の体系である。「シャーマン法」「クレイトン法」「連邦取引委員会（FTC）法」などの制定法，そして判例法から構成される。規制の対象は，「水平的制限」，「垂直的制限」，「単独行為」，「企業結合」の 4 つの類型である。技術にからむ取り決めが規制の対象となるのは，共同研究開発契約や技術移転契約に限られる。違法性の基準は，技術市場の競争が阻害されたかどうかである。

ホールドアップ問題に対して反トラスト法が適用される場合，一般的にその根拠は，標準化が技術の発展や消費者の利益に貢献するという前提にたって，公共の利益に適う標準化を特許権が阻害することは権利の濫用であり，不公正な競争であるということになろう。実際に濫用があったか，不公正な競争があったかどうかは，個々の事案の事実関係を「合理の原則」のもとで判断することになる。

ホールドアップ特許を含め特許権の行使が反トラスト法違反を問われた事例はそれほど多くない。ほとんどは FTC 法 5 条の違反問題である[10]。

本稿では，特許権者の利益を広く認めたプロパテント政策の時代（80 年代以降）における反トラスト法の適用事例を取り上げる[11]。

(2) デル・コンピュータ事件（1995年）

デル・コンピュータ社は，標準化団体であるビデオ・エレクトロニクス規格協会（VESA）のメンバーであった。VESAには米国の大手コンピュータ・メーカーのほとんどが加盟していた。

VESAは1992年，新しいVL-バス規格の採用を決定した。デル社は，VL-バス規格の開発・決定を担当した規格策定委員会の委員であった。デル社の代表は，規格を検討した委員会で「自分の知る限りにおいて，規格はデル社の所有する商標，著作権または特許を侵害していない」とする特許宣言書に署名した。

当時の委員会には二つのローカル・バス規格が提案されていた。一つがVL-バスであり，関連特許はないとみなされていた。もう一つがPCIローカル・バス・アーキテクチャーであり，いくつかの関連特許があった。後者は，インテル社が開発したもので，デル社を含む数社がこの方式を支持していた。

しかし最終的には関連特許がないと考えられていたVL-バスの規格が承認され，間もなくパソコンのX-86アーキテクチャー用として急速に広まった。ところがデル社は，VESAのメンバー数社に対して，VL-バス規格がデル社の特許に侵害するとして侵害警告状を送付した。

VL-バス規格は任意規格であったこともあり，デル社が侵害警告状を送付し，その特許権を主張し始めるとユーザーのVL-バス離れが加速し，以後VL-バス規格のユーザー数は減少した。それに変わり，インテル社が主導しデル社が支持したPCIローカル・バス・アーキテクチャーがデスクトップパソコンを中心に採用された。

FTCは，デル社のこのような行為が不公正な競争方法を禁止するFTC法5条に違反するとして提訴した。提訴の理由は，デル社の行為により，VL-バス規格の利用が遅れた，VL-バスデザインの利用を控える企業が増えた，結果としてVL-バスデザインの利用コストおよび競合規格の開発コストを引き上げた，業界の標準設定活動への参加意欲に水を差した，等であった。[12]

(3) UNOCAL 事件（2004 年）

UNOCAL 事件はガソリン配合規格を巡って争われた事件である。UNOCAL(13)は，カルフォルニア州政府が定める夏季限定の排ガス規制をクリアするガソリン配合に関する特許を所有していた。UNOCAL は，石油元売大手の Exxon, Mobil, Chevron, Texaco, Shell を相手どり特許侵害訴訟を提起し，9000 万ドル強の損害賠償金と 1 ガロンあたり約 6 セントのロイヤリティを命じる判決を勝ち取った。この判決により，UNOCAL の年間ライセンス料は 1 億 5000 万ドルに上った。

FTC は 03 年，違法な手段で市場を独占したとして FTC 法 5 条違反の容疑で UNOCAL を提訴した。訴状によれば，UNOCAL は関連特許の取得をすすめながら，その事実を隠してカリフォルニア州大気資源局（CARB）に配合規格の制定を働きかけ，結果として CARB の配合企画を特許の権利範囲に誘導した行為が反トラスト法に違反するとされた。

審理を担当した行政法判事（ALJ）は，CARB へのロビー活動の結果として規格が制定され，その結果として独占が生じてもそれは反トラスト法違反にはならないとする原則(14)（ノエル・ペニントン原則）を適用し，UNOCAL に違反はないと判断した。しかし，連邦委員会は，この ALJ の仮決定には法律判断に誤りがあったとしてそれを破棄した。

最終的にこの事件は，FTC との間で 2005 年に和解が成立し，同意審決という形で決着した。

(4) ラムバス事件（2006 年）

米ラムバス社は 90 年の設立と同時に，DRAM 関連の基本発明を特許出願した。15 の図面，150 のクレームを含んだ 62 頁に及ぶ長文の出願明細書であった。特許庁の指示により，この出願は 10 の分割出願に分けられ，その後さらに継続または分割出願として小分けされた。

ラムバスは 92 年に JEDEC に加盟し，96 年 6 月に脱退するまで JEDEC の SDRAM 規格委員会にメンバーとして参加していた。しかし，JEDEC の委員会では，実質的に規格に関係する発言はせず，投票でも棄権票を投じた。

ラムバスは JEDEC のパテントポリシー(15)に基づき，特許 1 件を 93 年に開

示した(その特許は検討対象の規格には直接関連しないものであった)が,96年4月に登録されたSDRAM規格の必須特許については開示しなかった。その2カ月後の6月,ラムバスはJEDECを脱退した。脱退届けには,保有する24件の特許リストを添付した。リストでは規格との関連性については一切触れず,2カ月前に登録になった必須特許は含まれていなかった。

90年の基本出願を親とする分割・継続出願は,97年から99年にかけて次々に登録された。ラムバスは2000年以降,世界の半導体メーカーに対して特許ライセンスの売り込みを行い,応じない企業には訴訟を含む特許権の行使を開始した。

このようなラムバスの標準化団体における行為に対してFTCは02年,FTC法5条違反でラムバスを提訴した。ALJは「違反なし」とする判断であったが,連邦取引委員会は06年8月,全員一致でALJの仮決定を覆し,ラムバスのFTC法5条違反を認める決定を下した。(16)

ラムバスはFTCの審決を不服としてコロンビア特別区巡回控訴裁に控訴し,同控訴裁は08年4月,ラムバスの非開示によって独占が生じたことを示す証拠がないとしてFTCの審決を破棄し差戻した。(17) FTCは08年11月,このDC控訴裁の破棄判決を不服として連邦最高裁に上告(certiorari)した。(18)

4 その他の法理

(1) インフィニオン事件(州法違反)

ラムバスが00年から開始したSDRAM規格に関する特許ライセンスの売り込みに対し,多くの半導体メモリー装置メーカーはライセンス受諾を決めたが,独インフィニオン社とJEDECの会員会社1社は応じなかった。そのためラムバスはこれらの企業を同社所有の特許4件を侵害したとしてバージニア東部地区地裁に提訴した。

インフィニオンは,ラムバスがJEDEC規格に関連する特許や特許出願をJEDECに開示しなかったのは詐欺(フロード)にあたり,州法に違反するとして反訴。一審の陪審員は,ラムバスの関連特許不開示が州法の定める開示義務に違反するとして巨額の損害賠償を評決した。

この事件は連邦巡回区控訴裁(CAFC)に控訴された。CAFCは,そもそも

この問題についての証拠が不十分でありそのような場合には法律問題として裁判官が判断すべきであって，陪審員に審理を託したことは誤りであったとして地裁判決を破棄した。この判決により，ラムバス特許の非開示は州法の開示義務には違反しないとされた。[19]

(2) クアルコム事件（証拠開示命令違反）

この事件は，米クアルコム社と米ブロードコム社の間の特許侵害訴訟の過程で争われた，クアルコムのディスカバリー（証拠開示）命令違反事件である。

クアルコムは05年，ブロードコムを相手取り，特許侵害訴訟を提起した。ブロードコムはすぐに反訴し，クアルコムが係争特許に関連する標準化活動に参加しており，必須特許の権利行使は不能であるとするエクイティ抗弁を主張した。

このブロードコムの主張については，クアルコムが02年から03年初頭にかけて標準化活動に参加していたことを立証できれば，クアルコム特許の権利行使はエクイティの法理により認められなくなる可能性が高い状況にあった。

そのためブロードコムは，クアルコムに広範なディスカバリーを要求した。クアルコムは，標準化活動に関する証拠についてはすべて提出することを文書で約束していたが，クアルコムの訴訟代理人がクアルコムの技術者から事情聴取をしたところ，02年当時標準化活動に参画していたことが明らかになった。それにも拘わらずクアルコムは，社内調査の対象を他の技術者に広げなかった。

その後07年に調査が行われ，これまでクアルコムが否定していた標準化活動へのかかわりを示す電子メールがクアルコムの21名の技術者のパソコンに保存されていたことが発覚した。そこには標準化活動の関与を示すメールが46000件保存されていた。本来，それらはすべて証拠として提出されるべきものであった。

裁判所はこの事実を重く見て，クアルコムが意図的に標準化活動への参加を示す証拠を隠蔽したとして，クアルコムとその訴訟代理人に850万ドル

（約9億円弱）の制裁を科した。[20]

5　N-Data事件に見る新たな展開

(1)　事件概要

　電気電子学会（IEEE）は93年，LANに接続したパソコンにデータ送信するための規格（Ethernet）の改訂に着手した。その作業部会のメンバーの一人がナショナル・セミコンダクター社（ナショセミ）であった。新規格は，秒速100メガバイトのデータ送信実現をめざし，「高速Ethernet」と呼ばれた。Ethernet（旧）規格との接続性を持つことが求められるため，自動検知や自動交渉と呼ばれる接続技術が必須であった。ナショセミは，自動検知技術（NWay）を開発し，92年に特許出願した。97年には特許が認められた。

　ナショセミは94年，IEEEの作業部会でNWay技術を新規格に採用するよう提案した。規格が採用されれば，RAND条件（千ドルの一括払い）でNWay特許をライセンスすることを約束した。この提案は文書で確認され，IEEEの作業部会宛に提出された。

　翌95年，IEEEはNWay技術を含む高速Ethernetを新規格として採択した。高速Ethernetは01年までに業界標準の地位を得て，米国で販売されるほぼ総てのパソコンに標準装備されるようになった。

　ナショセミは98年，NWay特許をバーティカル・ネットワーク社（バーティカル）に譲渡した。バーティカル社にはNWay特許に関するIEEEへのライセンス条件が伝えられており，両者間の譲渡契約でもIEEEへの約束の関係で，NWay特許の権利行使が制限される旨が記載されていた。

　バーティカルは01年，①高速EthernetがNWay特許に触れる可能性があること，②RAND条件で他の特許をも含め非独占ライセンスを提供する用意があること，③ナショセミが提示したライセンス条件は無効であること—をIEEEに書面で申し入れた。その目的は特許料収入の増加であった。同時に，64社を警告状の送付先としてリストアップし，その多くに製品毎のロイヤルティを求める警告状を送付した。

　バーティカル社は03年11月，当該特許をネゴシエイティッド・データ・ソリューションズ社（N-Data）に譲渡した。N-Dataは，バーティカル社

のライセンス担当を務めていた特許弁護士が所有するライセンス会社（いわゆる「パテントトロール」）であった。

FTCは，N-Dataが譲り受けたNWay特許ライセンスのキャンペーンは，FTC法5条の違反にあたるとしてN-Dataを提訴。N-Dataは，自己の権利行使の違法性を否定したが，最終的にはFTCの同意命令に同意した。

(2) 提訴理由

FTCによるN-Data提訴の理由は以下のとおりである。

(i) N-Dataの行為は，もしそれが放任されるならば標準化にとってきわめて大きな障害となる。標準関係者はこれまで，規格が普及した後に現れるホールドアップの問題に頭を悩まされてきた。もし今回の行為が許されるならば，標準化プロセスでの参加企業の関連特許についての声明が信頼されなくなるであろう。N-Dataの行為は，（FTC法5条の）不公正な競争方法・行為にあたる。

(ii) 標準が経済を牽引するエンジンであり，N-Dataの行為は，そのような標準の役割を損ね，消費者の利益に反する。FTC法5条の違法行為とは，消費者である事業者や個人を犠牲にするような行為である。

(iii) 今回のFTCの提訴に対して，FTC法5条にもとづくFTCの権限が広すぎるという批判が出るかも知れない。しかし，このような問題を放置することの社会的コストはあまりにも大きい。FTCの権限を行使することが，自由で躍動的な市場を維持するために必要である。

(3) 反対意見

FTCのMajoras委員長は，以下の理由から，FTCによる提訴理由ならびに同意命令に異を唱えた。

(i) 多数意見は，N-Dataの行為をFTC法5条違反としているが，これは法政策上好ましくない。なぜならば，N-DataはNWay特許を含むポートフォリオの新しいライセンス条件を提示しただけであり，それは何ら反トラスト法で問題にすべき行為ではない。反トラスト法の執行当局の権限をこのように無原則に行使するのは問題である。

(ii)「実質的な」消費者の被害が認定されたが、それは消費者の定義に大手コンピュータ・メーカーを含める解釈である。そのような解釈には同意できない。FTC の権限行使は中小企業や非営利団体を不公平な行為から守る場合に認められているのであって、大手コンピュータ・メーカーをその対象に含めるのは適切ではない。

6　判例研究

(1)　適用法の推移

上述のように米国のホールドアップ問題は、80 年代までは主にエクイティを根拠とした。報告された事例の当事者はほとんどが製造業者であり、違反行為も比較的単純であった。そこでは判断基準を常識や社会正義に置いた判断が機能した。

しかし、90 年代に入ると事案の事実関係や争点も複雑になり、エクイティだけでは処理が困難になってくる。また科学技術重視の政策がとられるようになり、「技術市場」の概念が重視され、競争阻害という争点で反トラスト法違反が問われるようになった。例えば、ラムバスやクアルコムなどは製造設備をもたない研究開発型の企業であり、特許料収入を研究開発投資の原資とするビジネスモデルである。このような企業の特許権行使と、製造業者の特許権行使では、おのずから性格が異なってくる。

反トラスト法違反が争われた事例の中で、デル・コンピュータ事件（デル事件）だけが比較的単純な事例であった。問題が発生した理由は、デルの標準担当部門と知財部門のコミュニケーション不足という社内事情であった。結局この問題はデルと FTC が和解し、審決としての規範性はないが、この事件が企業実務に与えた影響はきわめて大きい。

(2)　デル同意審決の影響

デル事件後、標準化活動に関わることの多い業種（たとえば電気通信、半導体、総合家電など）では、多くの企業が知的財産部門と標準化担当の意思疎通をたかめるための組織変更に着手した。知的財産部門に標準の窓口をおき、社内横断的な情報収集や知財と標準の連係をはかるための体制を整えた

ところが少なくない。

　その影響は組織面だけにとどまらず，法律実務にもみられる。特許権行使が標準化活動との関連で反トラスト法違反とされる可能性があることがわかり，知的財産部門としても反トラスト法のコンプライアンスを意識せざるを得なくなったからである。

　このことを物語る好例がラムバスである。ラムバスの顧問弁護士は，デル同意審決の内容を知ってすぐにラムバスに対して標準化機関とのかかわりを絶つようアドバイスし，それを受けたラムバスは96年にすべての標準化団体から脱退している。この事実はラムバス事件のFTC審決の中で明らかにされたもので，もしラムバスがJEDECを脱退していなければ，DC控訴裁としても異なる判決となったかも知れない。

　デル事件は，標準化機関に対してパテントポリシーの重要性を再認識させた。現在のパテントポリシーは関連特許の開示を義務付けるほどの強制力はない。ラムバスの州法違反事件では，関連特許の開示は義務とはいえないとされた。また，関連特許の有無についてのクリアランス効果も十分ではない。ISO/IECなどの国際標準化機関では，ホールドアップ問題の対策としてパテントポリシー（2004年改訂）の再改訂を検討していると言われている。

(3)　N-Data同意審決の影響

　N-Data事件は，これまでの事例とは異なる論点を提示している。

　まずNWay技術の規格策定時に，必須特許の所有者は関連特許の存在とそのライセンス条件を明示し，IEEEはそのライセンス条件の得失を議論したうえで標準の必須特許とすることを決定した。そこには詐欺・教唆等の違法行為はない。

　また，N-Dataによるライセンス・キャンペーンは，追加された新特許を含むポートフォリオライセンスのための新しいライセンス・スキームであった。しかもN-Data自身は当初のライセンス条件の提案者ではない。

　常識的に考えれば，それらは正当な特許権の行使と言えよう。そうでなければ特許制度の意義が失われかねない。それにも拘わらず本件では，FTC法5条違反が問われた。FTCにしてみれば，標準の普及を阻害するホールドア

ップ問題に対して一石を投じる必要があるとの政策判断があったのかもしれない。また，特許の譲受人がパテントトロール的なエージェントであったことも影響しているかもしれない。

(4) 反トラスト法の限界

ラムバス事件でDC控訴裁は，FTCの審決を「思い切った」結論であると形容した。上記のとおり，N-Data同意命令の論理はラムバス事件の審決よりもさらに踏み込んだ内容となっているので，DC控訴裁は，N-Data同意命令の内容を意識していたと考えることができよう。（ラムバス事件の控訴審判決は，N-Data同意命令案（パブコメ用文書）発表から3ヵ月後に出されている。）もしそうであれば，FTCは少し踏み込み過ぎとの心象をDC控訴裁が抱いたとしても不思議ではない。

最後に，Majoras委員長の反対意見にも問題がある。同委員長は，N-Dataが新しいライセンス条件を「申込み」，それをIEEEがホームページに掲載したことで「承諾」，つまり合意が成立しているので，IEEEはそれを覆す立場にないという理屈にたっている。

しかしこの「合意説」には無理がある。標準化機関のパテントポリシーは，規格に関わる特許の紛争やライセンスについては一切係わりを持たないというのが基本的なスタンスである[21]。私企業間の契約の場合のように，申込みと承諾があれば契約が成立するとする解釈は標準化機関の場合適切ではない。

標準化機関は，基本的にコンセンサスにもとづく合意形成を行う。N-Dataの事例の場合，IEEEがホームページにN-Dataの申し入れを掲示したのは，それを承諾したからではなく，会員に対する周知を図った行為と解することができる。それは標準化機関の会員へのサービスであり，当然の行為である。それを機関としての承諾とみなすのは無理がある[22]。

7　今後の方向性

上記のようにホールドアップ問題に反トラスト法は絶対的な切り札とはなっていない。ラムバス事件のDC控訴裁の控訴審判決がFTCに対して心理的な重石となって，FTCはこれまでのように積極的解釈論（アンチパテント

的解釈）をとることが難しくなることも予想される。

それではホールドアップ問題は，今後どのような法律理論で対処すべきであろうか。

米連邦最高裁は，00年以降積極的にCAFCのプロパテント的な判決を見直している[23]。特筆すべき判例はeBay判決である[24]。この判決は，侵害が認定されても差止めは自動的には認めないとするもので，これまでの判例法を変更する注目すべき内容である。この判決により，差止めの脅威をテコにして高額な金額で和解を迫るビジネスモデルが抑止されると評価されている。

eBay最高裁判決は，これまでプロパテント的な判決を出し続けてきたCAFCにも方針変換を促した。CAFCは08年11月，In Bilski事件の大法廷判決で，ビジネスモデル特許の特許要件を引き上げ，実質的にビジネスモデル特許を大幅に制限する判決を出して注目されている[25]。

現在，司法による判例変更は，権利者の利益と公共の利益を比較考量し，権利者が得るべき利益は公共の不利益をもたらさない程度にバランスされなければならないという一種のバランス論に依存している。

このようなバランス論を「パテントトロール」による「ビジネスモデル特許」の行使という限定された局面から，標準化を阻害する「ホールアップ特許」というより広い対象をもつ状況に適用するには関門も多い。

その一つが，公共の利益とは何かという本質的な問題に回答を出さなければならない点である。また，ホールドアップの権利行使によってイノベーションがどの程度阻害されるかについても実証的に検証しなければならない。これらはいずれも難問である。

権利者の利益と公共の利益をバランスする調整理論が連邦最高裁によりホールドアップ問題に適用される可能性があるかどうかは全く予断を許さないが，このバランス論はまさにeBay判決で最高裁が採用しており，少なくてもプロパテントの調整期にある米国にあっては，かなり現実味があると言えよう。

(1) 例えば米国では2005年10月にUnited States Standard Strategy（USSS）が発表され，ブッシュ大統領は翌06年1月の一般教書演説で国際標準化の重要性につ

いて触れている。

　EUでは06年4月にEuropean Standardization Action Programが発表された。これは04年10月に発表された欧州委員会の欧州議会に対する報告書"The Role of European Standardisation in the Framework of European Policies and Legislation"を実現するための行動計画である。わが国では06年12月に「国際標準総合戦略」が内閣府・知的財産戦略本部から発表され，翌07年7月には「国際標準化アクションプログラム」が策定された。

(2)　この問題は日本の「知的財産推進計画」でも取り上げられている。

(3)　たとえばわが国の独禁法第21条は，無体財産権への適用除外を規定する。

(4)　本稿では，米国がプロパテント政策に大きく舵を切った1980年以降の判決例を取り上げる。

(5)　本章で取り上げる判例については，藤野『特許と技術標準』八朔社，1998年，を参照。

(6)　Potter Instrument Company, Inc. v. Storage Technology Corp., et al, 207 U.S.P.Q. 763 (E.D. Va. 1980)

(7)　Leon Stambler v. Diebold, Inc., et al, 11 U.S.P.Q.2d 1709, (E.D.N.Y.1988)

(8)　Stryker Corporation v. Zimmer, Inc., 741 F. supp. 509 (D. N.J. 1990)

(9)　Wang Laboratories Inc. v. Mitsubishi Electronics America Inc., 29 U.S.P.Q.2d 1481, 1495 (C.D.Cal. 1993)

(10)　連邦取引委員会法5条(a)(1)は以下のように規定する。「通商におけるもしくは通商に影響を及ぼす不公正な競争方法，および不公正なもしくは欺瞞的な行為または慣行は，これを違法とする。」

(11)　それ以前の事例は，伊藤隆史「情報産業における技術標準と独占禁止法（一）」（東北大学大学院法学研究科『法学』第70巻3号，44-48頁）を参照されたい。

(12)　In re Dell Computer Corporation, FTC File No. 931-0097 (v.2, 1995)

(13)　In the matter of The Union Oil Company of California, Docket No. 9305

(14)　「Noerr-Pennington原則」は連邦憲法修正1条を根拠とする。この原則は，Noerr Trucking Co. 事件とPennington Mining Co. 事件における連邦最高裁判決により確立した。前者は，ペンシルベニア州議会に対してトラック運送事業に不利となるような法律を制定するようロビー活動をしていた鉄道業者を，反トラスト法違反で訴えた事件である。後者は，連邦労働省とテネシー渓谷公社に中小の石炭採掘業者が石炭の売り込みをできないようにするため，法律の制定を連邦労働省に求めるロビー活動を石炭会社が行ったことに対して反トラスト法違反の提訴がなされた事件である。連邦最高裁は，州・連邦政府に対する請願権は保証されるべきだとして，仮に請願の結果，規制を容認する法律が制定され，その結果として独占が生じるとしても，請願活動は表現の自由を具現化したものであり，反トラスト法違反に問えないと判決した。

(15)　JEDEC（米国電子工業会（EIA）傘下にある標準化団体）の「組織・手続マニュアル」（9.3.1条）は次のように定める。「JEDEC委員会，同小委員会，同作業部会の議長は，『EIA法律ガイド』に含まれる要件を全ての出席者に注意喚起しなけれ

ばならない。また，会員が手がけている検討作業に関連すると思われる特許や特許出願についての知識を，会合の全ての参加者に知らせる義務についても注意を喚起しなければならない。」

(16) 事件の概要,仮決定,委員会審決についての詳細は,藤野「米連邦取引委員会(FTC)審決に見る標準化プロセスでの反競争的行為」(『知財管理』Vol. 57, No. 2, 2007年)を参照。

(17) Rambus Inc. v. Federal Trade Commission, decided April 22, 2008.

(18) 本稿執筆時点（2008年12月）では連邦最高裁は上告受理の可否判断を下していない。

(19) Infinion v. RAMBUS, D.C. E. Vir., 318 F.3d 1081, 65USPQ2d 1705. 本件の事件概要，判決内容については，藤野「特許法と反トラスト法の相克」(『知財管理』Vol. 54, No. 1, 2004年)を参照。

(20) Qualcomm v. Broadcom, 2008 WL66932 (N.D. Cal. 2008).

(21) たとえば，ISO/IECのパテントポリシーには「F.3 ISO/IECは，この特許権の証拠，有効性および適用範囲について関知するものでない。」(ISO/IEC専門業務用指針第2部―2004年版)という規定がある。IEEEを含む他の国家・地域・地方標準化団体は，基本的に同旨のパテントポリシーを持っている。

(22) この点についての筆者の見解は，パブコメ用公開文書を基礎にしている。公開されていない証拠に，異なる見解を支持するものが含まれていることは十分にありえよう。

(23) そのような連邦最高裁判決に，KSR International v. Teleflex (2007年), Microsoft v. AT&T事件 (2007年), MedImmune Inc. v. Genentech, et al (2007年), Illinois Tool Works v. Independent Inc. (2006年), Merck KGaA v. Integra Lifesciences (2005年) などがある。

(24) eBay, Inc. v. MercExchange L.L.C., 126 S.Ct. 1837 (2006).

(25) In re Bernard L.Bilski and Rand A. Warsaw (Fed. Cir., Oct. 30, 2008); STATE STREET BANK & TRUST CO., v. SIGNATURE FINANCIAL GROUP, INC., (Fed. Cir., Jul. 23, 1998).

第 3 章

排他権の調整

I 権利制限理論

1 はじめに

(1) 発明と技術革新

　一般に発明は技術革新をうながし，技術革新は国際競争力を強化する。その結果，国の経済成長が維持，継続される。このような認識は，発明と技術革新には連続性があるとの前提にたつ。わが国の知的財産政策も基本的にこの認識に立脚していると言ってよい。[1]

　この認識には異論もある。たとえばコンピュータ科学の権威者，ピーター・デニング（Dr. Peter Dening）は，発明から技術革新への連続性は普遍的ではなく，発明がなくても技術革新は成立すると指摘する。デニングは，発明と技術革新の関係は「失われた関係」（missing linkage）であるとし，その例として Linux, WWW, Internet などを挙げる。[2]

　デニングは，発明と技術革新が連続するという考え方を「パイプライン」モデルと呼ぶ。パイプライン・モデルによれば，新技術のアイデアをどのように具体化して製品化するか，そのプロセスこそが技術革新となる。

　しかしながらデニングは，パイプライン・モデルでは Linux のような技術革新を説明できないとする。Linux そのものは何ら新しいものではなく，誰でもどこでも使えるアイデアを世界中の多数のエンジニアが自発的に知恵を出し合い，改変・改良を重ねて高い品質レベルで維持している。そのようにして生まれた技術は私有化されることなく万民に開放される公共財としての機能を果たしている。この場合，個々の発明との連続性は見られないというのがデニングの指摘である。

(2) 標準化との関係

　発明と技術革新の関係を考えるとき，もう一つ考慮すべき要素がある。標準化である。

標準化は，技術情報を公開・普及させることにより，使用者・消費者の利便性をたかめることを目的とする。発明の私的独占を許容する特許制度とは矛盾するものであるが，技術革新を促進する手段としては有力である。先進国の多くが標準化のもつ技術革新・経済成長に対する影響を分析した報告書を発表していることからもこのことが判る。[3]

標準化が技術革新を推進するという前提に立つとき，標準化を阻害する行為は結果として技術革新を阻害することになる。もし標準化を阻害するものが特許権であるならば，その権利行使に何らかの制限が加えられるべきであるという議論が起こるのは必然である。

本稿は，特許権が標準化を阻害するという文脈において，わが国でどのような制限理論が法的に可能かを検討するものである。[4]

2 事例の検討

(1) 第三者の特許権行使（事例１）

家電製品大手のＡ，Ｂ，Ｃの３社は，各社の製品間の効率的なデータ転送を可能にする技術を業界規格とした。この規格に関連する必須特許（規格の技術的特徴を権利範囲に含む特許）を３社が拠出しパテントプールを形成した。このデータ転送規格については，プール特許のライセンスを受ければ自由に使用できた。この規格を採用した製品は増え，関連市場に占めるシェアは８割に達した。

Ａ，Ｂ，Ｃの３社は，データ転送のための業界規格を利用しながら，さらに高解像度を可能にする技術をそれぞれ開発し，関連特許を取得した。Ａ，Ｂ，Ｃの３社は，これらの高解像度特許についてもデータ転送規格のパテントプールに加えることを検討している。

研究開発ベンチャーであるＤは，当初このデータ転送規格を検討する業界の標準化団体に加盟していた。しかしＤは，規格が策定される前に標準化団体を脱退し，その後は標準化の作業には一切加わらなかった。

Ｄは独自にデータ転送技術の研究開発を進め，Ａ，Ｂ，Ｃの３社の共同開発技術とは異なるコンセプトにもとづく，全く異なるプロセスのデータ転送技術（α）を完成させた。α技術を用いた場合，これまでの業界規格と同等

の機能・効果が得られた。Dはα技術に関する特許（α特許）を取得した。

A, B, Cの3社は，Dに対してα特許を上記プールに加えることを呼びかけた。しかし条件が折り合わず，結局，交渉は失敗におわった。

Dは，業界規格ユーザーにα特許のライセンスを打診したが，ユーザーは業界規格のライセンスの存在を理由に，α特許のライセンス取得には概ね否定的であった。そこでDは，業界規格ユーザーに対して特許侵害警告状を送付し，訴訟もいとわないとのメッセージを送った。

(2) 譲受人の権利行使（事例2）

ある国の標準化団体は，LANに接続したパソコンにデータ送信するための規格作りに着手した。Xはその作業部会のメンバーの一人であった。新規格は，秒速100メガバイトのデータ送信実現をめざした。従来の規格との相互接続性を持つことが販売戦略上重要であり，新旧規格の接続技術が不可欠であったので，Xは接続技術（β）を開発し，特許を得た（β特許）。

Xは，標準化団体の作業部会でβ技術を規格にしてもらえれば，β特許を安い費用でだれにでも分け隔てなく（つまりRAND条件で）提供すると提案した。Xは具体的なライセンス条件を明記した書面を標準化団体に提出した。標準化団体は最終的にこの提案を受け入れ，β特許は必須特許の一つとなった。新規格は業界標準の地位を得て，国内で販売されるほぼ総てのパソコンに標準装備された。

その後，Xはβ特許をYに譲渡した。Yは，標準化団体にXが表明したライセンス条件については，譲渡交渉のときに知らされていたが，標準化団体での規格制定の活動には一切関わっておらず，規格の内容も知らなかった。

β特許の譲渡を受けたYは，データ送信のユーザーに対して特許侵害警告状を送付した。Yは警告状の中で，新データ通信規格にかかわる一群の特許（β特許＋他の関連特許）を一括してライセンスする用意があることを通知した。同時にYは，標準化団体に対してXが表明したβ特許についてのRAND条件は無効であること，Yのライセンス方針はβ特許の他に他の関連特許を含む包括ライセンスであり，Xが表明したライセンススキームとは異なることを文書で通知した。

3 独禁法による制限

　先進各国は，市場における競争秩序を維持するための法律を制定している。これらは競争法と呼ばれる。日本の独占禁止法，米国の反トラスト法[5]，EUのEU機能条約101-102条[6]などがそれにあたる。

　競争法の適用対象は，協調行為（共同行為）と排他行為（排除行為）に大別される。標準化は協調行為にあたり，競争法の適用対象となる[7]。したがって標準化に際して関連企業は，競争制限を生じさせないよう慎重に準備をすすめるのが一般的である。また，競争当局も競争法運用上のガイドラインを公表して，実務上の指針を提供している[8]。

(1) 事例1（アウトサイダー）の違法性

　事例1の場合，Dの権利行使が本稿の対象である。具体的にはDによる「プール・ライセンシーに対しての侵害警告状の送付」および「α特許に対するライセンス料の請求」である。結論から言えば，独禁法上の違法性は問えないであろう。わが国の独禁法は，正当な知的財産権の行使に対しては，その適用を明文で除外しているからである（法21条）。

　独禁法の観点からは，むしろA，B及びCの行為の違法性が問われるかも知れない。公正取引委員会のガイドラインによれば，業界標準の必須特許のプールに，新たに共同で開発した高解像度技術関連の特許を加える行為は，それが標準の必須特許でない限り独禁法違反となりうる。また，新たに共同開発した高解像度技術が標準化する価値があるのであれば，それは別規格として新たに策定することが望ましい[9]。

　したがって，本事例のような状況でのパテントプールに対するDの特許権行使は，それが仮に「ホールドアップ」の定義にはいるものであるとしても，わが国の独占禁止法の規制をうけることにならないと考えられる。

(2) 事例2（譲受人の行為）の違法性

　事例2の場合，問題の必須特許が最初の権利者Xから別の法人Yに譲渡された。この事例の法律上の争点は，Xと標準化団体との間の合意（つまり

必須特許認定の交換条件としてのRAND条件）についての債権・債務が譲渡人に承継されているかどうかである。しかしそれは本稿の直接の論点ではない。本稿は，私人間の契約を超越する特別法の可能性を論じるもので，具体的には，独禁法と特許法との関係である。

まず，独禁法の適用可能性を考える場合，以下の点が違法性の理由として挙げられよう。

- ①標準化は経済を牽引する。Yの行為は，そのような役割をもつ標準の普及に水をさし，標準化の役割を損ねる。そのような阻害行為が放任されるならば標準化にとってきわめて大きな障害となる。
- ②独禁法が問題視する行為は，消費者を犠牲にするような行為である。Yの行為は，消費者の利益に反するものである。
- ③標準関係者はこれまで，規格が普及した後に現れるホールドアップ問題に頭を悩まされてきた。もし今回の行為がゆるされるならば，標準化プロセスに参加する企業の特許声明が信頼されなくなるであろう。

本事例に類似する反トラスト違反事件が米国で実際に問題となった。その事件での提訴理由が上記に挙げた3項目である。最終的には競争当局との間で和解が成立した。[10] 日本では標準と特許権が交錯する事例はあまり報告されておらず，報告事例にしてもそのほとんどが比較的単純な背景の事件である[11]。

以上を勘案するに，わが国においては，Yの行為が独禁法上違法性を問われる可能性は少ないと考えるべきであろう[12]。

4　特許法による制限

(1) 財産権と所有権

特許権は，特許の対象となった発明を独占的に利用できる財産権である。特許権者は，競合者を排除しながらその発明を実施し，処分し，その利益を受けることができる。その意味では，所有権と同等であるが，両者には大きな違いがある。特許権は無体物である発明を対象にするのに対して，所有権は一般に有体物を対象とするため[13]，財産権である特許権はいくつかの制約を受けることになる。

まず，権利の存続期間が有限である点である。存続期間が終了すれば，独占権は消滅しその発明はだれでも自由に使用できる。また，出願された発明は，18カ月後にその内容が公開されるので，その内容は技術情報としてアクセス可能であり，第三者による重複する開発投資の防止に役立つ。

次に，特許権は，その公共への影響が大きいゆえに，権利行使面でも制約がある。代表的なものが裁定実施権制度である。特許発明が不実施の場合や公共の利益を理由とする場合，裁定実施許諾の対象となる。また，独占禁止法上，特許権の権利行使が正当なものでない場合，特許権の行使が制限される可能性もある。

(2) 裁定実施権

特許制度は，特許発明が実施されることを前提としている。したがって，発明が実施されていない場合あるいは不十分な場合には，十分な実施が確保されるように法的な措置が講じられうる。

たとえば十分な実施を確保する必要がある場合として，特許法は不実施の場合（83条），利用発明の場合（92条），公共の利益のため（93条）を規定している。これらのいずれかに該当する場合には特許権者は自らが適当な実施を行うか，他人に通常実施権を設定するか，いずれかの対応をしなければならない。

上記の3つの裁定実施権の中で，ホールドアップ行為を論じる本稿に最も関連するのは「公共の利益」を理由とした裁定制度であるので，以下に節を改めて検討する。

(3) 公共の利益

特許法は，公共の利益のための通常実施権設定の裁定を定める。同法によれば，特許発明の実施が公共の利益のため特に必要であるときは，その特許発明の実施をしようとする者は，特許権者に対して通常実施権の許諾について協議を求めることができる（法93条1項），協議が不調の場合，経済産業大臣の裁定を請求することができる（同条2項）。

それでは「公共の利益のために特に必要」とはどういう場合であろうか。

特許庁によれば,発電に関する発明であってその発明を実施すれば発電原価が著しく減少し需要者の負担が半減するような場合,ガス事業に関する発明であってその発明を実施すればガス漏れがなくなりガス中毒者が著しく少なくなるような場合,など国民のライフラインや安全に直接的な影響を与える場合が想定されている[14]。また,工業所有権審議会によれば,公共の利益のための裁定が発動されるのは,①国民の生命・財産の保全,②産業全般の健全な発展を阻害し,国民生活に実質的弊害がある場合,である[15]。

　本章の二つの事例における α 特許,β 特許の場合,国民のライフラインに直接は関連しない。仮にそれらの権利行使が「当該産業全般の健全な発展を阻害する」(工業所有権審議会)としても,公益の目的での裁定の先例がないことからも,それを理由にした裁定は難しいことは想像に難くない。

　裁定実施権の発動に対するハードルの高さは,要件適合の難しさよりもむしろわが国行政の政策的配慮によって維持されていると言った方が正確であろう。1994 年 8 月,日米の特許庁間で「利用関係の強制実施権の裁定は行わない」という趣旨の合意文書が交わされている[16]。この日米特許庁合意は,92 条(利用関係)の裁定実施権を対象にしたものであるが,それは 93 条(公共の利益)にもとづく裁定実施権に対する心理的な抑止効果をもつであろう。つまり,法定の裁定制度が行政当局の合意によって実質的に塩漬けされているというのが現状である(松本重敏『特許権の本質とその限界』有斐閣,2005 年,80 頁)。

5　権利濫用と信義則

(1) 民法の一般条項

　ホールドアップ行為に対して独禁法は絶対でないことが明らかになった。また,特許法が定める裁定実施権は,制度としては存在するもののその適用は法律的,政策的な理由から実際には困難な状況にある。本稿の事例のホールドアップ行為に対して独禁法も特許法も無力であるとすれば,次に考えられるのは民法の一般条項である。

　技術革新の推進のために標準化が不可欠であると言う前提にたてば,標準化の普及を阻害する特許権の行使に対して何らかの制限が必要となる。その

ための法的根拠として実務家からの要請の多いのが「権利濫用論」である。

本章では，民法1条の一般条項，とりわけ「権利濫用禁止の原則」（3項）と「信義誠実の原則」（2項）の下で，特許による標準化の阻害行為を制限できるかという文脈で検討する。最初に権利濫用を論じる。

(2) 権利濫用の禁止

特許権の濫用を禁止する規定は特許法にはない。権利濫用に対しては，基本的に民法の規定に依拠することになる。民法は「権利の濫用はこれを許さず」（法1条3項）とだけ規定する。学説によれば，この規定における権利の濫用とは形式的には権利者による権利の行使であるが，実質的にはその具体的内容が権利の目的あるいは社会性に反するものであって，権利の行使として是認できない場合をいう。

権利濫用禁止の法理は，所有権をめぐる争い，特に借家や借地の解除権をめぐり発展してきた。これに対して特許権の濫用は，特許侵害事件での差止請求権に対する被告の抗弁として主張される場合が多い。そのような抗弁は，問題の特許が公知の技術を包含するので特許は無効であり，そのような無効性を内在する特許を行使することは権利濫用にあたるとする考え方を根拠とする（藤野仁三『特許と技術標準』八朔社，1998年，62-63頁）。

これは「キルビー事件最高裁判決」で確立した判例である。最高裁はこの事件で，無効理由が存在することが明らかな特許に基づく権利行使は権利濫用にあたると判決した。特許の有効性の判断は特許庁の専管事項とされていたが，キルビー事件最高裁判決により裁判所も特許の無効を判決できるようになった。

しかしながら，最高裁がキルビー判決で権利濫用禁止の原則を適用したからといって，それが権利濫用論を他の領域の特許問題に普遍的に適用することはできない。本稿のテーマであるホールドアップ特許への適用については，特に慎重な検討が求められる。権利濫用の法理はともすれば「濫用」されやすいからである。

民法の権利濫用の法理は，その機能面から4つのタイプに分けることができる（菅野耕毅『信義則および権利濫用の研究』信山社，1994年，10頁）。

①行為者にとって適法な行為でも他人に損害を与えた点では不法行為であることを説得するための機能，
②制定法が抽象的であるか欠陥があるときその権利の内容や範囲を明確にする機能，
③時代の変化に伴い立法者の予想を超えた社会の要求を満たすために権利範囲を縮小する手段としての機能，
④本来正当な権利行使に対して具体的な衡平を得るための一種の強制調停としての機能。

　上記の4つの機能のうち，本稿の事例に適用可能な機能は，③の権利範囲縮小機能である。しかしこれは標準化を阻害する特許権の行使に対しては適用できない。なぜならば，正当な審査手続を経て成立した特許は有効性が推定され，その権利の技術的範囲は，特許法の定める規定（70条）にもとづき画定されるものであるからである。特許法は民法の特別法であり，特許問題の解決には特許法が優先的に適用されるのが原則である。

(3) 信義誠実の原則

　民法1条2項は「権利の行使及び義務の履行は信義に従い誠実にこれを為すことを要す」と定める。この規定により，従来から学説・判例で認められていた信義誠実の原則（以下「信義則」という）が昭和22年の民法改正で成文化された。

　この規定は，権利の行使や義務の履行の際に実質的な正義・衡平を実現するために，当事者に特許法以外の根拠による倫理的・同義的な配慮にそった行為を求め，これに反するような権利の行使や義務の履行は認めないとするものである。また，特許法の解釈・適用に際して，特許法の不備を補充し，規定を事案に適合するように具体化し，社会の変化によって法文が妥当でなくなった場合にそれを修正し，当初予定していない法原則を創造するための準則ともなっている。

　信義則の適用にあたり，二つの条件がクリアされなければならない。一つが特定の法律や判例で処理できる事件に適用してそれらと同一の結論を導かないこと，これは「一般条項への逃避」と呼ばれる禁止事項である。これが

禁止される理由は，特定の法律があるのに民法の一般条項への逃避を認めるとその法律の権利が低下し価値判断のプロセスが曖昧になるからである。もう一つが，特定の法律や判例で処理できる事件に適用して反対の結論を導かないことである。これは「法律等の軟化」と呼ばれる禁止事項である。それを認めてしまうと，解釈者は自分に不利な解釈を回避するための解釈が可能になるからである。(菅野，前掲書，96頁)

(4) 信義則とエクイティ

法律は一度体系化されると容易には改変できなくなる。特許法の場合，その対象は技術であり，技術進歩のスピードは速い。法律は常に後追いとなり，法律と技術のギャップが時の経過とともに大きくなる。法改正が他の法律と比べると頻繁になされているが，それでも技術進歩に追いつかない。その結果，法律が社会の進歩を妨げることになる。信義則は，そのような法の不全性を補充し，補完し，修正する機能をもつ。[19]

信義則の萌芽は日本では明治時代後期に見られる。その後，昭和の時代に入り土地所有や賃貸借の解除権をめぐり判例が蓄積されるようになった。判例の中には「禁反言の原則」や「クリーンハンドの原則」が適用された事例が見られる。(菅野，前掲書，77-79頁)

禁反言の原則やクリーンハンドの原則は，米国の特許侵害訴訟で被告の抗弁として主張されることで知られており，日本の実務家にも良く知られた法理である。エクイティ自体は英米法特有の概念であるが，その目的とするところはわが国の民法の信義則の中に継受されている。したがって，米国のエクイティはわが国の信義則に近い法理論であると考えることができる。米国におけるエクイティについては，紙幅の関係上ここでは触れない。[20]

6 事例と一般条項

上述の事例において，民法の一般条項（信義則・権利濫用）の適用可能性を検討する。事例1の場合においては，D（ベンチャー企業）の特許権行使，事例2においては，Y（譲受人）の権利行使が検討の対象となる。

(1) 事例1

 ベンチャー企業であるDは，当初，標準化団体に参加していたもののその後に脱退し，問題の業界規格の策定には関わっていない。また，α技術は業界規格とは異なる技術コンセプトで開発されたもので別の技術である。別技術であれば，それを包含するα特許は業界規格とは無関係である。

 仮にα特許に権利行使を制限すべき内在的な理由があるとすれば，それは特許法により解決されるべき問題である。たとえばα特許の特許性に瑕疵があれば，それを理由に特許を無効とするかどうかは特許法の問題であり，民法の一般条項の出番はない。もし信義則や権利濫用を適用するならば，それは特許制度の信頼を大きく損ねることになるので適切とはいえない。

 本事例の場合，α特許の行使に対する制限は特許法によってのみ可能となる。特許法で本事例にもっとも適用可能性があると考えられるのが裁定実施権であるが，その適用が難しいことは既に検討した。

(2) 事例2

 この事例では，β特許の所有者がXからYに変わった。当初の所有者Xは標準化団体に対してβ特許のライセンス条件を提案し，標準化団体はその提案を入れて規格を成立させた。Xの提案したライセンス条件は，譲受人のYにも伝えられているので，この事例はRAND条件にかかわる債権・債務の承継の問題でもある。本稿では一般条項適用可能性だけに論点をしぼり検討する。

 ①**本来価値と追加価値**　まず，事実関係として，この事例のデータ転送規格は，市販のパソコンに標準装備されているので「デファクト」的に機能している。しかも，国家標準として採択されているので「デジュール」の地位をも獲得している。つまり，この規格を使わない限り，企業は当該マーケットに参入することは困難な状況にあると言える。

 次に，β特許はデータ転送規格の必須特許であるが，それが必須特許に認められたのは，Xが一定の条件で特許を開放したからである。つまり，特許の開放の見返りに必須特許の地位を得たのである。

 上記の事実関係を踏まえるならば，β特許の経済的な価値は，本来の特許

法に根ざす排他権によって生じる価値（これを本稿では「本来価値」と呼ぶ）と，それが規格の必須特許に認定されたことにより生じる価値（これを「追加価値」と呼ぶ）を合算したものである。

　この事例の場合，本来価値はプールされた必須特許に対して配分される特許使用料（ロイヤルティ）という形で現れる。これは特許法を源泉とする価値であるから，本来価値に関する問題は特許法に支配されるものであって，民法の一般条項の適用はない。Yには現在の権利者として本来価値を専有する権利がある。

　しかし，追加価値については事情が異なる。追加価値は標準規格をベースにして生じたものであり，その価値の源泉は特許法ではない。特許法を源泉としない価値をめぐる争いについては，その他の要件が満たされるのであれば民法の一般条件が適用できると考えることができよう。

　問題は，Yの行為を制限することが実質的な正義または衡平の実現につながるかどうかである。事例2の場合，規格の利用者がYのライセンスを拒絶すれば，その利用者はβ特許の所有者から特許侵害訴訟を提起される可能性がある。そのリスクを回避しようと思えば，規格の使用を断念するかYから特許ライセンスを受けるか，その選択肢は限定される。標準が重視される技術市場では，規格を使用しなければ市場からの撤退を余儀なくされ，ライセンスを受け入れても追加的なロイヤリティ支払いのため，コスト競争に勝ち残れない。このように，規格の利用者は逃げ場がなく，β特許の所有者にとっては権利行使の格好の対象となる。

　②追加価値の内容　　前項で述べた追加価値は具体的にはどのように考えればよいのであろうか。まず，β技術が規格の必須特許と認められたことにより，Yは規模の経済による利益が期待できる。特にIT分野などネットワーク外部性が強くはたらく産業分野では，規格を使用しないと市場競争に参加できない。規格の利用者数は多くなるので，同一の特許に対して同率の実施料を求めるならば，権利行使のターゲットを規格利用者にする方が有利になる。冒頭に引用したデニングの不連続説は，まさにこの産業分野を対象としたものである。

　もう一つの利益は，特許のターゲットを規格の利用者にする場合，権利行

使にかかわるコストが大幅に節減できることである。実務では，特許権を行使する場合，侵害者を特定しなければならないが，そのコストは権利者が負担すべきものである。もしそれを行わずに訴訟を提起し，被告に侵害とされるべき合理的な理由がなかった場合には，不正競争防止法やその他の法律にもとづく反訴が被告から提起されるリスクがある。

侵害者が複数の場合，特許権者には侵害者の数に比例した裏づけ作業が求められる。ところが，規格の必須特許は，その規格の技術的特徴を保護対象にしているため，規格の利用者は必然的に必須特許の侵害が避けられない。β 特許が必須特許と認定されると，規格利用者が β 特許を侵害するという推定が可能となる。Y は侵害者の特定をするためのコストをかけずに規格利用者に特許の網をかけることができることになる（藤野，前掲書，114-116 頁）。

③**事実の比較考量**　本稿の冒頭で発明と技術革新の関係について，連続説と不連続説を紹介した。連続説によれば，発明と技術革新が連続することで経済成長を牽引する。優れた発明であればあるほど大きな技術革新につながる。

一方，標準化も技術革新を牽引するツールであると考えられている。しかし，標準化が発明保護のための特許権により阻害されるとしても，それだけの理由でもって特許権行使を制限する理由にはならない。なぜならば，技術革新の基礎となる発明を保護するのは特許権であり，そのような発明の保護権を制限することは技術革新の足元を危うくするものであるからだ。

しかし，不連続説に立てば，両者間の連続性に普遍性はない。発明と技術革新が連続であるか不連続であるかは，個別具体的に判断すべき事項である。もし発明と技術革新の関係が連続しないと判断された場合（デニング博士は IT 分野にそれが多いと指摘する），そして特許権が標準化を阻害する場合には，信義則に依拠して両社の利益を比較考量した上で権利行使を制限するかどうかを決めればよい。技術革新は特定の発明に依存していないので，その発明を保護する特許を信義則にもとづき制限しても技術革新にはなんら悪影響を及ぼさないからである。

一般条項の適用に慎重な立場からは，なぜ特許の問題に民法の一般条項を適用するのかという疑問が提起されるかも知れない。しかしながら，上述し

たように，特許法では公共の利益による裁定実施権が実質的に発動できないのが現状であり，一般条項の「制定法の不備を補充し制定法を意味適合的に具体化する機能」（菅野，前掲書，8頁）の適用を期待しても不合理とは言えないであろう。

7 まとめ

民法の一般条項を適用する際，何が正当事由であるかは具体的事情に即して判断しなければなない。その場合，事実関係のみならず「社会事情の変化」も考慮されるべきであろう。

利用関係にある特許の裁定実施権凍結についての日米特許庁合意についてはすでに触れた（前出4.3）。この合意は，日米半導体協議での議論や，ガットTRIPS交渉での強制実施権導入に対する米国の強い反発などを考慮した上での政策判断であろう。当時，米国は「欧州通信標準化機構」（ETSI）のパテントポリシー改訂に際しても強制実施権につながると激しい反対キャンペーンを展開していた（藤野，前掲書，66頁）。このような1990年代前半の国際状況を踏まえれば，92条の裁定実施権を凍結した日米特許庁合意も外交上の措置として認識されうるのかもしれない。

しかし，現在では社会背景が大きく変わっている。日米合意がなされた1995年当時，米産業界は強制実施権反対キャンペーンの先頭にたち，米政府に対する強力なロビー活動を展開していた。それが，当時の米国政府の外交政策に反映した。しかし，近年では，米国企業であっても国内の個人や製造設備をもたない企業からの特許訴訟の集中砲火を浴びている。それが，米特許法の抜本的改正の理由の一つとなっている。

米産業界の意向は，2005年以降，毎会期提出された「特許改革法案」に具体的に反映された。特許改革法案には三倍賠償の廃止や裁判地の制限，とくに質の悪い特許が乱発されているとして，特許庁の審査能力の強化のための措置を講じるための措置などが含められていた。米国産業界のプロパテントの意識は見直され，90年代前半とは明らかに代わってきている。

わが国の裁定実施権はこれまで一度も発動されたことがない。裁定実施権は行政当局の「裁定」によって発動される制度であるため，過去に裁定の実

績がないとそれを請求する側は請求自体に心理的な自制が働く。そして，裁定の請求がなければ，当局は新らしい解釈に踏み込む必要がない。これが，日本における裁定実施権の現状である。

最後に，標準化を阻害するホールドアップ行為に対して，信義則に基づく権利制限を認めることの意義は二つあると考えられる。まず，比較法的に米国では特許問題にしてエクイティが適用できることが米連邦最高裁判決で明らかにされている（eBay判決，2006年）ので，エクイティに近い法概念であるわが国の信義則を特許問題に適用することは難しくないであろう。少なくても裁定実施権のような外交上の配慮は不要である。

そして，解釈論的には，信義則が特許問題に適用されることにより，特許法解釈や運用面で新しい動きを促すことが期待される。仮に標準化を阻害する特許権行使に民法の一般条項（信義則）が適用されるならば，ある意味で特許法の機能不全が明らかにされたことになる。行政当局としては，当然こととながら，法改正や指針の改訂など，何らかの対応が求められることになる。そのような動きによって裁定実施権制度が生きた制度として復活するかも知れない。

(1) わが国の知的財産政策の要諦は「知的創造サイクル」であり，これを早く大きく回すことに政策の主眼がおかれている。このサイクルの正のスパイラルこそが技術革新のプロセスであるとの認識である。
(2) http://wwwacm.org/ubiquity/interviews/v518_denning/html., p.2 を参照。
(3) たとえば以下のような調査報告がある。"Standards, 'Offshoring' and Air Transport" (World Trade Report, 2005); "Emperical Economics of Standards"(BSI, 2005);"The Economics of Standards: Theory, Evidence, Policy" (BLIND Knut, 2004); "Economic Benefits of Standardization" (DIN, 2000) など。
(4) この問題についての論考は米国に多い。たとえば Kobayashi and Wright (2008) "Federalism, Substantive Preemption and Limits on Antitrust:An Application to Patent Holdup"George Mason University Law and Economics Research Paper Series, 08-32, June など。
(5) 米国の「反トラスト法」は，制定法であるシャーマン法，クレイトン法および連邦取引委員会（FTC）法，そして蓄積された判例法を総称する一般名称である。
(6) EUの競争法は日米の場合と異なり，単独の制定法ではなく，条約の規定が根拠となっている。これを根拠に，関連規則（Regulation），指令（Directive），決定（Decision）が公表される。（なお，2010年12月に成立したリスボン条約第5条

(7) 滝川敏明（2007）「標準化と競争法」『日本知財学会誌』Vol. 4, No. 1, 36 頁。
(8) 日本の場合，「標準化に伴うパテントプールの形成等に関する独占禁止法上の考え方」（公正取引委員会，平成 19 年 9 月 28 日），米国では Antitrust Guideline for the Licensing of Intellectual Property (US Department of Justice/FTC, April 1995) がそれにあたる。
(9) 「標準化に伴うパテントプールの形成等に関する独占禁止法の考え方」（公正委員会，2005 年）を参照。
(10) In the matter of Negotiated Data Solutions LLC., Sept. 22, 2008.
(11) たとえば「パチンコ機製造特許プール事件」（勧告審決平成 9 年 8 月 6 日）など。
(12) 米国ではホールドアップ行為に対して，反トラスト法（特に「連邦取引委員会（FTC）法」）違反を訴えた事例が報告されている。ラムバス事件で FTC は，特許権者によるホールドアップ行為が不公正な競争方法であるとして違法と決定したが，それ以外の事件はほとんどが和解で終結している。反トラスト法違反とされたラムバス事件でも控訴裁判所は FTC の審決を破棄・差戻しており，必ずしもホールドアップ行為の違法性基準は確立したとは言えない。第 2 章Ⅲ参照。
(13) 仙元隆一郎（1990）「特許権の法的性格」，紋谷暢男（編著）『特許法 50 講』有斐閣，248-249 頁。
(14) 特許庁編『工業所有権逐条解説（第 16 版）』発明協会，2001 年，248-249 頁。
(15) 工業所有権審議会（1975）「裁定制度の運用要領」。
(16) この合意内容は以下のとおり。「1995 年 7 月 1 日以降，司法または行政手続きを経て，反競争的であると判断された慣行の是正又は公的，非商業的利用の許可以外には，日本特許庁は，利用関係の強制実施権の裁定は行わない」（松本『特許権の本質とその限界』有斐閣，2005 年，80 頁）。
(17) たとえば加藤恒『パテントプール概説』発明協会，2006 年，169-171 頁。また，日本知財学会の第 6 回（2008 年）年次発表会においても，「分科会セッション」（標準化：C2）「一般発表セッション」（1-8 他）で濫用理論への期待が表明された。
(18) 最高裁平成 12 年 4 月 11 日判決（民集 54 巻 4 合 1368 頁）（平 10（オ）364）。
(19) 碧海純一『法と社会』中央公論社，1996 年。
(20) 米国におけるホールドアップ行為に対してエクイティ抗弁を主張した事例については，第 2 章Ⅲを参照されたい。

II　パテントプール

1　パテントプールの歴史

　近年，パテントプールへの関心が高い。とくに標準化活動の関連でパテントプールの役割が期待されている。パテントプールは，運用によっては独占禁止法の規制を受けるため，先進国では独占禁止法の適用予測性を考慮し，ガイドライン（指針）を発行している。しかし，個別事例の違法性についてはガイドラインだけでは必ずしも明らかではない。そのため，日米欧では事前相談制度が設けられている。米国の「ビジネス・レビュー・レター」(BRL) は，個別事例についての米当局の見解が公開されるため重要である。わが国では 2005 年，パテントプールの形成・運営に関する独占禁止法の運用指針が公表された。

　「パテントプール」とは複数の特許権者がそれぞれ所有する特許を集積（プール）し，プールした特許をメンバーや第三者に実施許諾する仕組みをいう[1]。差別なく希望者にライセンスが許諾される開放的なパテントプールであれば，法律上はとくに問題は生じない。しかし，差別的で閉鎖的なパテントプールは，ライセンス許諾が制限的になるため，独占禁止法上の問題が起きやすい。

　このようなパテントプールは，19 世紀半ば，米国のミシン関連特許をプールすることで初めて出現した。当時のパテントプールは，関連市場を独占する目的で形成されたが，それでも独禁法の規制の対象外におかれていた。それがパテントプールによる独占の弊害を助長した。これに対して米独禁当局は，ライセンス規制の強化という形でパテントプールを規制したが，このような歴史が，パテントプールの「負のイメージ」を長い間醸成してきたのである。

　しかし，今日では，パテントプールへの期待は強い。情報技術やバイオ技術の分野など技術革新の著しい分野で，技術の普及にさまたげとなる特許（いわゆる「ブロッキング特許」）の問題をクリヤするための切り札として注目

されている。政府は，産業競争力を高めるためには国際標準化活動を強化する必要があるとして，どのような場合であればパテントプールが独禁法上の問題とならないか，その判断基準を明確にするよう公正取引委員会に要請した。公正取引委員会は 2005 年 6 月，「標準化に伴うパテントプールの形成等に関する独占禁止法の考え方」を発表した。[2]

本稿は，パテントプールがこれまでどのような歴史を経て今日に至ったかを検討し，現在期待されているパテントプールの役割はどのようなものであるかを明らかにするものである。

米国の規制

上述のように，パテントプールが最初に形成されたのは 19 世紀の米国である。1856 年，縫製ミシンに関連するパテントプール (The Sewing Machine Combination) が形成された。その後，映写機 (1908 年)[3]，折りたたみ式ベッド (1916 年)[4]，飛行機 (1917 年)，無線機 (1924 年)，DVD (1997 年) などに関連する規格のためにパテントプールが形成された。

本項では，飛行機とラジオのパテントプールについて検討する。

①飛行機関連　　第一次世界大戦を終えたばかりの米国海軍は，戦闘機の重要性を認識し，軍主導での開発が必要であると感じていた。しかし，1900 年代初頭の米国において，飛行機関連の特許は，ほぼ先発 2 社（「ライト社」（ライト兄弟が設立）と「カーチス社」）が支配していた。そのため，海軍次官のフランクリン・ルーズベルト（後に 32 代大統領）の肝いりで特別委員会を設立し，その特別委員会が飛行機関連特許のパテントプールを勧告した。この勧告にもとづき，1917 年に「飛行機製造者協会」(The Manufacturers' Aircraft Association) が設立され，ほぼすべての航空機製造会社が加盟した。これにより，ライト社とカーチス社による飛行機関連の特許独占は事実上おわり，実質的に米国政府主導による航空機の開発・製造がスタートした。

②無線機関連　　無線機については，1924 年にパテントプール機関である「無線機製造者連合」(Associated Radio Manufacturers) が設立された。同連合は，当時のマルコーニ社，GE，ATT，ウェスティングハウス社などの無線機関連特許を譲り受け，ラジオ部品，航空会社への周波数帯域の設定，テ

レビ発信などの規格を決めた。このパテントプールは，現代の電気通信の標準のさきがけとなった。同連合は後に，RCA（Radio Corporation of America）となる。

2 ライセンス規制

米国のパテントプール規制は，特許のライセンス規制の一環として行われた。知的財産権のライセンス規制が強く認識された時代にあってはパテントプールの違法性も強く疑われ，逆に，ライセンス規制が緩和される時代にあってはパテントプールの違法性も弱まる。

(1) 規制強化の時代

米国においてライセンス規制が当初から支配的であった訳ではない。1900年初期の判例では，パテントプールやプール特許のライセンスは米国の主要な制定法の一つである「シャーマン法」に違反しないとされた[5]。しかし，その解釈は1912年，「スタンダード・サニタリーMFG事件」における連邦最高裁の判決により見直された。この判決でパテントプールも反トラスト法違反の対象となることが判例上確立した[6]。

しかし，その後，「ハートフォード事件」判決（1945年）により，反トラスト法違反の認定が強化された。この事件では，米大手ガラス製造業者の所有する全ての特許がプールされ，プール特許は当時米国で製造されるガラス製品の94％をカバーしていた。このような寡占状態がガラス製品の価格を不当に高いレベルに維持したとして反トラスト法違反が問われた。連邦最高裁は1945年，大手ガラス製造業者によるパテントプールが反トラスト法に違反すると判決した[7]。

1960年代になると，米司法省は，知的財産権のライセンスに関して，原則禁止の9項目「ナイン・ノー・ノーズ」（"Nine No-Nos"）を発表し，パテントプール規制がさらに強化された。禁止される項目は，①抱き合わせ，②アサインバック，③再販売先の指定，④競争品の取扱制限，⑤独占的実施許諾，⑥強制的一括ライセンス，⑦不当な実施料の徴収，⑧製法特許による最終製品の拘束，⑨価格制限──の条項類型であった。パテントプールはその運

用形態により,「抱き合わせ」,「強制的一括ライセンス」に当たると解釈された。[8]

(2) 規制緩和

1980年代入り,米国産業の国際競争力が大きく低下した。米政府は,その対策の一環として,国内企業に厳しい規制をもたらすライセンス規制の見直しを行った。その意を受けた米司法省および連邦取引委員会 (FTC) は,パテントプールも形態により競争促進的な面をもつという判断を示した。パテントプールであってもそれが競争促進的であれば独禁法には触れないことが明らかにされた。

この政策方針が具体的に明文化されたのが,司法省および連邦取引委員会により1995年に公表された「知的財産権ライセンスに関する反トラスト法運用ガイドライン」である。[9] このガイドラインにおいて米競争当局は,パテントプールの違法性については「合理の原則」(rule of reason) で判断することを明らかにした。つまり,60年代のナイン・ノー・ノーズに代表される「当然違法」(per se illegal) の基準を捨て,ケース・バイ・ケースで合理性を重視して判断する方針に転換したのである。[10]

同ガイドラインはさらに,パテントプールのライセンススキームについて,その違法性を事前に確認するための相談制度を設けることを明らかにした。この相談制度にもとづき,MPEG-2, DVD-3C, DVD-6C, 3G. Patent Platformなどの規格に関連したパテントプールについて,事前相談が米司法省反トラスト局に持ち込まれ,反トラスト局がその見解を公表した。これらの見解は,「ビジネス・レビュー・レター」(BRL : Business Review Letter) と呼ばれる。

3 わが国のライセンス規制

わが国の独占禁止法は,戦後改革の推進,とくに財閥解体の目的から,昭和22 (1947) 年に導入された。あらゆる市場支配力と個別的な結合や支配関係の成立を阻止し,それが成立した場合には徹底した排除措置がとれるように,この法律には厳格な規制が盛り込まれた。モデルは米国法であったが,当時の米国法よりも厳しい内容だったと言われている。[11]

独占禁止法と特許法の衝突は，実務では技術取引の分野にあらわれる。具体的には，特許ライセンス契約の制限条項の中に頻出する。その理由は，一般に特許権者はライセンスの許諾により最大限の便益を得ようとし，さまざまな制限をライセンシーに課そうとするからである。この場合，そのようなライセンス規制が不公正な取引方法に当たるかどうかが問われることになる。⁽¹²⁾

　日本の戦後復興がすすみ，高度経済成長時代に入ると，企業間の技術取引は盛んになり，当然，ライセンス規制が厳しいことや法適用の基準が不透明であるため，スムーズな技術取引が妨げられることなどの不満が表面化してくる。そこで公正取引委員会は昭和43（1968）年5月，国際的技術導入契約に関する独禁法上のガイドラインとして「国際的技術導入契約に関する認定基準」（以下「認定基準」）を公表し，平成元年（1989年）にはこの認定基準を見直した「特許・ノウハウライセンス契約における不公正な取引方法の規制に関する運用基準」（以下「運用基準」）を公表した。

　この運用基準により，ライセンス期間の制限，地域制限，技術・販売分野の制限，製造・販売数量制限などが独禁法上問題のない条項，つまり「白条項」とされ，実務上の不透明感がかなり改善された。そして平成11（1999）年，「特許・ノウハウライセンス契約に関する独占禁止法上の指針」（以下「新ガイドライン」）が公表された。これにより，平成元年の運用基準は廃止された。

(1) 「新ガイドライン」

　新ガイドラインは，特許・ノウハウライセンス契約に対する独禁法の適用関係について包括的な考え方を示すものであった。⁽¹³⁾パテントプールそのものは，基本的に競争促進的であり，不当な取引制限にはあたらないとの認識が示された。独禁法上問題となるのは，パテントプールを利用して，「他の事業者の新規参入を阻害したり，既存事業者の事業活動を困難にさせること」であった。⁽¹⁴⁾

　新ガイドラインの制定に大きな影響を与えたのが，日本で初めてパテントプールが独禁法違反にあたるとされた「パチンコ機特許プール事件」であった。⁽¹⁵⁾この事件では，業界大手のパチンコ機メーカー10社が新規参入を排除

する方針を決め，その方針にもとづき特許管理会社（上記10社が実質的経営権を握る）が新規参入を希望する第三者に対して，プール特許のライセンス許諾を拒絶した。この行為が私的独占にあたるとされた。

(2) 「パテントプール指針」

日本政府は「知的財産推進計画」の中で国際標準化戦略の重要性を指摘している。とくに同計画「2004」では，標準の迅速な普及にとってパテントプールが重要であるとの認識から，パテントプールの取り組みについての独禁法上の考え方を明確にすべきであると公正取引委員会に具体的な検討を要請した。これを受けて公正取引委員会は2005年6月29日，「標準化に伴うパテントプールの形成等に関する独占禁止法上の考え方」（以下「パテントプール指針」）を発表した。

公正取引委員会は，パテントプール指針の中で，プール特許が規格の機能・効用を実現するために「必須な」特許だけで構成される場合，独禁法違反のおそれはないことを明らかにした。そして，パテントプールへの参加制限についても，制限内容が合理的に必要な範囲であって，競争を制限するものでなければ問題はないとした。

パテントプールの運営者に集中するライセンス関連情報については，プール参加者やライセンシーがアクセスできないような仕組みづくりを重視することを明らかにした。パテントプール指針は，公正取引委員会のウェブからアクセスできる[16]。

4 技術標準への適用

技術標準とは，技術上の取り決めである。一般に規格と呼ばれ，詳細な技術データを盛り込んだ仕様書として公表されている。対象は「品質」，「安全性」，「互換性」など多様である。法律により強制されるものから，製造者が市場原理にもとづき任意に採用するものまでさまざまな類型がある[17]。

そのように多様な対象と類型をもつ技術標準であるが，その中で規格の必要性をもっとも認識しやすいのが「互換性」であろう[18]。たとえば乾電池，寸法や電圧がメーカーごとに異なっていると利用者にとって極めて使い勝手が

悪い。乾電池を交換する度に，同じメーカーの乾電池だけしか使用できないことになる。このような不便を排除するため，メーカーが違っても電池交換できるように，事前に寸法や電圧やその他の技術的な取り決めを行ってそれを遵守することで互換性を確保している。とくに海外でも使用されることの多い製品については，国際的な基準（国際標準）をつくり，相互の操作性を国際的レベルで確保している。

　それでは，なぜ国際標準化が重視されるのであろうか。この問いに対しては経済のボーダレス化という時代の流れを認識しなければならない。あらゆるタイプの製品は，もはや生産地だけで消費される時代ではない。製品は地球上のあらゆる地域で流通する。そうなると世界の消費者が受け入れ可能な品質，安全性，互換性という基準を満たさなければならない。そのため，工業先進国は，自国の産業の強みを生かした国際標準化を目指すことになる。標準化の主導権を取ることが，産業の国際展開にとって極めて重要となるからだ。とくに大規模なシステム構築を前提とする先端的・先導的分野においてこの傾向が著しい。このような分野では標準に関連する特許も多いため，パテントプールが有効となる。

適合分野と不適合分野

　しかし，パテントプールがすべての分野に適合するとは限らない。適合する分野と適合しない分野を見極めてその利用をすすめることが重要となる。それでは，パテントプールの適合性を判断する要素は何であろうか。

　この点について，米連邦取引委員会（FTC）に対する意見書の中で特許弁護士が興味深い分析を行っているので，その分析内容を以下に紹介する[20]。

　①**技術標準が定着している分野**　　規格は，仕様書という文書で公表される。仕様書が数多く発行されている技術分野では，規格制定についての議論が行われており，しかも規格の範囲についてすでに検討済みである。このような領域では，関連特許の範囲に規格が含まれるかどうかについては比較的判断がしやすい。どうしても特許に含まれると判断される場合，必須特許としてパテントプールすることになる。このような分野には，通信，コンピュータ，エレクトロニクスなどがあり，装置間の相互接続性やソフトウエアが必須と

なる。逆に，従来型の化学組成，医薬品，機械装置などは，技術標準を必要とする度合いは低い。

②ブロッキング特許が存在する新技術分野　回避できない特許（「ブロッキング」特許）が存在する場合，一般論としてパテントプールを組む必要性が高くなる。ブロッキング特許の周辺に関連する特許技術が生まれ，それらが互いに必須特許として補完関係をもつようになる。このような分野では，ブロッキング特許と補完特許をプールして希望者に非差別的に実施許諾できる。この場合には必ずしも規格の有無はあまり影響ない。

③ブロッキング特許が存在しない技術分野　ブロッキング特許がない場合，パテントプールを組む必然性は低くなる。規格利用に妨げとなる特許がない以上，必須特許の議論も認定も必要ない。そのような状況でパテントプールを組むことは，むしろ抱き合わせや一括ライセンスなど，競争抑止的な意図をもつとみなされる危険性がある。つまり，このような場合にはパテントプールの導入は慎重でなければならない。

しかし，新技術分野の場合には事情が異なる。新技術分野では，ブロッキング特許がない場合，パテントプールを立ち上げても一般論として問題は生じない。しかし，規格に関係せず，ブロッキング特許でもない特許がパテントプールに包含されることは問題となる。規格に必須ではない特許を取り込むことは，競争排除的とみなされ，独禁法上の問題が生じる恐れがある。

5　ライセンススキームの実例

パテントプール・ライセンスの特徴は，プール特許を一括してライセンスできる点である。つまり，「ワン・ストップ・ショッピング」型のライセンススキームが可能となる。このスキームにおいては，プール特許の所有者と個別に交渉する必要はない。ライセンス業務委託機関からライセンスを取得すれば，必要な関連特許のライセンスをすべて取得できることになる。

しかし，このようなパテントプールは，意外にも限定された状況でしか実施されていない。少なくても1990年以降を見る限り，パテントプールが実施されているのは技術標準の必須特許のライセンスに限定されている[21]。

以下，実際に運用されているパテントプールの実例を簡単に紹介する。

(1) MPEG-2 規格

MPEG-2 規格は，ISO/IEC の動画専門家グループおよび ITU-T により国際規格として採択されている圧縮技術である。ビデオ情報を記憶・転送する種々の製品・サービスに応用される。パテントプールが提案されたのがビデオとシステムに関連する規格である。

1997 年，コロンビア大学と，エレクトロニクス関連を所有する富士通，松下電産，三菱電機，フィリップス，ソニーなどの 8 社（以下「ライセンサー」）が連名で米司法省に，パテントプールに対して反トラスト法違反とみなすかどうかお伺いを立てた。プール特許は 27 件，すべてがライセンサーの所有する圧縮技術に必須の特許であった。希望者には誰にでも非差別的に単一の一括ライセンスが許諾され，得られた実施料はライセンサーに配分されるスキームであった。

反トラスト局がとくに注目したのは，パテントプールのスキームの客観性と透明性がどのように確保されているかであった。スキームでは，「必須特許」の判定は外部の専門家を起用してしかるべき手順をへて必須特許との判定を行うこと，ライセンサーの影響を受けないよう独立のライセンス機関（MPEG-LA）を設置すること，ライセンス手続きや実施料の配分はライセンス機関が担当すること—などが明確にされていた。反トラスト局は，審査の結果，このスキームに違法性はない旨の書簡を 1997 年 6 月にライセンサーに回答し，その内容を一般に公開した。[22]

(2) DVD-3C 規格

DVD-3C 規格は，DVD-ROM と DVD-Video Format に関するものである。フィリップス，ソニー，パイオニアの 3 社が提案したものである。この場合のパテントプールは基本的に，①ソニー・パイオニアからフィリップスに許諾したライセンス，②フィリップスが DVD メーカーに許諾する標準ライセンス—の 2 本立てである。プール特許は，1997 年以降に成立した「必須」特許が対象で，DVD プレーヤー関連が 115 件，ディスク関連が 95 件であった。

この事例では，ソニー・パイオニアの所有する必須特許がフィリップスに

非独占,再実施権付きでライセンスされた。フィリップスは,他のライセンシーからライセンスを受けた特許に自社の必須特許を併せて,第三者に非差別的にパッケージでライセンスする。

この事例でも必須特許の判定がポイントとなった。提案書では,「独立した」特許専門家を起用して当該規格に必須か否かを判定させたとしているが,当局は,その特許専門家がライセンサーに直接雇われたことを問題視した。必須特許の選別の際に何らかのさじ加減を加えてもらおうとするインセンティブが働くことを懸念したからだ。

しかし,この懸念は指摘されただけにとどまり,違法認定までには及ばなかった。結果として反トラスト局は,このスキームの違法性は現状では認められないとしてDVD-3C規格についてのパテントプールを認めた。[23]

(3) DVD-6C 規格

DVD-6C規格は,DVD-3Cの場合と同じDVD-ROMとDVD-Video Formatに関する。ライセンサーは,日立,松下電器,三菱電機,タイム・ワーナー,東芝,ビクターの6社(以下「ライセンサー」)である。このスキームにおいては,東芝が幹事会社となり,他のライセンサーから必須特許の非独占ライセンスを受け,東芝の必須特許を併せて,ライセンスを希望する第三者に非差別的に実施許諾する。必須特許については,ライセンサーが「必須」と指定した特許を,当該技術に習熟した専門家が審査をして最終の決定を行う。東芝は,得られたロイヤリティのうち,基本契約で定めた料率を,処定の手数料を控除して各ライセンサーに分配を行う。

この事例においても,反トラスト局の判断基準は,このプールが規格にとって必須な特許だけに限定されているかどうかであった。「必須」(essentiality)とは代替物がない状態という定義にもとづき,もしプールに代替特許が含まれるのであれば,それは反競争的となるとの考え方が示された。また,ライセンサーが起用した専門家による必須特許判定は,多分に手加減が加えられる恐れがなくもない,とも指摘した。

しかし,最終的に反トラスト局は,プールが必須特許だけで構成されており,代替特許などは含まれていないと判断して,パテントプールを容認した。[24]

(4) 3G Patent Platform 規格

この規格は，第三世代の移動体通信システムについてのものである。世界のどこにいても単一の携帯端末で通話が可能となる共通システムを提供することを目標にし，音声通話の高品質化，データ伝送の高速化，動画像伝送の実現などを可能にする規格である。

この規格自体は，必ずしもパテントプールを前提とするものではなかった。しかし，関連特許の共同ライセンスがその手段の一つとなっているため，ライセンス対象特許，つまり必須特許の判断を，中立の第三者機関である「特許評価機構」が行った。また，このようにして判断されプールされた特許の管理は，独立した管理会社が行った。[25]

このスキームの特徴は，従来のパテントプールのライセンス条件の硬直性を見直した点にある。ライセンスを希望する第三者は，標準ライセンス契約以外に，当事者間のクロスライセンスを認める双務ライセンス契約を選択できる。このような選択的なフレームワークにより，標準ライセンス契約のライセンス条件が受け入れがたいと感じたライセンシーは，ライセンサーと個別にライセンス契約を締結することができるのである。

上述のように，3G Patent Platform 規格自体は，パテントプールそのものを目的としたスキームではなかった。しかし，新しいライセンスの枠組みを構築したものであるため，ライセンサーは，独占禁止法との関係について，米国，欧州，日本の競争当局に 1999 年に事前相談を行っている。それに対して日本の公正取引委員会は 2000 年 12 月，3G プラットフォームの仕組みが独占禁止法上問題ないとする見解を世界に先駆けて公表した。[26]それに続き，米司法省反トラスト局と欧州委員会が 2002 年 11 月にそれぞれ，このスキームを認める回答を公表した。[27・28]

6 ライセンス条件

パテントプールの場合，そのライセンス条件は，大きく二つの類型に分けることができる。一つが「プール型ライセンス」であり，もう一つが「プラットフォーム型ライセンス」である。前者は，MPEG-2, DVD-3C, DVD-6C などの規格が該当し，後者は 3G Platform 規格が該当する。

表 3-1 両型式ライセンスの特徴比較

	パテントプール型 (MPEG-2)	プラットフォーム型 (3G Patent Platform)
設立年・組織団体	1997 年・メンバー組織	2002 年・メンバー組織
ライセンス形態	一括ライセンス	標準契約 or 個別契約
ライセンス条件	標準条件（同一範疇）	オプション（選択可能）
対象製品の範囲	狭い	広い
特許評価	管理会社・外部評価者	管理会社・外部評価者
関連コスト	スキームの構築費用大 交渉費用小	スキームの構築費用大 交渉費用小
メリット	単一技術，単独製品に向く 多数国に適用可	複雑系技術・複数技術向き 多数国に適用可

(1) プール型ライセンス

プールされた必須特許を一括してライセンス許諾するスキームである。ライセンサーは，ライセンシーを差別的に扱うことは認められず，合理的な条件を規定する「標準契約」によってライセンス許諾される。同一カテゴリーのライセンス条件は同一である。標準契約中の規定，例えば，特定の特許の除外やロイヤリティの減額などの変更を求めて交渉することはできない。

プール型は一般に，単一の技術あるいはあまり複雑な体系ではない技術に有効な方式と考えられている。契約条件は固定され，非差別的にライセンスされる。規模の大きいパテントプールの場合，独立した管理会社が運営するのが普通である。したがって，標準契約の条件に合意できない将来のライセンシーにとって，妥協して標準契約をとるか，あるいはプール特許のライセンスを断念するかの二者択一を迫られることになる。

(2) プラットフォーム型ライセンス

プール型ライセンスのもつライセンス条件の硬直性を改善しようとして考え出されたのがこのプラットフォーム型ライセンスである。ライセンスを受ける特許を選択することにより，実施料率を調整することができる。また，累積実施料にキャップ（天井）が掛けられるため，多数のライセンサーが参加するプラットフォームでも，合理的枠内での実施料のスキームを組むこと

ができる。

プラットフォーム型のライセンスは，複数の技術を網羅する場合に有効であるといわれている。パテントプール型と比較すると弾力的な運用が可能となるのが特徴であり，標準ライセンス契約が不調の場合，個別ライセンス契約に切り替えることもできる。3G Platform 規格がその例である。[29]

7 まとめ

前述のプール型ライセンスとプラットフォーム型ライセンスの特徴比較からも明らかなように，プラットフォーム型ではライセンススキームがかなり複雑になっている。その背景には，ライセンスの使い勝手を改善したいというユーザー側のニーズ，対象技術が広範となり階層化していることに対する特許権者側の事情，独禁法の回避をより確実なものにしたいというメンバーの意向など，さまざまな要因がある。これらの要因は，ビジネスのグローバル化に伴い，増えることはあっても減ることはない。そのような状況に対応するため，パテントプールのスキームは，今後も進化しつづけることになろう。

しかし，それによってブロッキング特許の問題がすべて解消される訳ではない。この点が標準にかかわる人達の頭痛の種となっている。パテントプールに参加しない第三者の特許が技術標準の障害となって立ちはだかる場合があるからだ。特に，製造設備をもたない R&D 志向のベンチャー企業や非実施機関（NPE）と呼ばれる特許管理会社にとって，標準メンバーに加わり合理的という名の低廉な特許実施料の配分では満足することはありえないことであろう。

このような状況での閉塞感を打破するために「強制実施権」の発動可能性がこれまで研究されてきた。一般には国民の生命や健康に直接かかわるようなものでなければ標準化関連での強制実施権の適用は難しいというのが通説である。しかし，新技術の発展とビジネス環境の変化は目覚しいことを考えれば，これまでの裁定実施権の要件論は，見直しが必要であろう。

新しい時代の，当初想定されていなかった問題には，新しい解釈論で臨むべきである。その意味からも，技術標準の発展にとって特許権の主張があき

らかに支障となる場合には，強制実施権の適用可能性―特許法で明記されている―を再考してもよいのではないかと考えている。

⑴　「パテントプール」の辞書上の定義は以下のとおり。「特許権を有する複数の者が，協定により，あるいは第三者である委託会社に特許を移転する形で，特許権をプールし，これを参加者が自由に使用できるようにするとともに，第三者にライセンスする際の条件についても定めることをパテント・プールと呼ぶ。」（北川善太郎・斉藤博監修『知的財産権辞典』三省堂，2001年）。公正取引委員会の『特許ノウハウガイドライン』は，「特許等の複数の権利者が，それぞれの所有する特許等又は特許等のライセンスをする権限を一定の企業体や組織体に集中し，当該企業体や組織体を通じてパテントプールの構成員等が必要なライセンスを受けるもの」と定義する。（第3-2-⑵-ウ）

⑵　国際標準化の強化は，「知的財産推進計画」2003年版において最初に提起され，以降，毎年推進計画の中で指摘されている。「推進計画2004」において，パテントプールに関する環境を整備するため，パテントプールの形成・運用についての独占禁止法上の指針を2005年度中に取りまとめるよう公正取引委員会に指示が出されていた。

⑶　Armat, Biograph, Edison, Vitagraph の4名の発明者が1908年，それぞれの映写機関連特許を委託会社に集めるための契約（パテントプール契約）を結んだ。この契約では，プールした特許に対してライセンシーがその機関にロイヤルティを支払うことを定めた。

⑷　折りたたみ式ベッドに関連する特許の所有者が1916年にそれぞれが所有特許をプールすることに合意。そしてプール特許にもとづき製造・販売するための独占的ライセンスを企業3社に許諾した。

⑸　米国の反トラスト法は単一の法律ではなく，「シャーマン法」（1890年制定），「クレイトン法」（1914年制定），「連邦取引委員会法」（1914年制定）の三つの制定法が中核となる法規の総称である。

⑹　Standard Sanitary Manufacturing Co. v. United States, 226 U.S. 20 (1912).

⑺　Hartford-Empire Co. v. United States, 323 U.S. 386 (1945). この判例については，村上政博『アメリカ独占禁止法（第2版）』（弘文堂，2002年）に詳しい（228-230頁）。

⑻　Nine No-Nos は，多くの独禁法関連書籍が解説している重要項目である。たとえば，上杉秋則編著『Q&A 特許・ノウハウライセンス契約と共同研究開発』（商事法務研究会，1993年，324-325頁）。

⑼　Antitrust Guidelines for the Licensing of Intellectual Property, April 6, 1995.

⑽　米国の1995年知的財産ガイドラインの内容については，拙稿「ライセンス規制に関する米国反トラスト法新運用指針」（社団法人国際商事仲裁協会『JCA ジャーナル』1995年7月号，2-5頁）を参照されたい。

⑾　正田・実方編『独占禁止法を学ぶ（第3版）』有斐閣選書，36-37頁。

⑿　独占禁止法は，知的財産権の権利行使と認められる行為については，法の適用除外をさだめている（第21条）。法律論では，どこまでを「正当な」権利行使とみなすかが論点となる。
⒀　公正取引委員会「特許・ノウハウライセンス契約に関する独占禁止法上の指針」平成11年（1999年）7月，第3.2⑵ウ「パテント・プール」。
⒁　同指針・前掲注⒀，第3.3⑴「パテント・プール等」。
⒂　公正取引委員会平成9（1997）年勧告審決。
⒃　http://www.jftc.go.jp/dokusen/3/index.htm
⒄　生命の危険，社会の安定などの理由から国が法律で事業者に強制する標準を「強制標準」という（例えば，ガソリンの配合比率など）。このような強制標準を国家が新たに作成する場合，国際標準化機関に事前に報告しなければならない。この報告義務を規定しているのがWTO/TBT協定である。日本は1995年に加盟した。
⒅　専門的には，技術標準は規格を含む上位の概念である。本稿では，標準化機関により，具体的に標準化された技術であって，その詳細が仕様書として公開されているものを「規格」とよぶ。本稿では，規格と標準は同義であると理解してよい。
⒆　例えば蓄電池についてはIEC（国際電気標準会議）において，「第21TC」（専門委員会）が国際規格作りを担当した。
⒇　"Comments on Patent Pools and Standards For Federal Trade Commission Hearings Regarding Competition & Intellectual Property"by James J. Kulbaski;Oblon, Spivak, McClelland, Maier & Neustadt, P.C., 2002. この意見書は，パテントプールの重要な要素として次の五つの項目を挙げている。①技術標準が適切に定義されている，②技術標準に必須の特許を判定するための独立した評価者がいる，③合理的かつ非差別的な条件でライセンスが認められている，④パテントプールの管理者が必須特許所有者から任命されている，⑤必須特許所有者がプール外の特許を自由に実施許諾できる。
(21)　Kulbaski・前掲注⒇。
(22)　MPEG-2に対する反トラスト局の公開書簡の内容は，拙著『特許と技術標準』（八朔社，1998年）の巻末に参考資料として掲載した同書簡の全訳を参照されたい。
(23)　DOJ's Business Review Letter on DVD-3C, December 16, 1998.
(24)　DOJ's Business Review Letter on DVD-6C, June 10, 1999.
(25)　加藤恒「第三世代移動体通信のためのパテントプラットフォームライセンス」『知財管理』Vol.51, No.4, 2001年, 560頁。
(26)　公正取引委員会「特許・ノウハウライセンス契約に関する事前相談制度にもとづく相談の回答について」（平成12年12月14日）。
(27)　DOJ's Business Review Letter on 3G Patent Platform, November 12, 2002.
(28)　EC Press Release"Antitrust clearance for licensing of patents for third generation mobile services"DN: IP/02/1651, 12 November 2002.
(29)　Goldstein & Kearsey"Technology Patent Licensing:An International Reference on 21st Century Patent Licensing, Patent Pools and Patent Platforms"ASPATORE.

Ⅲ　強制実施権

1　はじめに

　スイスのジュネーブに民間のシンクタンク「国際貿易及び継続的発展のための国際センター」(通称「ICTSD」)がある。ICTSD は，知的財産とイノベーションの関係についての研究を行う非営利団体（NGO）で，UNCTAD（「貿易・開発のための国際連合会議」）と協同して知的財産問題にかかわる多くの政策提言や報告書を発表している。その一つが，特許と技術標準の関係についての研究成果を報告した "Policy Brief Number 3" である。この報告書は，イノベーションへの寄与という観点から，特許と技術標準の関係を分析している。
　同報告書によれば，技術標準は，製品とサービスの設計開発と生産プロセスの調和を促す。そして特定製品・サービスの質的・技術的観点での共通の理解と，相互操作性，相互互換性などを促進する。このような役割を達成するため，技術標準は，生産者や消費者に有用な，オープンかつ自由で集合的な手段を提供する。
　技術標準はまた，「ネットワーク効果」の経済機能をもつ。ネットワーク効果とは，一人の利用者の便益が不特定多数の利用者にも及ぶことを意味し，ネットワーク効果により，最終的に技術の習得期間が短縮され，「規模の経済」が可能となる。つまり，技術標準はイノベーションを直接的には促進しないものの，標準によって新しくてより良い製品やサービスが生まれるとする。それは，間接的なイノベーションへの寄与である。
　同報告書は，特許の機能についても興味深い分析を行っている。それによれば，特許は知的努力と経済的努力に対する報酬を担保することで，イノベーションを促進させる。特許の最大の機能は，発明に関する技術情報を開示することによる技術の拡散である。この拡散は，特許の申請日から 18 ヶ月後に発明情報が公報上で公開されることによって担保される。発明情報が公

開されると，それを利用した第三者による迂回発明や改良発明が生まれるので，それらの派生発明がイノベーションに寄与することになる。

　しかしながら，ICTSDは情報通信分野（「ICT」分野）でのイノベーションに対する特許の寄与については無条件に認めていない。それを認めない最大の理由は，ICT分野の個々の特許の権利範囲が不明確な場合が多いからである。そのため，ICT分野では権利関係のクリアランスが難しく，他人の特許に触れずに自己の技術開発を推し進めることは極めて困難である。いくら事前に入念な特許調査を行っても，特許侵害のリスクを完全に払しょくすることは難しい。それが結局，イノベーションの足を引っ張ることになる。

　技術標準と特許の関係は，特許が技術標準に含まれたときにもっとも緊張する。両者が衝突した事例は，1980年代に米国で発生し，1990年代には反トラスト法の問題として争われた[4]。それらに共通するのは，特許保有者が標準化の過程で所有特許を公表せず標準が採択された後で特許を行使するパターンである。そのような行動をとる背景には，特許技術が標準化されると，多額の特許料収入が期待できるという現実がある。

2　環境の変化

　ICTSDは，特許制度がイノベーションの推進に寄与すると分析しているが，特許の行使の仕方によっては，イノベーションの促進を損ねるのも事実である。それがICT分野では顕在化している。そのような特許行使の負の部分については，特許は衡平または正義という観点から制限されるべきであるという主張がある。そしてそのような特許行使が裁判で問題にされた事例も増加している。

　事例の増加の背景には，米国の連邦裁判所のプロパテント政策の見直しがある。近年，米国の多くの裁判所で，特許性（具体的には非自明性）の基準を引き上げる判決が見られる。それを示す象徴的な事例が2006年のKSR事件連邦最高裁判決である[5]。また，e-Bay事件での連邦最高裁判決で，差止救済は自動的に認めるのではなく，衡平法上の基準に基づくとした[6]。これにより，ビジネス方法特許に依存した「権利ビジネス」の横行にブレーキをかけられたとする見方が一般的である。

ソフトウエアは技術的なアイデアであり，技術進歩の基盤を構成すると一般に考えられている。そのため，ソフトウエアは公開され共有されないと本来の価値をもたない。技術的なアイデアには特許は認められないのだが，ソフトウエアをハードウエア，多くはコンピュータと組み合わせることでこれまでにない機能や効果が生じる場合には，特許が認められる場合がある。いわゆる「ソフトウエア関連特許」である。[7]

　ソフトウエアはコンピュータ時代にあってはビジネスの重要な手段であり，このようなビジネス手段，いわゆる「ビジネス方法」には，一般に特許は認められなかった。それらはビジネスの現場で実際に実施されてきており，そこで働く人には知られたものであったからだ。しかし，これも異なる既知のプロセスにコンピュータを介して結合した時に認められるようになった。[8] その結果，ソフトウエア関連特許は，特許の世界の様相を大きく変えた。

　ICTSDもソフトウエア関連特許の問題点を認識している。同報告書は「ソフトウエアとビジネス方法に関する発明が有体物に組み込まれて特許が認められたとき，そのような特許はICT分野では，しばしば権利の境界を見えにくいものにした」と指摘している。

　権利の境界が見えにくいということは，市場参入者にとって法的リスクがあることを意味する。法的リスクの存在は，市場参入のインセンティブを減少させる。特許権者は，侵害可能性の大小にかかわらず，その特許を行使して市場参入者から和解金などの金銭的利益を得ようとするインセンティブが働くからである。その結果，特許紛争が多発し，裁判が不可欠の解決手段となる。このような特許紛争の多い分野では，イノベーションに悪影響を及ぼす。なぜならば，イノベーションは市場に競争があってこそ推進されるが，特許侵害という法的リスクがある市場では健全な競争は維持されないからである。これは，特許制度の描いた特許の役割とは反対の皮肉な結果となっている。

　ソフトウエアは，標準化が活発な分野で重要な働きをする。それはICT分野の特徴である相互操作性や相互互換性にとって不可欠なものであるからだ。もしそのようなソフトウエアに特許が認められれば，ICT分野のイノベーションが損なわれることになる。ICT分野で特許の「規制論」が根強いの

は，このような背景があるからだ。

　このような認識が IBM のソフトウエア関連特許のオープンライセンス宣言につながっているとみてよいであろう。IBM は 2005 年，IBM の持つ 500 件のソフトウエア関連特許を，オープンソースソフトウエア開発者に無償でライセンスすると公表した。[9] 他の世界的な ICT 企業も IBM に同調し，それぞれが所有するソフトウエア関連特許のライセンスをオープンにする方針を採る。

3　ICT 分野の特徴

(1)　特許の藪

　伝統的なイノベーションモデルは閉鎖的な「クローズドイノベーション」であった。多くの企業は自社で研究開発を行い，その成果にもとづき商品開発を行った。このようにして生まれた商品財を保護する特許は，有用かつ重要な手段であった。結果として数多くの特許出願が申請され，ICT 分野での特許の累積数は膨大な数にのぼる。

　例えば，携帯電話の通信方式である CDMA 技術は，移動電話通信に必要な第三世代（3G）技術として知られ，米国のベンチャー企業であるクアルコム社が主導的に開発した。同社は，世界で数千件の特許を取得したと言われる。また，フィンランドの移動通信大手ノキアや，米国の IT ベンチャーであるブロードコムなども CDMA 技術に関連する多数の特許を保有している。新しく第三世代の無線通信市場に参入しようとする場合，これらの企業の所有する特許侵害を回避するために調査・解析を行わなければならない。3 社だけでも何千件もある特許を丁寧に調査することは，途方もない負担を強いるものであり，しかもそれによって侵害リスクが完全に解消されることはない。

　このように，膨大な関連特許の存在する分野では「特許の藪」が形成されていて，それが企業の事業活動に陰を投げかけている。[10]

(2)　オープンイノベーション

　近年，多くの企業は「オープンイノベーション」の方針を打ち出している。

オープンイノベーションは，これまでの自前主義の典型である閉鎖型のイノベーションと対照的に，第三者が生み出した価値のあるアイデアを事業モデルに合わせるように譲り受ける，いわば技術のアウトソースである。当然ながらそこには技術移転が必要となる。

技術移転が進展すれば，発明者と製造者の間の融合が効率的に進む。技術開発と商品化の分担がイノベーションの速度を上げ，より多様な新製品をより早く消費者に届けることができるようになる。オープンイノベーションの場合，製造設備や販売経路を確立するために必要な資本にアクセスできない発明者でもイノベーション参加へのチャンスが与えられる。市場参入がしやすくなれば発明も生まれやすくなる。発明が増えれば商品化のための技術間競争が増えることになる。競争は，良質で廉価の製品を生むことで消費者の便益を増加させる[11]。

しかしながら，このような市場競争が近年，特許行使によって阻害される事態が生じている。そこでは，特許権者が合理的な条件での移転に同意せず，金銭的利益を生み出すための手段として自らの特許を行使している。

(3) 特許プールの必要性

特許プールは関連特許を一括ライセンスするシステムである。関連特許のうちプールされた必須特許のライセンスがまとめて受けられるので，特許クリアランスのための負担が減少する。特許プールの必須特許捕捉率が高ければ高いほど，特許プールの経済効果は大きい。ワンストップのライセンス許諾によって，特許侵害リスクが大幅に解消されることになる。

そのような特許プールの例として，ULDAGE がある。ULDAGE は，デジタル TV 規格の必須特許のプール運営とライセンス業務を行っている。具体的には，ARIB, CATV, MPEG2 System などを含むデジタル TV に関連する規格に関する必須特許の一括特許ライセンスが受けられる。ULDAGE の必須特許捕捉率は極めて高く，100% に近い[12]。必須特許の特許プールでの捕捉率が高ければ高いほど，「ホールドアップ」特許の権利行使がおこりにくくなり，ユーザーは安心して市場参入が図れる。

(4) 権利範囲の重複

特許は，当該技術の専門家である特許庁審査官によって審査されその結果として認められたものである。私有すべき発明の権利範囲を記述し，その範囲内では他社を排除する権利が認められる。医薬品のように一特許で一商品を保護できる場合には他の特許との抵触問題は生じにくい。しかし，パソコンや半導体などのように一つの商品に何百・何千という関連特許が存在している状況では，同一商品に関連する特許間での権利範囲の重複は避けられない。

たとえば半導体の微細な構造に関連する複数の特許があるとしよう。それらの特許の権利範囲が，あたかも碁盤の目のように区画されている訳ではない。権利範囲は記述された特許クレーム（権利範囲）を解釈によって線引きを行うため，個々の特許の権利範囲の周辺に重複があっても不思議ではない。

だからこそ，特許の世界では，侵害で訴えられた被告が，原告を被告特許の侵害の容疑で反訴するのである。反訴自体は，被告が原告との力関係を対等にしようとする訴訟戦略上の判断であるが，その判断の根底には，特許の権利範囲は明確な線引きはできないという暗黙の理解がある。「特許の藪」と呼ばれるほど多数の特許が存在するICT分野では，権利範囲の重複が複雑になる。そのような問題を裁判所で決着をつけなければならないとすれば，それは経済的な合理性がないと言えよう。[13]

4　強制実施権

(1) 法的枠組み

日本の特許法1条は，発明の保護及び利用を図ることにより，発明を奨励し，もって産業の発達に寄与することを法の目的としている。「産業の発達」という用語は，「イノベーションの推進」と言い換えることもできよう。特許法の下では，新しい発明をなした人は，発明の公開と引き換えに，一定期間にわたり特許という排他権を得る。公開は，政府公報を媒体に行われるが，今日ではデータベースにアクセスすることで公開された発明情報が入手できる。このような公開情報は，競合者による設計変更や技術改良を可能にする。また，特許が切れると排他権が消滅するので，誰でもその発明を使用

できることができる。このように，ある発明に一定期間の排他権を認めても，社会全体としてはイノベーションの促進に貢献するという考えに立って制度設計されたのが特許制度である。

発明者が自身の発明に排他権を得るには，①特許料の納付，②特許発明の実施，③権利の正当な行使，④特許番号の表示—の4つの義務を履行しなければならない。これらのうち一つでも不履行があれば，法令上，何らかの処置が加えられることになる。その処置の一つが，本稿の主題である「裁定実施権」つまり「強制実施権」である。

例えば，特許発明が実施されなかった，あるいは実施されたとしてもそれが不十分な場合には，その発明の利用を十分な状態にすることを求めることができる。具体的には，①不使用，②ライセンシー自身のもつ特許のための使用，③公共の利益のための使用—の3つの場合である。本稿の目的上，第1の理由（不使用）は該当しないので，以下では第2と第3の理由について述べる。

(2) 利用関係にある特許

特許法は，後日に認められた特許（「後特許」）が，先に認められていた特許（「先特許」）の所有者に，後特許の使用が先特許を侵害するという理由で通常実施権を求めることができる（92条）。先特許の所有者がそれを拒否すれば，後特許の所有者は，特許庁長官に先特許の通常実施権の裁定を求めることができる。この裁定は，利用関係による裁定と呼ばれている。

しかし，これまでわが国では，一度も92条裁定は出されていない。裁定のための申請はなされてはいるが，結局，途中で取り下げられ，最終的な裁定には至っていない。92条裁定がなぜ出されていないのか――この問題を考える場合，日米政府間協定の存在を抜きには考えられない。

日米両政府は，1994年に日米政府間協定を結び，その中で，特許法92条で規定されている通常実施権の裁定を禁止することに合意している。同協定は，日本国特許庁長官と米国特許商標局長官の間で署名された。この日米政府間協定は，1990年代の両国間で懸案であった貿易摩擦を解決するために結ばれたものである。その対象は多様で，その一つが特許制度の改変や運

用をめぐる日米間の調整であった。米国は，日本の特許法92条の裁定制度が米国の半導体業界に悪影響を及ぼすことに懸念を表明し，日本政府がそれを受けて，1995年7月1日以降については92条下の通常実施権の裁定を行なわないことに合意したものである。形としては日米相互協定であるが，米国には日本の92条裁定に相当する制度が無いことを考えれば，裁定凍結は日本の一方的な義務であることは明らかである。[14]

(3) 公共の利益

特許発明の実施が公共の利益のために必要な場合，特許発明の使用を希望する者は，特許所有者に当該特許の通常実施権を求めることができる。特許所有者がこれを拒めば，希望者は経済産業大臣に，通常実施権の裁定を求めることができる（93条）。

特許は一種の独占権であるので，それが不合理に実施されると，公共の利益に反する場合がある。しかしそのような場合であっても，特許制度は全体として技術や産業の発展に寄与するという前提に立ち，特許の行使は正当化された。問題は，特許が技術や産業の発展に相反する形で実施される場合である。そのような場合には，当然のようにそのような特許の実施を制限すべきであるという議論が生じる。

特許法は，公共の利益とは何かを定義していない。ガイドラインや法律の沿革などから，公共の利益が侵される場合とは，疫病がまん延してもその特効薬を製造する製薬会社が他社に関連特許のライセンスを許諾しない場合などとされる。このように，公共の利益を理由とした裁定は，人間の生命・安全を脅かす場合に特定され，ICT分野での公共の利益は正当化されないというのが通説である。[15]

(4) 強制実施権への反発

日本政府が，特許法で定める裁定制度の発動に慎重なのは，米国からの強い反発が予想されるからである。例えば，1990年代半ばに「欧州電気通信標準化機構」（ETSI）の特許ポリシーの改訂案に米国企業が激しい反対運動を繰り広げたことがある。ETSIの改訂案は，必須特許の所有者に180日の

通知期間を設けて，この期間内に通知が行われない場合，当該特許のライセンスが自動的に開放されるという規定を盛り込むものであった。米国企業は，強制実施権の導入につながりかねないとしてこの改訂案に強硬に反対した。その結果，ETSI は 1993 年，問題の多い規定をパテントポリシーに含めることを断念した経緯がある。

　欧州の企業にも強制実施権アレルギーが強い。CD-R/RW 技術用の「オレンジブック」規格に関連する必須特許にからむ事件に関連して，台湾での強制実施権が欧州企業の反発で無効とされた事例がある。それは，2000 年代の初頭に，「台湾公正取引委員会」(FTCT) がフィリップス・エレクトロニクス他数社を公正貿易法違反で訴えた事件を端緒とする。FTCT は，フィリップスがその支配的地位を濫用してライセンシーにライセンス契約受入を強要したと認定し，フィリップスに罰金が科された。その後に，ある台湾企業が，CD-R 技術使用のため，フィリップスの特許の強制実施権を台湾特許庁に申請した。この申請は認められ，2004 年に強制実施権が認められた。しかしこれが EU の反発を招いた。EU は WTO の紛争パネルに事案を提訴すると外交圧力をかけた。台湾行政高等裁判所は 2008 年，強制実施権を認めないとの判決を下した。[16]

　このように，強制実施権の発動は外交上のあつれきを生みやすい。たとえ事案が裁定を認めるための法律的な要件を満たすものであっても，外交上の配慮から当事者間の和解を促すような行政的な働きかけがなされることが容易に想定される。それが裁定申請の取り下げにつながったと考えたとしても不自然ではない。

5　まとめ

　特許は無体財産を保護するものであるが，その保護の強さは時代背景と無縁ではない。経済が好調の時には特許保護は強く，その射程も広い。しかし，不況になると公共の利益との均衡をはかるために保護範囲は狭くなる。つまり，経済状況によって特許の強さと射程は変わらざるをえないのである。

　特許権者の利益を重視するいわゆるプロパテント政策は，その政策が支持されるような経済状況であれば正当化されるが，経済が低迷しているときに

は経済好調時のようには推進できなくなる。このことは，日米政府間交渉で半導体特許についての裁定制度凍結を求めた米国側の態度と米韓自由貿易協定（FTA）での見せた米国側の態度の違いを見ればあきらかである。

　米国が日本に対して半導体製品に適用可能だとして92条の通常実施権の凍結を強く求めた背景には，米国におけるプロパテント政策の昂揚があった。当時の状況としては，その流れに抗することはできないという状況判断が日本の行政側にあったのであろう。しかしその後ITバブルがはじけ，それ以来米国の景気は好転していない。かつて特許を積極的に行使していた大手米国企業でさえもが，最近では第三者からの訴訟攻勢にあい，攻守が逆転している状況である。

　この米国内の状況の変化が，韓国との自由貿易協定交渉に影響を与えた。米韓両国が2005年に自由貿易協定（FTA）のための二カ国間交渉を行ったとき，米国側は当初，韓国特許法の裁定実施権の禁止を要求した。しかし，韓国政府はこの要求を拒否し，米国側も結局その要求を取り下げたと伝えられている。このことは，21世紀に入り，米国の強制実施権に対する反発がかつてのように強くはなくなっていることを示している。

　日本の裁定実施権制度は法律で定められたものであり，その歴史は古い。しかし，現実には，利用関係の92条裁定は日米間の貿易協定の下で凍結されている。日米協定が結ばれた当時と今日では，経済・社会をとりまく環境が激変している。米国のプロパテントの昂揚は既に過去のものとなり，現在は見直しの局面にある。それとともに，米国産業界の強制実施権への反発も急激にしぼんでいる。

　特許も技術標準も近代社会においてイノベーションを推進する手段として重要である。特に多数の特許が存在し権利関係が錯綜するICT分野においては，両者のインターフェースとして強制実施権制度が有効に機能するであろう。

　その活用を検討すべき時期が到来した。

(1)　正式名称:International Center for Trade and Sustainable Development。1996年に設立された非政府系団体で，貿易促進の面から様々な知財問題を取り上げて

いる。http://ictsd.net/
(2) 最近の報告書の例として以下がある。"The Research and Experimentation Exceptions in Patent Law: Jurisdictional Variations and the WIPO Development Agenda" (Policy Brief No. 7, March 2010); "The Bayh-Dole Model in Developing Countries;Reflections on the Indian Bill on Publicly Funded Intellectual Property" (Poly Brief No. 5, Oct. 2009) など。
(3) UNCTAD-ICTSD Project on IPRs and Sustainable Development, Policy Brief Number 3, February 2009, entitled "Addressing the Interface between Patents and Technical Standards in International Trade Discussions".
(4) 代表的な事例が、*In re* Dell Computer Corp., FTC File No. 931-0097 (v.2, 1995)) である。この事件では、標準策定前に関連特許がないと宣言したデル社が、標準策定後に関連特許を行使し、その行為が反トラスト法に違反すると問題にされた。
(5) *KSR International Co. v. Teleflex Inc.*, Sup. Court, 550 U.S. 398 (2007). この事件で非自明性の判断のための「TSM テスト」が否定された。TSM テストを厳格に適用すると、特許性基準は下がり、結果として質の疑わしい特許が増える。"TSM" とは、"teaching, suggestion and motivation" の頭文字をとったものである。
(6) *eBay, Inc. v. MercExchange, L.L.C.*, 547 U.S. 388, 126 S. Ct. 1837(2006).
(7) 米国の連邦最高裁がソフトウエア関連発明に最初に特許を認めたのが、*Diamond v. Diehr* 450 U.S., 175, 101 S.Ct. 1048 (1981). である。
(8) 米国の連邦特許高裁 (CAFC) が最初にビジネス方法に特許を認めたのが、*State Street Bank Trust Co. v. Signature Financial Group, Inc.*, Court of Appeals for Federal Circuit, July 23, 1998, である。
(9) www.eetimes.com/electronics-news/4051403/IBM-plan-to-open-software-patents-seeds-IP-debate.
(10) 3 社の特許出願数やそれをベースとした訴訟等については、第 2 章 I を参照されたい。
(11) *The Evolving IP Marketplace*, US Federal Trade Commission, March 2011, Executive Summary 参照。
(12) この情報は、筆者がアルダージ株式会社の中村嘉秀社長からの取材で得たものである（取材日：2010 年 3 月 31 日）。
(13) クアルコムとノキア間では、2005 年から 2008 年の間に 11 件の特許裁判が世界各地で争われた。またクアルコムとブロードコム間では、2005 年から 2009 年に間に 7 件の特許訴訟が争われた。それぞれ、2008 年と 2009 年に和解が成立して当事者間の全ての訴訟が取り下げられた。
(14) この問題については、そもそも国会が制定した法律によって認められた裁定制度を、行政府の長がそれを凍結することが許されるのかという本質的な問題提起がなされている。(松本重敏『特許権の本質とその限界』有斐閣、2005 年、79-81 頁)
(15) 特許法 93 条下の裁定制度は、そもそも外資から国内産業を守る目的で生まれたものであった。

(16) *Gigastorage v. Phillips*, *See*, the Policy Brief Number 3, Box 3. この事件では当事者間の和解が成立し，全ての請求が取り下げられた。
(17) ジョセフ・E. スティグリッツ『スティグリッツ教授の経済教室』ダイヤモンド社, 2007 年, 199-200 頁。

IV 社会領域論

1 はじめに

　知的財産権に対する企業の認識は，この10年の間に大きく変化した。従来，企業は技術開発の成果を保護する手段として知的財産権を考えるのが一般的であった。そのためもあって，企業内における知的財産問題は，技術開発部門に帰属するきわめて技術的・専門的な問題として扱われていた。

　しかし現在では，多くの企業が知的財産を有力な経営資産とみなし，さらにそれを競争戦略の手段として行使することを望んでいる。その結果，知的財産の権利化ならびにその権利行使は，もはや製造メーカだけの問題ではなく，金融・サービスなどの非製造業界も関心をよせる問題となっている。

　知的財産を競争戦略として利用する例として特許技術の標準化がある。ある技術をデファクト・スタンダードとして確立したり，ときには公的標準化機関に働きかける場合もある。このように知的財産を技術標準にからめて運用しようとする動きは，とくにデジタル特許をベースとした通信，情報処理など，国家にとって基幹となる先端分野で盛んである。行政府もこの問題に注目し，緊急の政策課題の一つとしている。(1)

2 問題の所在

　技術標準には，標準化機関が所定の手続きによって採択するデジュール・スタンダード（公的標準）と，マーケティング競争の結果として実質的に業界標準となるデファクト・スタンダード（事実上の標準）の二つがある。公的な技術標準の場合，国際条約にもとづく機関により所定の手続きで審査・採択されるため，規範性が生じる。このため特許法など他の法域との衝突や抵触の問題が生じ，デファクトの場合よりも複雑な法的問題をはらむことが多い。本稿は，主としてデジュール・スタンダードに焦点をあてるものである。

日本における公的な技術標準は，工業標準化法を法源とし，対象がモノであるときには「規格」，方法のときには「標準」，商品のときには「仕様」，組織のときには「規定」と使い分けられるが[2]，本稿では単に，包括的な意味で「規格」と呼ぶことにする。

(1)　今なぜ規格なのか

　コンピュータや通信の世界では，ある技術が規格として公的な標準化機関に採択されると，その技術は不特定多数の需要者により使用される。その技術よりも優れた代替技術が出現しても，需要者にとってこれまでに使い慣れた方式は手放しにくくなる。また，同一方式の需要が多ければ多いほど量産効果が期待でき，関連商品の価格を下げることができる。このように競争上優位な立場を確立しやすいのが規格のもつ特性であり，この特性は「ネットワーク外部性」と呼ばれている[3]。

　ネットワーク化が進むにつれ，通信プロトコルやビジネスプロトコルなどの標準化や規格化が促進されるという相乗効果が期待できる。つまり，これらの産業分野においては，規格が決定的に重要な競争戦略上の問題であり，自社技術の標準化に向けて企業はしのぎを削ることになる。

(2)　事後標準から事前標準へ

　規格は，制度目的上，これまでは技術競争に勝ち残り，普及・成熟した技術を対象としていた。これが事後標準とよばれるものである。事後標準は，その技術に関連特許があったとしても，規格として採択される頃には特許が満了していることが多く，たとえ権利が残存していたとしても，規格に採用された場合のネットワーク外部性のもたらす利益が期待できるため，特許権者は権利に固執せず無償開放に応じるのが通例であった[4]。

　しかし，電気通信分野や情報処理分野などでは，統一規格の必要性は設計の段階で生じることが多い。事前標準への移行である。しかも技術開発には巨額の研究開発費が投入されるため，企業は当然のように知的財産権により開発技術を保護しようとする。これらの分野は，相互接続性や互換性が特に重要となるため，関連する特許数も多く，結果として技術標準として採用さ

れる特許技術も他の分野とくらべ相対的に多くなる。

このような事後標準から事前標準への移行が，規格をめぐる競争を激化させる要因の一つとなっている。

(3) 特許との衝突

開発費用を十分に回収できていない段階では，特許の無償開放は特許権者にとって受け入れがたい。従来，標準化機関は，特許の付着していない技術を規格として採択することでこの問題を処理することができた。しかし，事前標準への移行が進み，特許意識も高まると，関連特許の無償開放は困難となり，しかも関連特許の数が多くなり，特許を回避することができない状況が生じた。

このような状況下で発生する特許と規格の衝突は，経済学でいう「私有財」と「公共財」の対立として説明されることが多い。だれでも無料で使用できる規格という公共財の中に排他的な特許権が取り込まれることにより生じる矛盾という考え方である。

この問題を回避するための伝統的な手法は，特許技術をなるべく規格の対象とせず，やむを得ない場合には特許を開放させるというものであった。そして，事後標準やネットワーク外部性といった要因が，そのような特許の開放（原則は無償）を可能とした。

しかし，外部環境の変化に伴い，規格にとって特許技術が不可欠な場合が多くなり，しかも特許権者が特許の開放に応じない事例も頻発するようになった。また，規格にとって障害となる第三者の特許が事前の調査で確認できず，規格として採用された後に権利行使される事例も見られるようになった。

(4) 関連法規の現状

このような状況に対して必ずしも関連法や判例は有効に機能していない。まず特許法の場合，公共の利益を理由とした裁定実施権が考えられるが，現在の特許権をめぐる環境においてはその発動はきわめて難しい。[5]

独占禁止法の場合，有効な特許が適正に権利行使される限り，同法23条の下で適用除外となる。したがって特許の正当な権利を越える特許の濫用が

無い限り，独禁法の適用はないと言ってよい。

特許技術が技術標準に採択された場合の権利濫用について，わが国での判決例は皆無であり，米国にわずかな審判決例が見られるだけである。米国の判例では，特許と技術標準の交錯の問題は衡平法（equity）上の法理として判断されているが，米連邦取引委員会（FTC）が反トラスト法の視点から問題視している。[6]

3　衝突事例

(1) G3ファクシミリ

G3ファクシミリの規格化は古典的な成功事例とされている。1976年前後からファクシミリの特許問題が標準化機関である国際電信電話諮問委員会（CCITT）で論じられるようになった。80年代になってG3関連の規格が勧告され，90年代にG4関連の規格の勧告が出された。CCITTのメンバー企業が所有する特許については，無償提供，特許消滅などにより結果として大きな問題は発生しなかった。しかし，コーデックス社の特許については，同社の特許条件が明確でないとの理由から規格採択に反対の声がおおかった。それにもかかわらず，結局，G3関連規格として採択された。同社はその後，モトローラに買収され，モトローラがファクシミリ・メーカに特許侵害の警告状を送付したため，特許と規格の問題が浮上し注目をあびるようになった。

1986年には，CCITTのメンバーでないレメルソン，アイオワ大学なども権利主張をおこなっている。レメルソン特許の場合，ファクシミリ特許以外のものも含めた有償契約で解決した企業も少なくない。[7]

(2) DVD，光ディスク

デジタル・バーサタイル・ディスクは，情報記録媒体である。これについては，東芝・松下陣営とソニー・フィリップス陣営が独自の規格案をコンピュータの外部記録媒体として使用することを提案していた。この問題は，鋭い両陣営の対立を招いた。これに対して，米大手コンピュータ関連5社は，両陣営の規格統一を強く求めたことから，最終的に妥協が成立し，両陣営が規格統一に合意した。

第 3 章　排他権の調整　　153

　この問題が紛糾した背景には特許の存在がある。DVD は基本的にコンパクト・ディスク（CD）の延長にあるとするフィリップスは CD に関連する 400 件を越える特許の存在を強調し，それに対して東芝陣営は，光ディスクの基本特許は，フィリップスの他，陣営のパイオニアや仏トムソンが持つと反論し，両陣営とも特許全面戦争に備えた資料作りを急いだと報道された[8]。しかし，DVD 規格をめぐる争いはデファクト・スタンダードをめぐる競争戦略としてとらえる方がより実態に即している[9]。

(3) デジタル・セルラ電話

　米国における自動車・携帯用のデジタル・セルラ電話にかんする通話方式としては TDMA と CDMA の二方式がある。業界団体である米電気通信工業会（TIA）は 1989 年，TDMA を暫定規格として決定した。CDMA についての規格が検討されていた 92 年，インターデジタル・テクノロジーは，子会社がもつ両方式に関連する特許に侵害するとして TIA に警告状を送付した。併せて欧州規格である GSM 方式の機器を生産する欧州メーカにも警告状を送付した。同社は，CDMA 方式の主唱者であるクアルコムとそのライセンシー二社を特許侵害で提訴した。提訴日が TIA での CDMA 方式の規格化を決める投票日であったことから，TIA での決定を遅らせる目的であったと言われている[10]。

　インターデジタルの所有する TDMA 関連特許については，モトローラが特許無効確認訴訟を提起し，陪審は一部のクレームを除きほぼ全ての特許を無効とした。この事件の控訴審で CAFC は 1997 年 7 月，地裁判決の一部を破棄したものの，大筋で地裁判決を支持した[11]。

4　調整の必要性

(1) パテント・ポリシーの限界

　標準化機関の現行パテント・ポリシーおよび改正案は，特許権者から「合理的かつ非差別的な条件」で実施許諾に応じる旨の約束を事前にとりつけ，その合意にもとづき将来の特許権者の排他権行使を制限しようというものである。特許権者がこれに応じない場合には，基本的にその技術の標準化は断

念することになる。

確かに，権利者が「合理的かつ非差別的な条件」での実施許諾に合意した場合，所与の範囲内に特許の排他権を制限できるため，特許と規格の衝突は表面上は防止できる。しかし，事前に特許権者から合意をとりつけたとしても規格という公共財の中に排他権が内在するという矛盾は解消されていない。

まず，「合理的」条件とは，標準化機関が認める水準の対価を意味するものであって，排他権の全面的な放棄を意味するものではない。つまり，特許権者によるある範囲内の有償での排他権行使を公認することを表明したにすぎない。「非差別的」条件についても同様に，特許権者は特許の実施権者を選択することができる。そして，実施権者ごとに実施料率に差をつけることも，一般には認められる。その点からすればパテント・ポリシーが「非差別的」であることを条件としていることは，特許権者による実施権者の選択の自由をある程度制約することを意味するが，排他権の放棄までを意味するものではない。公共財の中に私有財が内在するという本質的な矛盾は，やはり解消されていないのである。

より大きな問題は，標準化機関のパテント・ポリシーは，所属する会員には拘束力をもつが，第三者に対しては拘束力がない点である。

(2) 社会領域の概念

このように，公共財と私有財という二分論では，排他権が規格に内在するという自己矛盾を必ずしも理論的に解明できないことがわかる。そこで，公共財と私有財が交錯する第三の「社会領域」という概念を設定してこの問題を考えてみたい。

説明上，公共財を支配する領域を「公共領域」，私有財を支配する領域を「私有領域」と呼ぶことにする[12]。公共領域は私権の及ばない領域であり，私有領域は私権が支配する領域である。社会領域は，対極にある公共領域と私有領域が重なりあう部分につき，当然ながら公共財と私有財の両者の特性をあわせもつものであるが，同時にそれぞれの領域の特性はある程度希釈・制約されることになる[13]。

この社会領域の概念を，特許と規格の関係に適用してみよう。社会領域に

おける規格は，特許をとりこむことにより私有財的特徴を内包することになる。そのかわり「私権の及ばない」領域という前提が崩れるため，公共財としての純粋性を喪失することになる。他方，とりこまれた特許は，社会領域に位置することによる規模の経済，すなわちネットワーク外部性の恩恵をうける。しかし，社会領域は公共の利益に供される側面がつよく，その結果，特許の排他権が相対的に制約されることになる。

私有財は，社会領域に帰属する限り，ある程度その私権が制限される。このような私権制限は，社会領域にとどまるための一つの要件であると言うこともできる。

(3) 反射的利益

前項において，社会領域における私権制限の概念とその枠組みを提示した。本項では，社会領域の概念を用いて，規格に採用された特許の排他権制限のメカニズムを理論的に分析することにする。

①「規格の経済」による利益　　社会領域に属する特許は，規模の経済が期待できる。ネットワーク外部性が鍵をにぎる分野では，規格を使用しないかぎり，当該市場での競争に実質的に参加できない。そのため，規格の利用者は増大する。つまり，社会領域においては，特許法に由来する価値に加え，規格として採用されたことに起因する付加価値が生じるのである。

特許法は，有用な発明を社会に公開させるため，一定の要件を満たす発明に対しては特許という排他的権利を報酬として認める。特許法にもとづく排他権は，そもそも特許法によらずして生み出された付加的な経済的価値にまで適用されるものではない。特許が規格として採択されたことで大きな経済的価値をもつにいたったとしても，それは規格化による反射的な利益であって，特許法が目的とし保障する利益ではない。[14]

②コスト節減効果　　私有領域における特許権の主張・行使は，権利者による侵害者特定のための努力と費用負担によって行われる。特許権者が侵害者を特定する作業を行わずに特許権侵害の請求をおこなった場合，被告から特許権濫用の抗弁が提起される可能性があり，また，不正競争防止法違反の訴えを受けることも有りうるであろう。侵害者が複数存在する場合，特許権

者は，侵害者の数に比例した裏付作業を実施しなければならない。このように，権利行使のためのコストは，特許権者による権利の濫用を実質的に抑止する効果をも併せもっている。

特許が規格に採用されると，その特許は私有領域から社会領域に移行する。社会領域においては，特許技術の利用者を特定するために要する労力と費用は大幅に軽減されることになる。たとえば，ある特許が互換性に必須な規格として採用されている場合，互換機能をもつ製品については，当該規格を使用しているとの推定が可能となる。つまり，このような規格製品の製造者・利用者が互換機能を持たせる特許を侵害していることをかなりの確率で特定できる。私有領域の場合とくらべ，社会領域においては侵害特定のための労力・費用をかけずに権利主張・行使ができることになる。特許権者は，私有領域であれば要したであろうコストを，社会領域の場合には節減できるのである。

(4) 相殺論

これまで検討したように，社会領域に属する特許は，本源的価値に加えて「規模の経済のもたらす利益」および「権利行使のためのコスト負担の節減効果」という付加的な便益を達成する機会が与えられる。これらの便益は，特許法を源泉とするものではなく，社会領域に帰属することにより初めて生み出される反射的利益である。そして，このような便益については，特許法にもとづく排他権の行使により達成される価値とみなされないことは明らかである。

ここで，社会領域が特許にもたらす反射的利益を，どのように画定すべきであるかという問題が生じる。既に実施許諾されていた特許が規格となった場合であれば，具体的に標準化前の実施料と標準化後の実施料の差額を算出し，それにより付加的価値の量を算定できる[15]。

それでは，これまで実施許諾されていない特許については，どのような扱いをすべきであろうか。一つの手法として，たとえば，市場競争の実態からみて侵害者に受け入れられるであろうと特許権者が考える対価と，標準化機関のパテント・ポリシーが定める「合理的条件」とを比較して，その差額を

反射的価値とみなす方法がある。これは「合理的条件」を超える条件を特許権者が要求する場合に有効と思われる。自発的な条件が「合理的条件」を下回ることも理論上はありうるが，その場合には，実質的な問題は生じないことは明白である。

社会領域における排他権制限の根拠は，規格化にともなう反射的利益は特許権者の私有財とみなさないという考え方である。特許権者があくまでもその利益を排他的に所有しようとする場合，その特許は社会的領域の財としての適格を欠き，結果として規格から除外されることになる。社会領域から除外された当該特許は，私有領域に戻り，なんら制限のない権利行使が可能となる。しかし規格の利用については，かつて社会領域に帰属し公共財としての使用に供していたとの理由から，権利の一部放棄（disclaimer）があったと解釈して，権利行使が認められない。

5　むすびにかえて

すでに明らかになったように，現行のパテント・ポリシーは，特許権者による排他的な権利行使を制限するためには十分とは言えない。このような状況下において，社会領域における排他性制限を担保するために，どのような制度上の補完が必要となるであろうか。

まず，一定の要件を満たす標準化機関に，個々の特許権者による許諾なく特許を利用する権限を付与することが考えられよう。規格として採択された特許については特許権者の排他的な権利行使が制限され，標準化機関が実施料の徴収を集中的に行う権限をもつような制度的枠組みを構築することが考えられる。この点については，著作権法にその先例を見ることができる[16]。集中管理機関としては，既存の標準化機関を利用できる。

著作権方式の集中管理を検討すべき理由がいくつかある。まず，標準化される特許の数が今後増えることが予想されることである。技術がますます高度化し，特許による発明の保護を重視する今日の状況をみれば，必須技術としての特許が標準化されるケースは増えることはあっても減ることはないであろう。

第2に，標準に必須とされる特許の数が増えるにつれ，非会員（第三者）

の特許が障害となる事例が増えることが予想される。アウトサイダー問題である。事前に第三者の関連特許の特定が困難であるという点は，著作物の創作時点で自動的に発生する著作権の場合と共通する問題である。

第3に，特許調査はその完全性及び貢献度におのずから限界をもつことである。現実に特許調査が費用・時間的に大きな負担を強いるものであり，調査の制度を上げるという方針だけでは問題の本質的な解決にはならないことも明らかである。[17]

(1) たとえば，1995年9月に公表された「知的財産と全米情報インフラストラクチャー」と題した報告書（いわゆる「ホワイト・ペーパー」）では，米国の NII 構築にとって技術標準の展開が重要になるとの指摘がなされている（"Intellectual Property and the National Information Infrastructure"Information Infrastructure Task Force, Sept. 1995, pp.197-200)。また，欧州連合においては，バンゲマン委員長が引きる「バンゲマン・タスク・フォース」が閣僚理事会に対し，「欧州とグローバルな情報社会―欧州理事会への提言」（"Europe and the Global Information Society-Recommendations to the European Council"）と題する報告書を1994年5月に提出した。この報告書は，欧州の標準化プロセスをスピードアップし，市場の声を反映させることを優先目標の一つとして提案している。この報告書は，1994年6月の欧州理事会サミットで承認された（Thomas Vinje"Harmonising Intellectual Property Laws in the European Union"8 EIPR 1995, p.372)。日本においては，通産省が技術の標準化の際に生じる知的財産権問題について，今後の解決に向けた具体的な方向を示した「標準をめぐる知的財産権問題への新たな指針」と題する報告書をまとめた，と報じられている（日刊工業新聞，1995年6月24日）。
(2) 名和小太郎『技術標準対知的所有権』中公新書，1990年，12頁。
(3) 経済学では「消費の外部性」または「システム規模の経済性」とも呼ばれているが，ネットワーク外部性という概念は，そもそも通信の分野で開発されたものである。（浅羽茂『競争と協力の戦略』有斐閣，1995年，7頁以下）。
(4) 従来，ほとんどの標準化機関は，特許発明を技術標準として採択する場合に，その無償開放を条件とする内規があった。この内規は「パテント・ポリシー」または「知的財産権ポリシー」と呼ばれている。
(5) 1993年1月1日現在，特許法93条にもとづく裁定実施権の運用実績は皆無である（吉藤幸朔『特許法概説（第10版）』有斐閣，1994年，456頁）。
(6) 米国の審判決例については藤野「特許と技術標準の交錯」（『公正取引』1996年10月）を参照されたい。
(7) 小林一雄「ファクシミリにおける国際標準と特許」（『画像電子学会誌』24巻1号，1995年）。
(8) 日本経済新聞（1995年7月20日）朝刊。

(9) 山田英夫『デファクト・スタンダード』(日本経済社, 1997年)。
(10) 『日経エレクトロニクス』No. 584, 115-121頁, 1993年6月21日。
(11) Business Wire, July 31, 1997.
(12) 社会領域の概念設計については, コンピュータ・プログラムについての中間領域の概念を展開している北川善太郎『技術革新と知的財産法制』(有斐閣, 1992年)に示唆を受けた。
(13) 排他権の希釈・制約という概念に近いものとして「排他権の相対化」という提案がある (白石忠志『技術と競争の法的構造』有斐閣, 1994年)。
(14) 玉井克哉「情報と財産権—シンポジウム報告」『ジュリスト』1043号, 1994年, 74頁以下 (同文献は, 近代財産法体系における情報の位置付けという文脈において,「近代財産法が, 経済社会の中で有する価値に応じて『権利』を設定するとの仕組みをとっていない」(74頁)と述べている)。
(15) この点について, ANSIの現行パテント・ポリシーは, 事前の特許確認の際に, 既存の実施許諾に関する情報「実施許諾条件や実施権者の数など」の提出を求めている。
(16) 著作権法は, 一定の場合に著作権を制限して, 著作権者に許諾を得ることなく利用できるとする権利制限規定を含む。たとえば平成5年施行の著作権法の一部改正により, デジタル方式の録音機器・記録媒体の価格に著作権者に対する補償金が上乗せされて販売されることになったが, そのための集中管理団体を指定し, その団体は個々の権利者の意思にかかわらず, すべての権利を行使できる制度が確立している (文化庁文部省著作権課「著作権法の一部改正 (私的録音・録画関係)について」『ジュリスト』1023号, 1993年, 55頁以下)。権利集中処理方式は, その他のハイテク分野でも検討・提案されている。たとえばマルチメディアの知的財産に関する「デジタル情報センター」構想やデータベースのからむ著作権を世界規模で集中管理しようという「コピーマート」構想も提案されている。
(17) しかも, 標準化の作業の過程で, 各国・業界の利害がからみ, 標準の対象をたびたび微調整することが求められる。そのため, 調査をいつ行うか, その範囲をどのように設定するかなど, 実務上の問題も多い。それにも拘わらず, 標準化機関における特許調査の充実が提言されているのが現状である (㈶知的財産研究所編『技術標準を巡る知的財産権問題に関する調査研究報告書』1905年3月, 213頁以下)。

第4章

知財法制と判例

I　職務発明法制史

1　はじめに

　2003（平成15）年の知的財産基本法の制定から10年が経過した。その間，内閣府の知的財産戦略本部が中心となり知的財産推進計画を毎年策定し，わが国における知的財産政策を推進してきた。しかし，この10年という期間は，社会情勢や経済情勢が大きく変容した時期でもあり，その計画の実施に大きな影響を与えている[1]。

　日本政府は2013（平成25）年に知的財産関連の政策を打ち出した。具体的に言えば，同年6月7日に知的財産戦略本部が「知的財産政策ビジョン」を決定し，同日に「知的財産政策に関する基本方針」を閣議決定した。これらの政策の特徴は，国家の成長戦略の柱の一つに知的財産戦略を据えた点にある[2]。

　成長戦略の重点項目の一つとして，産業競争力強化のための知財制度の基盤整備がある。その具体策は，自由民主党の知的財産戦略調査会（保岡興治会長）が中心となって検討し，いくつかの政策項目については2014（平成26）年度予算に組み込まれたものもある[3]。また，法改正が必要な施策については，平成26年度の通常国会に改正法案を提出する予定であり，その中の一つに職務発明制度の改正がある[4]。

　職務発明に関する特許法の規定は2004（平成16）年に改正されている。以降，職務発明をめぐるトラブルがメディアで取り上げられる機会は少なくなった。そのためもあって，職務発明問題は沈静化したと言われることが多い。しかし，実態は必ずしもそうではない。元従業者からの相当の対価訴訟が依然として提起されており，その多くは和解によって決着している。和解条件は外部に公開されることはないので，当然ながらメディアによる取り上げや報道も少なくなる。しかし，企業の知財担当者にとって職務発明は依然として法的リスクをはらむ問題であり，企業の知財マネジメントの観点から

懸念材料であることに変わりはない。そのため日本経済団体連合会（経団連）の知的財産部会や日本知的財産協会などの業界団体は，早急の制度見直しを求めてきた[5]。

産業界の懸念は，筆者の聞き取り調査によっても裏付けられている。筆者は，2004（平成16）年10月から2009（平成21）年9月までの6年にわたり，一部上場企業を中心とした日本企業の知財部門の管理職72名（大学TLOや公的研究所の管理職も含む）を取材し，それぞれの企業における平成16年改正法下の職務発明制度への所属企業の対応策を取材した。回答として，「法律に準拠するよう手続きを進めている」という公式見解がほとんどであったが，取材後に，オフレコを条件に，「企業の職務発明の実務は改善されておらずむしろ負荷が多くなった」との本音を聞くことも少なくなかった。企業側が本音ベースでの意見を表明しにくいところに，職務発明問題の特異性がある。それは，法律論だけでは片付けられない，労務的な側面を含んでいることの証左でもある[6]。

上述のように，政府は職務発明制度の改正を予定している。法改正の内容は今後明らかになるであろうが，改正案等を検討する上でも職務発明制度の沿革を正しく理解することは必要である。本章は，わが国で長い歴史をもつ職務発明制度がどのような理由で制定され，どのような経緯をたどって今日に至っているか，そして改正時にどのような議論が交わされたかを，特に明治期から1959（昭和34）年の法改正に至るまでの経緯を中心に検討するものである。平成16年改正法については，改正議論に関する資料も豊富であり[7]，本稿では詳細な検討の対象とはしない。

2　職務発明制度概観

(1)　職務発明法の趣旨

企業や研究所など組織内での研究開発活動は，知的創造に大きな役割をもつことは言うまでもない。そして研究開発活動を円滑に進めるためには，関連投資が積極的に行われるような安定した環境が提供されなければならない。また，研究開発に従事する従業者の発明へのインセンティブも確保されていなければならない。

そのような要請に応えるための制度が職務発明制度である。つまり，職務発明制度とは，研究開発活動の奨励，研究開発投資の増大を目指すものであり，従業者と使用者との間の利益調整を図る手段を提供することを趣旨とする。[8]

職務発明制度は，1921（大正10）年の改正特許法でその基盤が整備され，その後，昭和，平成の改正をへて現在に至っている。本章では，職務発明制度が導入される前の明治期の特許制度の特徴を概観し，職務発明制度が導入された大正10年改正法およびその後の職務発明関連規定の改正について検討する。

(2) 黎明期の特許制度

①**専売略規則**　我が国の特許制度は，1871（明治4）年の「専売略規則」に始まる。これは，発明者への「専売」を認める権限を政府に附与するものであって，発明者に権利を認めるものではなかった。専売略規則は，明治新政府が殖産興業のための制度として導入したもので，福沢諭吉の『西洋事情外編』（1868年刊行）に触発されたと考えられる[9]。しかし，世の中が明治維新後の混乱した時代でもあり，特許制度への理解は十分ではなく，運用上の問題もあって翌年にその施行が中止された。

②**特許局の設置**　1881（明治14）年に農商務省が設置され，同省の管轄下に専売特許を管轄する特許局と，商標保護を管轄する商標局が置かれた。農商務省はフランスの制度をモデルに設置されたもので設置のための規程はフランス法の関連規程を翻訳したものであった。高橋是清は文部省の中で工業所有権制度の重要性を主張していたこともあり，指名により新設された農商務省に異動となった[10]。

③**専売特許条例**　開国後10数年が経ち，富国強兵の国家目的から特許制度整備の必要性が改めて認識されるようになった。明治新政府は，近代化の実績を示す目的もあって，1885（明治18）年に「専売特許条例」を公布した。これが立法手続を経たわが国初の特許法典である。しかし，専売特許条例は，専売特許証を「下付」する権限を中央政府に認めるものであって，発明者の権利としての特許という制度趣旨ではなかった。

この法律にもとづき初代の専売特許所長として高橋是清が指名された。高橋是清は同年，欧米諸国の工業所有権関連の省庁・機関を視察し，日本は米国の特許制度をモデルとすべきであるとの確信を得て帰国した[11]。

④**特許条例**　欧米視察で得られた先進国の制度の実態を踏まえ，高橋是清は1888（明治21）年，「特許条例」を制定した。これにより，これまでフランス法を基盤としていたわが国の特許制度が米国型に改められた[12]。その代表的な変更点が，無審査制度から特許局の審査官による審査制度への変更であった。

⑤**明治32年の改正**　日本は明治32（1899）年に「工業所有権の保護に関するパリ条約」および「文学的及び美術的著作物の保護に関するベルヌ条約」に加盟した。1899（明治32）年の特許法改正は，主に，パリ条約やベルヌ条約加盟に伴う国内法整備のためのものであった。この時，先発明主義が先出願主義に変更され，特許の権利安定を担保するため異議申立制度が導入された。

明治32年改正法は，基本的に国際条約の求める法基盤を整備するためのであったが，特許条例に見られた米国型の制度的特徴は見直しされた。改正法案には条約の関連規定が生硬な翻訳文で導入されていたこともあって，法案審議では法律文としての精度が問題視された[13]。

(3) 明治42年改正法

明治初期の特許制度は，当初のフランス型からその後に米国型に変更されたこともあって，制度としての整合性と統一性に欠ける部分が少なからず見られた。それを改め，近代的な特許制度にしようとしたのが1909（明治42）年の特許法改正である。今日見られる特許制度の主な特徴が導入された。

この改正で職務上の発明についての規定が初めて条文として導入された。特許を受ける権利は，当時「発明権」と呼ばれていたが，発明権は職務を執行させる者又は使用者に属することが明文で規定された[14]。

帝国議会の議事録によれば，職務発明に関する規定を導入した理由は，職務発明をめぐる取扱について会社と発明者の間で紛争が多く，その対処のために何らかの法規定が必要となったためであった[15]。しかし，その説明は表面

的なものであろう。明治42年改正法は，日露戦争終戦から4年後に日露戦争で疲弊した経済を立て直すための政策を政府が模索していた時代に制定されたもので，当時，産業振興が喫緊の課題であった。明治政府としては職務発明の帰属を使用者にすることによって，企業における発明を奨励したいと考えたに相違ない。[16]

(4) 大正10年法

明治42年改正法は，1921（大正10）年に大きく改正された。主要な改正点は，先願主義への移行，公告制度の導入と異議申立制度の改正，拒絶理由通知に対する意見書の提出，不実施を理由とした強制実施権の設定などであった。先発明主義から先願主義への移行は，発明日の立証など実務上のトラブルが生じたことが理由であると説明されている。

職務発明に関しては，発明権の帰属が雇主から発明者に変更された。発明者は発明を受ける権利を企業に譲渡することができ，その場合，企業が相当の補償金を発明者に支払うという職務発明制度の原型が導入された。[17]

以下，本稿では大正10年改正の特許法第14条を「大正10年法」と呼ぶ。

(5) 現行法

①昭和34年法　　第二次世界大戦後，わが国は，連合国軍最高司令官総司令部（GHQ）のイニシアチブの下で，法制度全般の大幅な改正に着手した。特許法もその例外ではなかった。しかし，職務発明に関する規定については，結果として発明者主義の理念も含めほぼそのまま1959（昭和34）年の改正法に継受された。具体的には，職務発明の定義，職務発明以外の発明の予約承継の無効，使用者の取得する法定実施権，予約承継に係る発明者の補償金請求権，裁判における補償金の算定など，実質的に大正10年法の規定をそのまま継承した。

大正10年法からの変更点は主に用語の変更で，「任務発明」が「職務発明」に，「被用者」が「従業者」に変更された。その他，大正10年法では過去の職務に属する発明は職務発明に含まれないとしていたが，昭和34年の改正で発明に到る行為が従業者の「現在又は過去」の職務に属することが

要件とされた。[18]

②平成 16 年改正法　昭和 34 年法の職務発明規定は，2004（平成 16）年に改正された。これは，知的財産立国宣言に伴う知的財産への関心の高まりを背景に，職務発明対価訴訟が頻出し，それに対応するための改正であった。職務発明の会社帰属や相当の対価についての契約での事前合意など，制度の抜本的な見直しが議論されたが，最終的には昭和 34 年法の一部改正にとどまり，抜本的な制度改正とはならなかった。

この改正のポイントは，職務発明に係る「相当の対価」の決定を使用者等と従業者等の間の「自主的な取決め」にゆだねることを原則としたことである。契約，勤務規則その他の定めに基づいて対価が支払われることが不合理と認められる場合には，従来の職務発明制度同様，一定の要素を考慮して相当の対価を算定することができる。職務発明の帰属についての変更はされていない。

以下，本稿では，昭和 34 年特許法 35 条および平成 16 年特許法 35 条の両者を一括して「現行法」と呼ぶ。表 4-1 に，明治以来の主な改正特許法を列記し，その特徴点を挙げた。

表 4-1　明治以来の主な改正特許法

法律名	制定年	特徴
専売特許条例	明治18(1885)年	特許要件を明記。先発明主義，存続期間の設定
特許条例	明治21(1888)年	発明者主義，審査主義，飲食物・医薬品を除外
明治32年特許法	明治32(1899)年	パリ条約加入のための法改正
明治42年特許法	明治42(1909)年	職務発明に使用者主義を導入。国内公知主義
大正10年法	大正10(1921)年	先願主義へ移行。職務発明を発明者帰属に変更。公告・異議申立制度を導入
昭和34年法	昭和34(1959)年	職務発明制度を継続。内外国・公知公用。権利期間20年
平成16年法	平成16(2004)年	職務発明規定の修正

3 大正10年改正の背景

(1) 発明者保護

　大正10年法の改正により，職務発明の扱いについては発明者主義の原則に立ち戻り，発明者の帰属となった。政府は，帝国議会での関連法案の審理にあたり，「特許権そのものはその原則として発明した人その者の労に報いる報酬とする法律制度」であると説明した。貴族院特別委員会では「特許制度の原則に則りこれまで職務発明の帰属を雇主に認めていたものを発明者帰属に戻す」と説明されているが，使用者帰属の変更がなぜ必要となったかについては言及されていない。当時，発明者主義は世界の潮流であり，制度調和上，改正は止むを得ないという考えが一般的な理解としてあったためと考えられる[19]。

　職務発明に対する補償金については，当初の政府案では職務発明を「承継する場合に補償金を支払う」となっていたが，そのような制度では，発明が実施されても承継されなければ補償金を支払う必要がないと解釈されるので適切ではないという指摘が衆議院で出され，職務発明を実施した場合にも補償金を支払うことが確認された[20]。

　使用者側にとっても新しい職務発明制度の導入に対する抵抗は少なかったと思われる。その理由の一つに，当時の賃金支払いが出来高歩合性であったことが挙げられる。大正時代の製造現場では，仕事量を単位として支払い賃金を決定する出来高給が採用されていた。出来高払いの賃金制度の下では，固定給を原則とする今日の賃金体系とは異なり，働きのよい従業者は高給を得ることができ，従業者間に賃金差があることは普通のことであった。発明をなした者に補償金が支払われる制度が導入されたとしても，他の従業員の不平等感は少なかったであろう[21]。

(2) 発明奨励の必要性

　上述したように，大正10年法は，日本の特許制度を欧米諸国の制度と整合させるものであった。その法案準備のためには，おそらく数年の期間が必要であったと考えられる。大正10年法は1917（大正6）年に法案が提出さ

れているので，その準備作業は明治末か，遅くても大正初期に開始されていたと考えてよい。当時は，日露戦争の戦費調達のために国家歳入の5倍にものぼる膨大な借金をかかえ，国家経済の再建を目指していた時代である。発明奨励によってその一助とするという政策目的が立法目的であったと思われる。

(3) 法案の射程

大正10年法の制定に関わった清瀬一郎によれば，発明者帰属への移行の背景に発明者保護の必要性があった。清瀬は，職務発明の発明者への帰属を認め，その発明権を使用者に譲渡するという枠組みだけでは発明者を守ることはできないと考えていた。そのため，使用者と被用者との間の交渉力の違いを理由に，予約継承を無効とした（清瀬，104-105頁）。

清瀬は，この点について以下のように書いている。

> 被用者ノ発明ハ被用者ニ属シ，使用者ニ属セス。然レトモ我特許法ハ一方ニ於テ発明権ノ譲渡ヲ許スヲ以テ（特12），此原則ヲ掲クルノミニテハ立法ノ目的ヲ達セス。何トナレハ強者ノ地位ニ立ツ使用者ノ予メ被用者ト契約ヲ為シ又ハ勤務規定ニ拠リ，被用者ノ将来為スヘキ発明ハ総テ之ヲ使用者ニ譲渡スヘキコトヲ定メシムルニ至ルヘシ。斯ノ如キハ被用者ノ権利ヲ重ンスル所以ニアラス，又有益ナル発明ヲ奨励スル所以ニアラス。仍テ法律ハ使用者被用者間ニ於テハ発明権譲渡ノ予約ヲ為ノ自由ヲ制限ス。
> 　　　（清瀬『特許原理』105頁。引用にあたり，旧漢字のみ当用漢字に改めた。）

清瀬は自著の再版の序文の末尾に「技術家，発明家ハ無言ノ社会改革者ナリ。政治家，立法家ハソレニ追従スルニ過キス。」と書いており，そこからも清瀬の強い発明者保護への思いを読み取ることができる。

しかし，清瀬の発明者保護への思いが，法案審議で議論されたかどうかは不明である。少なくても，清瀬の「強者の使用者」「弱者の被用者」という職務発明制度の基盤となった観念については，帝国議会での法案審議で一切

言及されておらず議論もされていない。また，特許庁によれば，大正10年法の制定後に被用者からの補償金請求の事例も無い。

このことから，立法者は，強者の使用者から弱者の被用者を守るという法の趣旨を意図していたとは考え難い。

(4) 社会的状況
①軍事技術の開発　　20世紀は列強による植民地獲得競争の時代であった。ドイツはオーストリア，イタリアと三国同盟を組み，クリミヤ半島を経てアジアへの侵攻を強めていた。それに対してイギリス，フランス，ロシアは三国協商を組み，ドイツの南下を阻止しようとした。両陣営の関心はバルカン半島に集中した。

そのような時に，オーストリアの皇太子がサラエボ訪問中にセルビア青年により暗殺されるという事件が勃発した。いわゆる「サラエボ事件」である。これを契機にオーストリアがセルビアに宣戦布告し，それが引き金となって三国同盟と三国協商の両陣営が全面的な戦争に突入した。第一次世界大戦の勃発である。4年余にわたる戦争の死者は一千万人に上った。

当時，銃砲に使用する火薬の製造には窒素酸化物である天然硝石が必要であった。しかし天然硝石の産地はイギリスの南方植民地に限られており，これがイギリスに軍事上の優位性をもたらしていた。このイギリスの優位性を脅かしたのが，ドイツで発明されたアンモニアの合成技術であった。ドイツ人化学者のフリッツ・ハーバー（Fritz Haber）とカール・ボッシュ（Carl Bosch）が大気中の窒素を固定して硝酸を作る技術を発明し，この発明によりドイツは一躍軍事強国となった。戦争に使用する火薬の原料となる窒素化合物の全てを国内調達できるようになったからである。第一次世界大戦では，一つの戦場での火薬の使用量が日露戦争で日本軍が使用した火薬の総量と同じであったといわれているが，それを可能にしたのはドイツ人化学者が発明したアンモニアの合成技術であった。[22]

日本にとっては第一次世界戦争がもたらした恩恵は極めて大きかった。ドイツ人の所有する日本特許を戦時中に強制的に収用できたため，収用特許の実施権が民間企業に許諾された。その中に火薬製造に必須のアンモニア合成

技術に関する特許も含まれていた。また，戦時景気により，造船，繊維工業も著しい発展をとげた。

ドイツ人特許の戦時収用によって基幹技術に関する特許の実施権は得られたが，その技術を使用して実際に製品を生み出すための基盤技術や周辺技術は，当時の日本では依然として貧弱であった。アンモニア合成を例にとれば，高温高圧に耐えられる反応炉の入手が困難で，結局，大戦後にドイツから関連技術を導入せざるを得なかった。火薬に限らずあらゆる技術分野において，当時の政府・産業界は自主開発の必要性を痛感していた。

②**軍部の台頭**　明治時代から続いた藩閥政治は大正時代に入り後退し，政党政治の担い手として政友会が表舞台に登場した。1918（大正7）年に原敬を首班とする政友会政権が誕生し，1920（大正9）年の普通選挙で政友会が圧勝した。これで大正デモクラシーの気運が高まったという[23]。

1921（大正10）年，職務発明制度を含む特許法の抜本的な改正案が原内閣により帝国議会に提出された。記録からは確認できないが，高橋是清が法改正に何らかの形で関与したことは想像に難くない。高橋は当時，大蔵大臣として国家財政を立て直さなければならなかった。特許法改正により発明を奨励し，産業基盤を底上げし，輸出競争力を引き上げることで財政基盤の立て直しに繋げたいと考えても何ら不自然ではない。

当時，軍部とくに陸軍の発言力は強く，軍部が反対する法案の成立は難しかった[24]。もし大正10年法の趣旨が発明者保護を超え，労働者の人権擁護にも繋がると軍部が危惧したならば，該当条文のみならず，特許法全体の改正にも影響が及ぶおそれがあったろう。政府としては，議会対策上，職務発明の帰属はあくまでも法律的な整合性をもたせるためという原則論を掲げ，発明者への補償金により軍事技術の開発に貢献するという趣旨を強調したであろう。前述したように，当時にあっては発明奨励の補償金は，出来高歩合制を基調とした労働者の賃金体系の中で何ら違和感はなく，軍部としても特に反対すべき理由はないと考えたのであろう[25]。

大正10年法が貴族院を通過した同年11月，首相の原敬が暗殺された。高橋是清蔵相が内閣を引き継いだが，政友会の内紛，閣内不統一，そして経済不況を背景に台頭する軍部の圧力などにより高橋内閣は7カ月後に総辞

職した。そしてその2年後の1923（大正12）年に関東大震災が勃発し，日本の財政事情は危機的状況に陥った。労働争議や社会主義運動を鎮圧するための最初の治安維持法が制定されたのもこの時期である。民衆の不満をそらすべく，軍部は国外展開の必要性を主張し，その後大陸への侵攻へと舵をとることになる。

　大正10年法の背景に「大正デモクラシー」の潮流があり，被用者の権利が考慮されたとする指摘がある。(26) 確かに，大正デモクラシーは，選挙制度や文学の世界に顕著であった。しかし，製造現場にまでその大正デモクラシーが浸透していたと考えることは難しい。政府は，特許法の改正で技術開発を促進し，国家財政の改善につなげたいと考えたのであり，それ以上の意図，つまり使用者の保護や人権の保護という考えは無かったと思われる。

4　昭和34年法への継受

(1)　条文改正の経緯

　太平洋戦争の終結後，新憲法の発布や裁判制度の改正にともない，わが国の法規類の抜本的な整備と見直しが行われた。特許法もその例外ではなかった。

　特許庁は1947（昭和22）年，工業所有権制度改正のための素案（「特許法等の一部を改正する法律」（昭22.6.27））を発表し，制度改正の枠組みを提示した。これは主として戦後の混乱に伴う貨幣価値の大幅な変動に対する法規の改正を目的としたものであり，この改正素案には職務発明制度は含まれていなかった。その後，1948（昭和23）年に特許法改正案（「特許法等の一部を改正する法律」（昭23.5.17））が提出されたが，そこにも職務発明関連の改正は含まれなかった。

　特許庁は1951（昭和26）年，戦後の新通貨制度導入に伴い関連料金を引き上げるための改正法案（「特許法の一部を改正する法律案」）を提案した。同法案に関連して特許庁はさらに「発明の奨励活用による産業の振興対策について」という国会対策用文書を作成し，その中で優秀発明に対する表彰や奨励のための振興策の必要性を指摘した。しかし，それらはあくまでも産業振興策としての方針を示したものであって，職務発明制度の改正を意図したも

のではなかった。当時，特許庁は，戦後の特許法の抜本的改正の作業の渦中にあり，職務発明制度については特にその緊急性を認めていなかった。

しかしながら，特許庁の意向とは無関係に，職務発明制度改正の動きは突然に起こった。国家公務員による職務発明に対して，大正10年法の趣旨である「正当な補償金」支払いの制度利用が十分でないという理由から，補償金の具体的な料率と特許付与時の登録料を関連規程に明記するよう求める要請が当時の科学行政協議会から出されたからである。また，内閣の人事院も，公務員関連予算の策定上，補償金支払いの立法化が好ましいという意向を特許庁に伝えた。つまり，「公務員の保護」という政策目的から職務発明制度の問題が急浮上したのである。

これに対して特許庁は1952（昭和27）年に論点整理のための文書を発表した。そこで，公務員対策として，①改正は成文法によるか判例法によるか，あるいは慣習法によるか。②成文法によるならばそれは労働法規か特許法かまたは特別法によるのか。③成文法によるならばそれはどのような方針にもとづくのか—のいずれを採るのかという問題を提起した。[27]

最終的に特許庁は，特許法の中に被用者保護のための規定を入れる方針を決定し，法案審議もこの方針に沿って展開された。

(2) 改正項目の内容

昭和34年特許法は日本の特許制度に抜本的な改正をもたらす大改正であり，重要な改正項目が目白押しであった。急浮上した職務発明規定を含む改正法案は，工業所有権制度改正調査審議会特許部会（以下「審議会特許部会」という）が審議した。審議会特許部会は，特許法の他に実用新案法と意匠法を担当し，昭和25年から10年をかけて，のべ148回の会合で改正法案を検討した。

①当初の議論　審議会特許部会の第1回会合は1950（昭和25）年12月に開かれた。最初に議論されたのが公務員の職務発明に対する補償金引き上げ問題であった。この問題は，前述のように，当時の科学行政協議会から特許庁長官に要綱案という形で提起された。[28] 公務員関連予算案の作成に必要であるとの理由から早期の立法化が求められたこともあり，第1回会合で

早速その扱いについての議論が行われた。議論の中で，たとえ法改正が公務員対策であっても，それは民間企業にも大きな影響をもたらすことになるので，大正10年法をしかるべく改定しておく必要があるとの意見も出された。

第2回会合（昭25.12）では科学行政協議会の要綱案に示された公務員の勤務発明に対する補償金の具体的な数値を法文に明記することの是非が議論された。特許庁は審議会特許部会向けの配布資料の中で，「（大正10年法）第14条は私人間の契約の内容に法が干渉しているのであるから，性質上，明らかに労働法であり，従って労働法（たとえば基準法）中に置くべきではないか」との見解を示した。これに対して審議会特許部会の委員長代理は，この問題をあまり拡げずに収束したいという意向を示して議論の取りまとめを急いだ。

第5回会合（昭26.2）で，経済団体連合会（経団連）を代表する委員が補償金についての規定を入れることに難色を示した。しかし，結局のところ，補償金の料率に弾力性をもたせること，国の予算で行うことという条件付で審議を進めることに合意した。

第6回会合（昭26.2）では，国家公務員だけを対象にした法規にして，その後に民間に適用することを明確にした方がよいとの意見も出された。

②**集中審理**　職務発明規定について，特許庁は1952（昭和27）年3月26日，法改正の方向性に関する問題点として以下の4点を上げた。

1) 大正14年法を削除し，勤務発明は労使間の契約に任せること，
2) 勤務発明は使用者と被用者の共用とすること，
3) 出願後の権利を双方合意の条件で（使用者に）譲渡すること，
4) 一定の条件で会社所有を認め発明者に補償金を支払うこと。

提起された事項について，審議会特許部会は，第52回会合（昭27.6）から第67回会合（昭28.5）にかけて集中的な審理をおこなった。最初の検討項目が公務員の勤務発明である。それぞれの会合に関係者が参考人として出席し，第52回から第57回まで計8回，勤務発明の扱いについての議論を重ねた。たとえば第52回会合では，工業技術庁の基準監督官が参考人として呼ばれ，同庁の勤務発明規程を説明した。記録によれば，参考人は「勤務

発明の問題は…自由契約に放任しておくと被使用者側は弱い立場に立つから，特に保証の問題を中心にして，改正の際十分考えていただきたい」と発言している[33]。この会合では職務発明の帰属問題は取り上げられなかった。

審議会特許部会は昭和29（1954）年，これまでの議論をとりまとめて「勤務発明に関する改正試案」を作成した。改正試案の中で，①登録補償金②実施補償金③転売（＝ライセンス）補償金の支払い，とすることが具体的に盛り込まれていた。この改正試案を協議する第95回の審議会特許部会（昭和29年3月）において，ドイツ議会を通過したばかりの職務発明法が海外情報として報告された。

職務発明問題は，その後も審議会特許部会で断続的に取り上げられた。たとえば，「労働法との交錯領域であるから根本問題として特許法に規定すべきか否かを考えなければならない」（第98回会合，昭29.5）という原則論が主張された。

審議会特許部会の議論の中で，従業者の相当の対価請求権を認めることについても慎重論があった。たとえば，「何度でも請求できるということになると，使用者をゆするようなことが起こらないか」（第132回会合，昭31.3），さらには「追加補償を法的制度として認めるのが妥当かについては審議会では積極説が多くて答申案のように決定したのだが，両当事者が補償金額に納得した後で追加払いを求めるのは法律制度として全く異例であるから，もう一度詳しく審議して欲しい」（第146回会合，昭31.8）などの発言が議事録に残されている。10年間に及ぶ特許部会の議論は，結局のところ，大正10年法を継承する形で幕引きとなった[34]。

特許庁は，このような審議会特許部会の審議を『百年史』の中で，「（特許部会の議論は）主として公務員の勤務発明に集中し，職務発明制度全般の検討は今後に残された」と総括している[35]。また，『議会答申書』の中で，「職務発明の問題は審議会において最も論議のあった事項である。一番最初に取り上げられ，最後になってようやく結論をみたほどの難問である」としている[36]。

(3) 公務員対策

大正10年法が昭和34年法に継受された経緯を詳細にみると，いくつか

の事柄が明らかになる。一つは，審議会特許部会の検討が最終局面になってもまとまらず，特許庁としてはとりあえず実質的な修正はせずに後日問題が起こったときに然るべく対処をすればよいと考えていたことである。当時，特許制度の抜本的改革のための重要改正項目が目白押しであったことを考えれば，当然の判断であったと言えよう。幸か不幸か，職務発明をめぐる紛争は21世紀になるまで多発することはなかった。[37]

もう一つは，昭和34年法の制定にあたって，立法関係者の間では，職務発明規定の改正は当面の公務員対策という意識が共有されていたことである。法律としての職務発明規定は公務員だけではなく民間企業の従業者にも適用されることから，審議会特許部会では，補償金額の数値導入のみならず追加請求権に対しても反対意見や慎重論が出され，最終的には大正10年法に若干の字句の変更を加えて昭和34年法が成立した。

このような経緯をみると，法改正後も長年の間，改正法に使用された「対価」ではなく，大正10年法の「補償金」という用語が，私企業の文書のみならず特許庁の公文書においても使用され続けた理由が説明できる。つまり，法改正は，あくまでも公務員による職務発明への対応であって，公務員に対する保護は「補償金」により行うという潜在的な意識があったのであろう。[38]

以上をまとめるならば，60年前に当時の特許法権威者が10年の歳月をかけて議論した昭和34年法の内容は，程度の差こそあれ近年の職務発明事件で裁判所や企業が議論している内容に近いことがわかる。太平洋戦争直後の混乱期やその後の復興期における議論と同じような議論を，技術・経済の大国となり国際競争力が求められている今日において繰り返さなければならないとすれば，それは大きな社会的資源の浪費と言っても過言ではない。[39]

5　おわりに

以上，職務発明制度の歴史を概観した。しかし，必ずしも史実の裏づけがとれない事項がある。たとえば，なぜ職務発明の使用者帰属が明治42年法に導入されたのか，なぜそれが大正10年法で発明者帰属に変更されたのか，そして大正10年法は労働法規としての立法趣旨であったのか，などの疑問については必ずしも明らかではない。そこで，これらの点について，筆者の

考えを述べて本稿のまとめとしたい。

(1) 明治 42 年法の使用者帰属

　明治 42 年法に使用者帰属が導入された理由は，先進国の制度との制度調和のためと説明されている。明治 42 年法制定時の高橋是清の役職は日本銀行副総裁であり，日露戦争後の日本の金融政策を担う立場であって，表面的には特許行政に関わる立場ではない。

　しかし，特許制度樹立に大きな貢献をした高橋の影響力を考えれば，彼の意向に反した制度改正はできなかったであろう。法改正の内容について高橋に事前に報告し，彼の了解を得ていたと考えるのが自然である。もしそうであったとすれば，米国法の原理と異なる使用者帰属の導入をなぜ高橋は了解したのであろうか。

　明治 42 年法は日露戦争終結の 4 年後に制定されている。その法案準備は戦中か遅くても戦後間もなく開始されたと推測される。日露戦争で戦勝国となったとは言え，国家経済は破綻寸前まで疲弊しており，その立て直しのためには殖産興業が喫緊の課題であった。高橋是清はその牽引役として工業所有権制度に期待したと思われる。当時，使用者帰属にするか発明者帰属にするかは基本的に属地主義に属する問題であるとされており（清瀬，105 頁），産業振興の観点では使用者帰属の方が効果的であると高橋が考えたとしても何ら不自然でない。

　因みに日露戦争の戦費調達のために発行された戦時公債は約 13 億円であった。これは戦争直前（1903 年）の国家収入である一般会計歳入（2.3 億円）の 5 倍にのぼる巨額の借金である。これを今日の日本の財政状況と比較すると興味深い。平成 26 年度のわが国一般会計歳入は 96 兆円であるのに対し，国債による借金は 1000 兆円を超える。国家収入の 10 倍を超える借金を抱え，現在，わが国の政府は知的財産政策を強化して産業振興につなげようとしている。まさに「歴史は繰り返す」のである。

(2) 大正 10 年法の発明者帰属

　明治 42 年法への使用者帰属の導入が時代の要請であったとすれば，なぜ

それが大正10年法で発明者帰属に変更されなければならなかったのであろうか。

　日本は，日露戦争の勝利により，新興国の一員として外交的には欧米諸国と肩を並べる立場となった。当然，外交交渉の場で欧米の列強との制度調和が求められることになる。特許制度もその例外ではない。発明者帰属が先進国の潮流である以上，日本が使用者帰属を継続することは，難題山積の外交問題を処理する上で不都合であったと思われる。帝国議会でも，大正10年法の目的は国際的制度との調和であり，発明奨励のための制度改正であると説明されている。明治期の特許法改正の歴史を見れば，この法案説明には合理性がある。[41]

　この点について，清瀬は興味深い記述を残している。清瀬は自著の中で「原案ノ修正ヲ見タル点二三ニシテ止ラサリキ」と書いている。この記載から，当初の法案からかなり修正が加えられた上で制定されたことが判る。[42]改正が各国との制度調和のためのものであれば，それほど修正されることはなかったはずである。修正の対象は当然に先進的な規定に集中したであろう。当然ながら，清瀬が発明者保護を意図した職務発明規定はその一つであったであろう。

　清瀬は，自然法に基づく所有権説やコーラー教授（Allan Kohler）の無体財産権説[43]を踏まえ，それらの原理や学説を展開した制度設計を考えていたことを自著の序言で明らかにしている。[44]そのような思想に基づく職務発明規定は，進歩的過ぎるとして法案審議の過程で修正された可能がある。彼の先進的な思想は当時にあっては労働運動につながる危険思想と看做されかねないもので，結局，法律として実現できなかったという推測も可能であろう。

(3)　大正10年法の労働法規性

　上述のように，大正10年法の立法過程で労働法規としての趣旨は議論されていない。帝国議会は法改正の目的を，国際的な制度調和と産業振興への貢献としている。法解釈にあたって，条文の解釈と立法者の意図を考慮するならば，大正10年法に労働者法規的な意義を読み取ることは難しいと思われる。

この点については，1911（明治44）年に制定された「工場法」が傍証となる。工場法は，今日の労働基準法に相当するものであるが，その内容は職工の就業制限と業務上の傷病死亡に対する扶助制度であった。大企業を主な対象とするもので，小規模工場は適用対象外であった。また，就業制限にしても年少者と女子労働者に限定されており，最低限の弱者保護のための法律であった。労働者保護の目的として不完全な法律であったが，それでも制定に30年近い年月を要し，しかも法制定後さらに5年経過後にようやく公布されている。労働法規の中核をなす工場法でさえこのような状況であったということは，当時の日本には，労働者保護の観念はまだ未成熟であったことの何よりの証左である

労働法規性の根拠として大正デモクラシーがあげられる。しかし，当時の製造現場では，大正デモクラシーは，後世の評価ほど労働者保護に貢献していなかった。大正10年法制定の前年の1920（大正9）年2月，官営八幡製鉄所の大罷業（ストライキ）が起こっている。これは劣悪な労働条件を大幅に改善した労働争議として歴史上名高いが，実際には，公安当局や憲兵による労働運動の締め付けが厳しく行われ，組合幹部の不当拘束が露骨になされていた。原敬首相はストライキに対し冷淡であり，「強硬の方針を取（れ）」と関係者に指示していたことが彼自身の日記に見える。原が表立って争議への介入をしなかったのは，たまたま衆議院の解散に伴う選挙が目前に控えていたためであった。[45]

大正10年法に敢えて労働法規性を読み込まず，純粋に軍事技術の開発，殖産興業の促進，そして経済復興という社会の要請に応えるためにとられた立法措置であると考えれば，軍部であっても特に反対する理由は無かった。当時の政府は国家財政破綻の危機に直面しており，その目的に資するための施策が求められていたし，軍部は軍備強化のための技術開発が喫緊の課題であった。財政緊縮を急ぐ政府と軍備拡張を急ぐ軍部は鋭く対立していたが，技術開発や殖産興業を促す特許法の改正には反対する理由はなかったのである。

最後に，以上の考察は，現在検討されている職務発明規定の改正にどのような示唆を与えるのであろうか。現行法の職務発明規定は労働法規であるこ

とは学説および判例で確立しており，それについて議論の余地はない。労働法規としての解釈が確立し，労働環境が近代化した今日では，職務発明規定を改変するとしてもその根底にある労働者保護の必要性は不変である。したがって，産業振興という時代の要請に応えるための改正はどうあるべきかという点に議論を集中すべきであろう。

(1) 最も大きな影響を与えたのが2008年の「リーマンショック」である。この影響で中国を除く世界の主要国の特許出願件数が大きく減少した。日本の国内出願件数はそれ以降，漸減傾向にあることはよく知られている。
(2) 「知的財産政策ビジョン」は，日本再興戦略の一環として今後10年程度を展望した長期戦略で，「世界最高水準の知財立国を実現すること」（知的財産戦略推進事務局，平成25年11月21日付資料による）を目標とする。その骨子は，「産業競争力強化のためのグローバル知財システムの構築」，「中小・ベンチャー企業の知財マネジメント強化支援」，「デジタル・ネットワーク社会に対応した環境整備」，「コンテンツを中心としたソフトパワーの強化」などである。
(3) たとえば，任期付審査官等の拡充・増員や特許庁情報システムの整備のための予算が既に認められている。
(4) 自民党・知的財産戦略調査会・産業活性化小委員会「7の提言」2014年5月27日。
(5) たとえば，企業知財部門の業界団体である「日本知的財産協会」（会員企業1244社）は，「成長を加速するイノベーションのための職務発明制度のあるべき姿」と題する提案書を，2013年4月26日付で内閣府及び関係府庁に提出している（同協会ホームページ）。
(6) 取材内容は記事化され，2004年10月から2009年9月まで「わが社の知財戦略―キーパーソンに聞く」と題して民間企業の広報誌に掲載した。取材項目は，①「各社の知財戦略」，②「新興国への対応」，③「知財人材教育」，④「改正職務発明制度への対応」など。職務発明についての質問に何らかの見解を示した企業は43社であったが，発言内容が活字化され公表されるということもあって多くの回答者は公式見解の表明に終始し，踏み込んだ意見表明は少なかった。
(7) たとえば，田村善之・山本敬三編『職務発明』有斐閣，2004年；永野周志『職務発明の理論と実務』ぎょうせい，2006年；田村善之『特許法の理論』有斐閣，2009年など。
(8) この点について，中山は「発明は発明者の財産であるという原則の下に，発明者と発明者に給与その他の資金的援助をなした者の間の利益を調整するための規定でもある。」とし，さらに，「どの点で調整をとることが最も望ましいか，…それはあくまでも使用者と従業者との間の衡平の理念に基づいたものでなければならない。」（中山信弘編著『注解特許法（第二版）上巻』青林書院，1989年，290頁）と述べている。

⑼　福沢諭吉は，1860（万延元）年に江戸幕府の命令で渡米し，1862（文久2）年にヨーロッパに渡った。その見聞をまとめたのが『西洋事情初編』で，1866（慶応2）年に刊行された。翌1867（慶応3）年に再度渡米し，その見聞をまとめて1868（明治元）年に『西洋事情外編』（3冊）を発行した。その内容は，政治経済，科学技術，教育制度など社会全般にわたり，個別に紹介したものであり，明治新政府に大きな影響を与えた。ちなみに，福沢は「発明の免許」（パテント）制度について，次のように説明している。「この法の趣意は，世の士君子，新規有用のものを発明して之を秘することなく，世上一般の裨益を為んが故に，世人も亦報恩の為めに暫時の間，発明の利潤を独りその発明者に付与して専売の権を執らしむる所以のものなれば，恰も世上一般の人と発明家と約条を結ぶが如し。（中略）畢竟政府の目的とする所は，世間一般の為めを謀りて，発明家に専売の大利を許し，人心を鼓舞して世に有益の発明多からしめんとするに在り。」

⑽　高橋是清は，少年の時に英国人商人宅での丁稚奉公，ヘボン塾での英語学習，米国への留学を通して語学を学んだ。その後，文部省に入り，御用学者として招へいされていた米国人の通訳兼秘書として官僚のスタート切った。その米国人からの薫陶を受けて，次第に工業所有権保護の重要性を理解するようになった。彼の担当した最初の知財問題が，ヘボン博士の辞書の版権（著作権）問題であったという。

⑾　高橋是清遺稿集「明治四十一年発明協会に於ける講演『我国特許制度の起因』」（遺稿集第4巻29），4-5頁（http://www.iip.or.jp/chizaishi/korekiyo_ikosyu.html）

⑿　明治21年の特許条例によれば，特許を受けることのできる発明は「新規有益ナル工術，機械，製造品及合成物ヲ発明シ又ハ工術，機械，製造品及合成物ノ新規，有益ナル改良ヲ発明シタルモノハ此条例ニ拠リ特許ヲ受クルコトヲ得」と定義された。これは当時の米国特許法（1836年法）の規定「新規で有用なプロセス，機械，生産品もしくは組成物またはそれらの新規で有用な改良を発明または発見した者はだれでも，本法に定める条件及び要件にしたがって特許を取得することができる。」とほぼ同一の規定である。

⒀　改正法案を審議した帝国議会貴族院特別委員会で，「…此法律ハ条約改正ニモ関係ヲ有シテ居ルト云ウコトデゴザイマスカラ成ルベク改正ト云フコトハ原案ニ付イテ差支ナイ箇条ハ運ビタイ考デ孰慮致シマシタガ何分幾ラカ修正ヲ加ヘナケレバ甚精神ニ於テハ変ハラヌケレドモ少シク解シカネル様ノ文章ガ多々アル様ニ考ヘマス…」との指摘が見える。（第13回帝国議会貴族院特許法案外一件特別委員会速記録第一号，1頁下段）

⒁　明治42年特許法第3条の規定は，「職務上又ハ契約上為シタル発明ニ付特許ヲ受クルノ権利ハ勤務規定又ハ契約ニ別段ノ定アル場合ヲ除クノ外其ノ職務ヲ執行セシムル者又ハ使用者ニ属ス　（以下引用省略）」であった。

⒂　帝国議会貴族院特別委員会で政府委員（中松盛雄）は，職務発明制度導入の理由を以下のように説明した。「…現行特許法（明治32年特許法／筆者注）ニ拠リマスト，会社ト職工トノ間ノ発明ニ付イテ多ク争ガ起コルコトガアリマス，或ハ官庁ト官吏トノ間ニ於テモ争ノ起ルコトガアリマス，（中略）ソレ故ニ今度ノ改正

法ニ於キマシテハ、仮令此発明者デアッテモ、ソレガ契約上若クハ勤務規定ニ依ッテ当然為スベキ所ノ発明ヲナシタモノデアルナラバ、其発明ハ官庁若クハ雇ウテ居ル所ノ会社ニ属スルコトニ規定シマシタ，…」（第二十五回帝国議会貴族院特許法改正法律案外四件特別委員会議事速記録第一号，2頁下段）

(16) 日露戦争の戦費調達のために1904年と1905年の2年間に約13億円に及ぶ戦時公債が発行されている。日露戦争直前（1903年）の一般会計歳入が2.6億円であったので，戦争で国家歳入の5倍もの借金を抱えたことになる。公債の引受人は英米の銀行家・事業家であり，当時日本銀行副総裁であった高橋是清が折衝を担当した（参照，板谷敏彦『日露戦争，資金調達の戦い—高橋是清と欧米バンカーたち』新潮選書，2012年）。

(17) 大正10年法第14条の規定は以下のとおり。「被用者，法人ノ役員又ハ公務員ハ前項ノ発明ニ付テノ発明ヲ受クルノ権利又ハ特許権ヲ予メ定メタル契約又ハ勤務規定ニ依リ，使用者，法人又ハ職務ヲ執行セシムル者ヲシテ承継セシメタル場合ニ於イテ相当ノ補償金ヲ受クルノ権利ヲ有ス」（第3項），「使用者，法人又ハ職務ヲ執行セシムル者ニ於イテ既ニ支払イタル報酬アルトキハ裁判所ハ前項ノ補償金ヲ定メルニ付之ヲ斟酌スルコヲ得」（第4項）

(18) 中山信弘編著『注解・特許法（第二版）上巻』青林書院，1989年，291頁

(19) 大正10年の法案審議のための特別委員会で，政府委員は「発明ト云フモノハ何所マデモ発明シタ人，技師ナリ職工ナリ其人ノ権利ニ属スルモノデアル，其人ガ特許権者デアルト云フ原則ノ下ニ此度ノ法律ハ編ンデゴザイマス，…（中略）…大体特許権其モノハ其原則トシテ発明シタ人其者ノ労ニ酬ユル報酬トスルノ法律制度ト致シマシテゴザイマス，…」と原則論で説明している。（第44回帝国議会貴族院特許法改正法律案外四件特別委員会議事速記録第一号，1頁下段）。この点について，瀧野の示唆は有益である。瀧野は以下のように分析している。「使用人発明の問題は，その起源からして，産業構造と密接な関連をもっているのである。従って産業の未発達の国では使用人発明は問題にならず，かかる問題に対する法規制もまた有しないのであるが，少なくても産業の発達した国では何らかの形において法規制を有するのである。」（瀧野文三『使用人発明権論』中央大学出版部，1966年，197頁）。

(20) 清瀬，54頁

(21) 本項の視点（当時の労働者の賃金体系）については，光田賢「職務発明制度の発明奨励インセンティブに関する一考察」（『日本大学知財ジャーナル』2011年）から示唆を受けた。

(22) この合成方法は基本発明で，ハーバーとボッシュにより発明・実用化されたため「ハーバー・ボッシュ法」（Haber–Bosch Process，またはHaber Process）と呼ばれている。

(23) 南部藩出身の原敬は，藩閥外から首相に上りつめたため，後世平民宰相と呼ばれている。伊藤博文（長州出身）が重用した陸奥宗光に登用されて首相の座に上りつめた，伊藤博文系譜の政治家である。基本的に原は保守的な政治家であって，その実像は，三好徹『大正ロマンの真実』原書房，2014年に詳しい。

第 4 章　知財法制と判例　183

⑷　高橋是清は国内経済の再建のため財政緊縮を訴え，軍拡を主張する軍部と鋭く対立していた。そのためもあって軍部は，高橋是清を「君側の奸」と呼びその存在を煙たがった。そして 2.26 事件で青年将校等により暗殺された。

⑸　軍拡に傾斜する当時の社会状況は，大正 7（1918）年の「軍需工業動員法」を例示すれば足りよう。この法律により，戦時に民間工場を軍需用に転換できるようになり，これが昭和期の国家総動員体制の基盤となった。軍需工業動員法成立のきっかけは，第一次世界大戦が欧州列強の総力戦であったことを日本陸軍が知り，国力の基礎となる産業力の強化と国民に戦争に協力させる態勢作りが急務であると認識したためであった。

⑹　中山（1989）は「…大正中期になるとわが国の産業も一応の発展を遂げ，技術の重要性も増し，かつ大正デモクラシーの影響もあり，被用者の権利も認識されつつあった，という時代背景をもとに立法化されたものと思われる。」（前掲注 18 参照）と分析している。また，朝日新聞の 2013 年 6 月 7 日付朝刊の一面記事「特許権，会社に移行へ──『知財戦略』に検討明記──」の中で，「従業員が発明した特許権はもともと企業に属していたが，大正デモクラシーで労働者保護の動きが強まり，1921 年の特許法改正で従業員への帰属が決まった。（以下略）」と解説している。このように現在では「大正デモクラシー説」は学説のみならず，メディア報道でも定着している。

⑺　特許庁奨励課「被用者発明に関する問題点」（昭和 27 年 10 月 13 日）

⑻　科学行政協議会から提出された要綱案には，国家公務員の職務発明の補償金を 5-30% とし特許が登録されたときの登録料を 1 件 1000 円とするという案が盛られていた。

⑼　政府側の委員から「全般的問題をやっている時に個々の緊急の問題を検討するのはどうかという根本的問題もあるが，公務員の勤務発明について科学行政協議会事務局長より特許庁長官宛に提起して来たものを参考までに出した。」との説明がなされた。（「工業所有権制度改正審議会特許部会議事録（第 1 読会）12 頁」

⑽　「これが決まると民間にも影響を及ぼすので民間の会社側も重大な関心を持っている。会社で従来勤務発明に対して出している金額もかなり多い。」「（大正法）第 14 条が行過ぎた規定であって，将来労働者の自覚が進んでこの規定にもとづく権利を主張しても経営に支障がないように今の内に 14 条を改訂しておく必要があるのではないか？」（同上特許部会議事録，上掲注 29 参照）

⑾　「特許法の改正に於て問題となるべき事項（参考）」─．イ．4（昭和 25 年 12 月 14 日）

⑿　特許庁審議室「特許法の実体規定改正に関して問題となるべき事項」（昭和 26 年 9 月）

⒀　出典「荒玉文庫 508」工業所有権制度改正審議会特許部会議事録（第二部会）078 頁

⒁　当時の工業所有権制度改正審議会特許部会の審議録は『荒玉義人文庫』に収載されている。本稿の審議会特許部会の議論内容は，すべて『荒玉義人文庫』からの引用である。

⑶⁵　特許庁『工業所有権制度百年史下巻』254頁．
⑶⁶　特許庁『工業所有権制度改正審議会答申説明書』発明協会，1957年，20頁．
⑶⁷　厳密に言えば，現行法解釈を争点とした裁判は昭和34年以降も断続的に提起されている（たとえば昭和34年7月14日東京地裁太平製紙解雇事件第一審判決）．職務発明問題が知財実務家の関心を集めるきっかけとなったのは平成15年4月22日オリンパス事件最高裁判決であり，それが一般の関心を得るようになったのは日亜化学工業事件東京地裁判決（平成16年1月30日）である．
⑶⁸　竹田和彦（2002）は「法律で『補償金』を『対価』と改めたにもかかわらず，長い間，官民ともに『補償金』に固執してきたのはなぜなのだろうかと問うている．そして，対価とは端的に言えば取引における『値段』である．企業も官も，特許を受ける権利にドライに値段をつけることをためらう気持ちが働いて，多少恩恵的なニュアンスのある『補償』や『報奨』を使い続けたのであろう．企業も官も，『対価』の問題と正面から対決する姿勢を避けてきたのであると指摘する（『特許はだれのものか』ダイヤモンド社，2002年，43頁）．
⑶⁹　平成25年11月21日付の内閣官房知的財産戦略推進事務局の資料によれば，職務発明制度のあり方について，「職務発明制度に関する調査研究委員会」を設け，月2回程度，全15回程度の開催を予定している．委員会では，内外の職務発明制度の運用実態を調査するとともに，産業界・労働界の代表者や学識経験者により，職務発明制度のあり方について，多面的な検討を行うとしている．（調査結果は，「平成25年度特許庁産業財産権制度問題調査研究報告書」として平成26年2月に公表された．）また，科学技術政策担当大臣の主催で「イノベーション推進のための知財政策に関する検討ワーキンググループ」を開催し，職務発明制度のあり方について有識者より意見を聴取してとりまとめる．さらにアンケート調査やヒアリング調査を行い，それらをまとめて2014年早々に報告書をまとめる．その後に開催される審議会で，職務発明制度の改正についての結論を得る予定である，とされている．
⑷⁰　日露戦争遂行のために，日本は6回の戦時公債を発行してこの巨費を調達した．そのために高橋是清は，ロンドンとニューヨークを根拠に自らの人脈を駆使して獅子奮迅のはたらきをした（参照，板谷敏彦『日露戦争，資金調達の戦い―高橋是清と欧米バンカーたち』新潮選書，2012年）．
⑷¹　高橋是清は自伝の中で「…将来非常の大発明に向いては，只に特権を与えて専占せしむるのみならず，社会に功益を与うるの故を以って永くその名誉を朽ちさらしめんがために一種の賞牌を授与して，これが創意者を特持すること蓋し必要なるべきなり．」述べている（出典：高橋是清遺稿集「特許局将来の方針に関する意見の大要」14頁，http://www.iip.or.jp/chizaishi/korekiyo_ikosyu.html）．
⑷²　清瀬は自著の序文で「今春我特許立法ニ一大改革ヲ加ヘラルルニ當リ，不肖偶々選ハレテ議政府ニ在リ，又特ニ該案ノ特別委員ニ選定セラレ斯法議定ノ重責ヲ負ヘリ．幸ニ不肖ノ素論カ議会ノ容ルル所ト爲リ，原案ノ修正ヲ見タル点二三ニシテ止ラサリキ．茲ニ於テ不肖カ特許制度ニ對スル態度ヲ表明シ世ノ参考ニ供スルコトハ適当ノ措置ニアラサルナキヤヲ感シタリ．」（序，3頁，引用にあたり，一部

旧漢字を当用漢字に改めた。）と書いている。当初の立法目的が議会での修正により叶わなかったので，自らの法案に寄せた思いを後世に残したいというのが「特許法原理」の執筆動機であったと読みとめることもできよう。
(43) 所有権説は，17世紀に唱えられた説で，自然法の学説を根拠とする。有体物を製作した労働者が有体物に対し所有権をもつのと同様に，精神的苦労の結果生み出した発明に対して発明者に所有権を認めるべきとする（吉原幸朔『特許法概説（第10版）』有斐閣，347頁）。
(44) コーラーが1875年に発表した説で，無体物に存在する権利を所有権の一種であるとする従来の説が誤りであるとして，これとは別の新しい権利，すなわち無体財産権としてとらえるべきであるとするもの。この説は，発表後大陸を風靡し，今日通説となっている。（吉原幸朔『特許法概説（第10版）』有斐閣，347頁）
(45) 三好徹『大正ロマンの真実』原書房，2014年，88頁。

［参考文献］
第十三回帝国議会貴族院特許法案外二件特別委員会速記録（明治三十二年一月二十六日）
第二十五回帝国議会貴族院特許法改正法律案外三件特別委員会議事速記録（明治四十二年三月二十二日）
第四十四回帝国議会貴族院特許法改正法律案外四件特別委員会議事速記録（大正十年三月十五日）
清瀬一郎『特許法原理（三版）』（巌松堂書店，昭和四年五月十日）
髙橋是清遺稿集（一般財団法人知的財産研究所）
個人文庫『荒玉義人文庫』（特許庁所蔵資料，特殊資料）

II 特許適格（CLS 事件米最高裁判決）
―Alice Corp. v. CLS Bank International, 134 S. Ct. 2347 (2014)―

1 事　実

　オーストラリア法人 Alice Corp.（以下「Alice」という）は，先物取引に伴う損失リスクを低減するための汎用コンピュータを介在させたシステムを開発し，合衆国において特許4件を取得した。これらの特許の特徴は，二人の取引参加者の間にコンピュータを介在させ，このコンピュータに取引参加者の実際の損益が記録・更新されるようにして一日の取引終値をベースにして一方の損失を補填するように金融機関に指示を出すための方法，システム及びメディアから構成されていることである。

　具体的には，①二者間で為替取引義務を交換するための方法（方法クレーム），②この義務交換方法を実行するためのコンピュータシステム（システムクレーム），及び③この義務交換方法を実行するためのプログラムコードを包含するコンピュータ解読可能な媒体（メディアクレーム）を含む特許請求項（以下「クレーム」という）をもつ特許である。

　CLS Bank International（以下「CLS」という）は2007年5月，Alice の4件の特許のうち3件が無効・非侵害・権利行使不能であるとの宣言的判決を求める訴訟（declaratory judgment suit）を提起した。この宣言的訴訟の提起を受けて Alice は CLS を被告として宣言的判決の対象となった特許3件が侵害されたとする訴訟を提起した。両当事者は，証拠開示（discovery）については，その対象を CLS の事業及び侵害とされた CLS システムに限定して行うことに合意した。

　限定範囲での証拠開示に基づき，CLS は「事実審理のない判決」（summary judgment，以下「サマリー・ジャッジメント」という）を求めるモーションを提起した。そのモーションは，合衆国内で特許侵害は発生していないこと，Alice の主張する特許クレームは合衆国特許法101条に鑑みて特許を受ける

ことのできない発明であり無効であることの認定を求めるものであった。地裁は，このCLSのモーションを退けた。

　その後Aliceは，1件の特許を本件訴訟に追加したため[4]，両当事者は新たに，侵害問題，係争特許の適格性を争点にしたサマリー・ジャジメントを求めるモーションを提出した。地裁は再度審理をやり直し，外部専門家の鑑定書なども考慮した上で，CLSが主張する特許無効および非侵害を認め，Aliceの係争特許の全クレームを無効と判決した。地裁は，①方法クレームが「抽象的なアイデア」であること，②システムクレームが抽象的な概念を用いたものであること，③メディアクレームが抽象的であること―を判決理由とした[5]。

　Aliceはこの判決を不服として特許問題の専属管轄をもつ連邦巡回区控訴裁判所（Court of Appeals for the Federal Circuit，以下「CAFC」と略記）に控訴した。CAFCのパネル（3名の裁判官による合議体）は，発明が抽象的なアイデアであるとは言い切れないという理由で地裁判決を棄却した。しかし，CAFCは裁判官全員（en banc）で再審理することを決め，結局，パネルの判断を覆し，係争クレームには特許適格がないとした地裁判決を7対3の多数で支持した。システムクレームについては，裁判官の賛否が同数で割れていたが，最終的には地裁判決を支持した。

　AliceはこのCAFCの全員法廷判決を不服として合衆国最高裁判所（以下「連邦最高裁」という）に裁量上訴（certiorari）した。連邦最高裁は裁量上訴を受理し，2014年6月19日，原審（CAFC）の判決を支持する判決を下した。

3　争　点

　パソコンに第三者的な仲介機能をもたせた金融取引の一人損リスク低減方法とそのためのシステムは，合衆国特許法101条の規定に照らして特許を受けることができるか。

3　判　決

　係争特許のクレームは仲介処理による決済という「抽象的なアイデア」を

対象にしたものであり，単に汎用コンピュータを使用しただけである。抽象的なアイデアを，特許を受けることのできる発明に変質させておらず，特許無効の下級審判決を支持する。

4 判決理由

(法廷意見)

(1) 制定法の射程

合衆国特許法 101 条 (「特許を受けることのできる発明」) は以下のように規定する。

> 「新規で有用なプロセス，機械，生産品もしくは組成物またはそれらの新規で有用な改良を発明または発見した者はだれでも，本法に定める条件および要件に従って特許を取得することができる。」(35 U.S.C. § 101)[6]

当法廷は，特許保護を受けることのできる主題を定義する特許法 101 条の適用除外を先例で示している。「自然法則」，「自然現象」そして「抽象的アイデア」である。これらは発明のために万民が享受できる道具であり，それらに特許という独占権を認めることは特許制度の目的である産業の発展を阻害することになるからだ。一方，抽象的アイデアを含むという理由だけで特許を否定するならば，特許制度そのものが弱体化することになる。そのため，単独では特許にならない人間の「知」を組み合わせたものに対する特許クレームと，その組み合わせたものを統合して何か別のものに変質させたものに対する特許クレームとを区別しなければならない。つまり，特許が認められるためには，人間の知の組み合わせが発明に「変質」(transformation) していなければならない。

そのためには，係争クレームが特許を受けることのできない概念についてのものに対するものかどうかを最初に判断しなければならない。もしそれらが特許を受けることができないものであることが確認できたならば，次に，構成要素によってその発明が特許を受けることのできるものに「変質」しているかどうかを判断しなければならない。

(2) 先例の検討

本件の特許は，パソコンを使用して取引参加者間の決済を行うための方法及びシステムに関連するものである。近代の経済活動において，当事者間取引のために第三者的な仲介者を利用することは普通に行われている[7]。したがって，それ自体は抽象的アイデアに過ぎず，特許法101条の適用除外とされる事項である。

当法廷の判例によりアイデアそのものは特許にならない（Benson, 1972）[8]。また，触媒変換プロセスの「警告限界値」を算出する数式も特許を受けることができない（Flook, 1978）[9]。最近では，価格変動に伴う金融リスクのヘッジ方法の特許についても，特許適格の観点からその有効性を否定した（Bilski, 2010）[10]。

直近のMayo事件（2012）[11]において，当法廷は，特許を受けることのできる発明と上記三つの適用除外の事項に対する発明とを区別するためのアプローチを提示した。それによれば，最初に，特許クレームが特許を受けることのできない概念を対象にしているかどうかを確認し，もし特許を受けることのできない概念を対象とするものであれば，各クレームの要素を個別に及び全体として考慮する。そして追加された要素が特許を受けることのできる応用物（application）に変質しているかどうかを決定することになる。当法廷は，それを「発明性のある概念」（inventive concept）のための分析と呼んだ。

(3) Mayoアプローチ

①**適用除外の適否**　Mayo判決のアプローチに従い，本件では最初に係争クレームが特許を受けることのできない概念を対象にしたものかどうかを決定しなければならない。係争クレームは仲介による決済という抽象的なアイデアを対象としたものであり，それらは特許を受けることができないと当法廷は結論する。

Mayo事件の場合，クレームの第2のステップで，一般的なコンピュータが代謝物の血中濃度を測定するために使用されている。それは単なるコンピュータの利用であって，抽象的なアイデアを，特許を受けることのできる発明に「変質」させるものではなかった。周知の方法に汎用性の高い従来工程

を追加しただけでは，特許を受けることのできる「変質」にあたらない。特許クレームに，コンピュータを導入しても，それによって特許適格の判断は変わらないのである。

また，当法廷は Mayo 判決の中で「これまでに周知の方法に，汎用性の高いレベルの従来型の工程（ステップ）を追加しても，それによって求められる変質を実現する『発明の概念』を供給するほど十分ではない」とも述べた。この考え方は，特許クレームにコンピュータを導入した場合でも変わらない。また，抽象的なアイデアを特定の技術環境への使用に限定するものでもない (Bilski, 2010)。

②「変質」の有無　係争クレームは抽象的アイデアを対象としたものであることが明らかになったので，次に Mayo アプローチの第2のステップである「変質」の有無，つまり，何からの変質が追加のクレーム要素によりもたらされているかどうかを検討しなければならない。この点についても本法廷は否定的である。コンピュータの利用によって方法クレームに新しいものは何ら追加されていない。抽象的なアイデアを含むクレームの場合，追加的な特徴を盛り込むことによって抽象的なアイデアを独占する以上の何かがなければならない。Mayo 事件は，それを「変質」要件であるとした。

(4) 方法クレームの検討

本件の代表的な方法クレームは，①各取引当事者にシャドウ勘定を「作り (creating)」，②為替取引機関での各当事者の実際の勘定に基づく取引開始前のバランスシートを「入手し (obtaining)」，③取引が行われた時にシャドウ勘定を「調整し (adjusting)」，④一日の取引終了後の終値に基づき為替取引機関に取消し不能な指示を出す，というステップから成る。上告人は，これらのステップが「実質的かつ有用なコンピュータの役割を要件としている」と主張し，「コンピュータによって電子記録が作成され，多数の取引を追跡し，同時的に指示を発行する。言い換えれば，コンピュータ自体が仲介者的な役割を果たす」と主張する。

問題は，特許クレームに，コンピュータを介して仲介的な決済を行うという抽象的アイデアを実行する以上のものが含まれているかどうかである。当

法廷は，含まれていないと考える。クレームの構成要素をバラバラにすると，コンピュータ利用によって生じる機能はこれまでに行われてきたものである。これはコンピュータを使ったデータを入手する方法についても同じことが言える。

クレームの構成要素の組み合わせによる効果が主張されているが，コンピュータによってこれまで見られなかったような効果を生み出したとは認められない。むしろ，汎用コンピュータを使用して，仲介的な決済を行うという抽象的なアイデアを実施するための指示を出しているに過ぎない。当法廷の先例の下で，それらは，特許を受けることのできる発明への変質を生みだしたとはいえないのである。

(5) システムクレームとメディアクレームの特許適格

Aliceのシステムクレームとメディアクレームは，基本的に抽象的なアイデアに何ら実質的なものを付加していないので，合衆国特許法101条の下でいずれも特許を受けることができない。システムクレームは方法クレームと実質的な違いはない。方法クレームが汎用コンピュータを用いた抽象的アイデアを対象にしたものであり，システムクレームは，そのアイデアを実行するために組み込まれた汎用コンピュータの構成部品を対象にしたものである。また，メディアクレームは方法クレームに包含されることにAliceは同意している。

システムクレームとメディアクレームは，抽象的アイデアに何ら実質的なものを追加していないので，101条のもとで特許適格ではない。

原審判決支持。Thomas裁判官が全員一致の法廷意見を執筆した。Sotomayor裁判官が同意意見を提出し，これにGinsburgとBreyer両裁判官が同調した。

5　判例研究

特許法は，産業振興の目的から発明に一定期間の排他権を認める。どのような発明に特許を認めるかは，時代により微妙な広狭がある。合衆国特許法

101条は特許を受けることのできる発明を規定するが，特許が認められない主題については例示していない。そのため，判例が適用除外項目を具体的に定めてきた。本件は，Bilski 判決で確立した合衆国におけるビジネスモデル特許の基準をさらに明確にしたものであり，この判決によりビジネスモデル特許が認められる余地はかなり狭まったということができよう。

連邦巡回区控訴裁判所（CAFC）が State Street Bank 事件[12]でビジネスモデル特許を認めたのが 1998 年であった。この判決以降，従来から行われていたビジネス手法にコンピュータを組み合わせ，より早く，より効率的に，より広域にビジネス手法を実現できるようにした発明に特許が認められるようになった。いわゆる「ビジネスモデル」特許ブームの到来である。これにより，特許が製造業者の専売ではなくなり，証券・金融などの非製造部門でも特許への関心が広まった。

しかし，ビジネスモデル特許は，経済社会に混乱ももたらした。これまで特許とは無縁であった非製造分野にも特許の権利主張が相次ぐようになり，特許侵害訴訟が増大した。このためにビジネスモデル特許の権利主張に対抗できる抗弁として「先使用権」が 1999 年に特許法に導入された[13]。この法改正は，ビジネスモデル特許の被告となる機会の多い証券会社や銀行などの金融機関のロビー活動の結果であるとも言われている。

また，ビジネスモデル特許は，その多くが公知または公用の要素をコンピュータと組み合わせ，それによって新しい機能や利便性を生み出すことを目的とするため，公知の要素の組み合わせに特許を認めてよいのかという根本的な問題が常につきまとっていた。合衆国連邦取引委員会（FTC）は 2003 年[14]，ビジネスモデル特許が「特許の質」（quality of patent）を下げ，質の悪い特許は合衆国の経済競争力を阻害しているとする報告書を公表し，早急の改善を政府に求めていた[15]。

そのようなビジネスモデル特許に対する逆風の中で Bilski 事件 CAFC 判決が出されたのである。この事件で CAFC は，自らが State Street Bank 事件で認めたビジネスモデル特許を実質的に制限する判例変更を行い，連邦最高裁がその判断を確認した。

本件の判決理由で，合衆国特許法 101 条をめぐる最高裁判例のほぼすべ

てが先例として引用されている。それらは，コンピュータ関連（Benson 事件，Flook 事件）とバイオテクノロジー関連（Mayo 事件，Myriad 事件）に大別できる。このことから，本件がコンピュータやバイオテクノロジーなど先端技術関連の特許に悪影響を与えるのではないかという懸念が出されることが多い。しかし，それは杞憂であろう。たとえば，本件で詳しく検討された Mayo 事件の場合，バイオマーカー技術を利用した発明であるが，特許の本質は，煎じ詰めれば，投与，測定，（医者による）診断・処方というステップの組み合わせであった。連邦最高裁は，それぞれのステップは既に行われているものであると認定して特許の無効を判決したのである。

今回の判決は，従前の手法とコンピュータを組み合わせたものである限り，それをたとえ先端的な分野に応用したとしても，組み合わせによって何らかの変質が認められない限り，それは抽象的アイデアの域を出ず，特許が認められないという判断基準を明確に示したものである。

(1) 合衆国特許 5,970,479, 6,912,510, 7,149,720 及び合衆国特許 7,725,375 の 4 件。
(2) 5,970,479 特許の代表的なクレーム（Claim 33）の請求範囲は以下のとおり。
 「当事者間の義務交換方法であって，既定の義務交換のための当事者の債権記録及び債務記録を取引機関に保有させ，以下の工程から成る当事者間の義務交換方法。
　(a) 取引機関から独立した管理機関によって保持される各当事者のシャドウ債権記録及びシャドウ債務記録を作る工程，
　(b) 個々のシャドウ債権記録及びシャドウ債務記録のために，各取引機関から一日の取引開始前のバランスシート（a start-of-day balance）を入手する工程，
　(c) 交換義務の結果生じる全ての取引のため，管理機関は当事者それぞれのシャドウ債権記録またはシャドウ債務記録を調整し，シャドウ債務記録の額がシャドウ債権記録の額を下回らないような取引だけを常に認める工程であって，かかる調整が時系列で行われるもの，及び
　(d) 一日の取引終了後，許容された取引の調整に基づき，債権または債務を各当事者の債権記録及び債務記録と交換する取引機関の一つに指示する管理機関。」
(3) この訴えは，The Federal Declaratory Judgments Act of 1934, 48 Stat. 955 (1934) as amended 28 U.S.C. §§2201-2202(1964) を根拠とするものであり，特許侵害訴訟に対して被告が繁用する重要な手続きである。
(4) 合衆国特許 7,725,375 号。
(5) 地裁のこの判決は，2010 年に下された Bilski 事件連邦最高裁判決（脚注 10 参照）

⑹　特許法 101 条の規定（原文）は以下のとおり。Whoever invents or discovers any new and useful process. machine, manufacture, or composition of matters, or any new and useful improvements thereof, may obtain a patent therefor, subject to the conditions and requirements of this title.

⑺　例えば，Emery "Speculation on the Stock and Produce Exchanges of the United States" in 7 Studies in History, Economics and Public Law 283, 346-356 (1896) にそのような記載がある。

⑻　Gottschalk v. Benson, 409 U.S. 63 (1972)（2 進化 10 進法値を純粋な 2 進法値に変換する方法についての発明に対する特許を，連邦最高裁は数学的表現は特許を受けることができないという理由で無効と判決した。）

⑼　Parker v. Flook, 437 U.S. 584 (1978)（アラームリミットを更新する方法に関するもので，現在の運転条件を測定する，あるアルゴリズム（計算式）を用いて適正なアラームリミットを算出する，現実の運転条件をアラームリミット値に置き換える，という三つの段階から構成されるプロセスであった。連邦最高裁は，「数学アルゴリズムという抽象的原理の応用部分に発明的な概念が認められない」として特許を無効とした。）

⑽　Bilski v. Kappos, 561 U.S. 593 (2010)（エネルギー市場で買い手と売り手が商品の価格変動リスクを回避するための方法特許について，単に抽象的なアイデアを用いた純数学的な問題解決方法であるとして特許適格が否定された。この判決は，「ビジネスモデル特許」を見直すものであった。）

⑾　Mayo Collaborative Services v. Prometheus Lab., Inc., 566 U.S. __ (2012)（係争特許は消化器系の自己免疫疾患患者の治療に有効な成分を含む薬を投与する工程と，患者の体内の代謝物の濃度レベルを決定するステップからなり，決定された濃度に応じて医者が薬の最適投与量を調整・決定する方法に関するもの。連邦最高裁は，101 条の特許適格に欠けるとして係争特許を無効と判決した。この最高裁判決については，『アメリカ法』日米法学会（2013-1），158-162 頁に判例評釈があるので参考にされたい。

⑿　State Street Bank v. Signature Financial Group (149 F.3d 1368, Fed. Cir., 1998)（株主が投資を行うファンド（スポーク）と複数のファンドから資産を集めて運営されるポートフォリオ（ハブ）とを構成し，ハブに集められた資産を，市場・株式情報に基づき日々各スポークに最適に分配する操作を行う方法。これが「ビジネスモデル特許」の端緒となっていた。）

⒀　State Street Bank 事件 CAFC 判決の翌年の 1999 年に，特許法が改正され，273 条に先使用権の抗弁を認める規定が盛り込まれた。

⒁　21 世紀に入り，日米欧の特許庁は，ビジネス特許の審査基準を見直し，ビジネスモデル特許の特許性基準を引き上げたこともあって，ビジネスモデル特許の特許認可率が大幅に下がり，いわゆるビジネスモデルブームは急速にしぼんでいた。

⒂　"To Promote Innovation: The Proper Balance of Competition and Patent Law and Policy", October 2003.

III 特許適格（ミリアッド事件米最高裁判決）
―Association for Molecular Pathology v. Myriad Genetics, Inc. 133 S. Ct. 2107 (2013)―

1 事実の概要

　ヒトの体内にはがんを抑制する遺伝子BRCAがある。BRCAが変異すると，遺伝性の乳がんや卵巣がんが発症しやすくなる。たとえば白人女性の乳がん発生率は平均12－13パーセントであるのに対して，BRCA変異のある女性の場合には50－80パーセントに高まると報告されている。

　合衆国ユーター州には敬虔なモルモン教徒が多い。モルモン教の信徒は家系図を残す伝統があり，家系図の記録から，家族の病気が遺伝性かあるいは散発性かをある程度推測できる。ユーター大学の大学病院の医師は，遺伝性のがん患者からBRCA変異由来のがん遺伝子をサンプル採取し，ある種のDNAががん発症と強い関係をもつことを発見した。そのヌクレオチド配列を同定して1994年8月に特許を申請し，周辺特許を含め7件の関連特許を取得した。そのすべてがMyriad Genetics, Inc.（以下「ミリアッド社」と呼ぶ）に譲渡された。

　ミリアッド社が関連特許を取得した1990年代半ばには，BRCA変異をマーカーとするがん検査は，ペンシルヴェイニア大学病院でも実施されていた。しかし同大学は，ミリアッド社からの特許主張を受けて，BRCA変異をマーカーとした検査を自主的に中止した。

　ミリアッド社が所有する関連特許の一つに，BRCAポリペプチドをコード化する単離DNA（isolated DNA）に関する特許がある。Association for Molecular Pathology（分子病理学学会）など7団体が，そのような特許は自然界に存在するものを対象としており，本来特許は認められず無効であるとして，特許無効の宣言的判決（declaratory judgment of patent invalidity）をニュー・ヨーク州南部地区合衆国地方裁判所に求めた。一審は，ヒトの体内にあるDNAには特許が認められないという理由から特許を無効と判決した。ミリアッド

社はこれを不服として連邦巡回区合衆国控訴裁判所（U.S. Court of Appeals for the Federal Circuit，以下「CAFC」と呼ぶ）に控訴した。

(1) CAFC 判決

　生体内の BRCA 遺伝子（BRCA1/BRCA2）のヌクレオチド数は 8 万個であるが，イントロンを除外するとその数は BRCA1 で 5,500 個，BRCA2 で 10,200 個となる。ところが，係争特許の BRCA 遺伝子のヌクレオチド数は 15 個ときわめて少なく，生体内にある BRCA 遺伝子のヌクレオチドと同一ではない。このような事実認定から，CAFC は一審の特許無効判決が誤りであるとした。

　一般に既知の事項の発見や発明に特許は認められない。しかし，部品や構成が既知であっても，それがコンピュータとの接続により従来品と機能や性質面で大きく変わっていれば，特許が認められる場合がある。CAFC はこの考え方にもとづき，体外に取り出した単離遺伝子はイントロンが除外されていて体内にあるものとは遺伝子配列が異なり，それについての特許は認められると判決した。

　この判決に対して裁量上訴が申し立てられ，合衆国最高裁判所はそれを受理した。合衆国最高裁は，2012 年 3 月にこの事件を CAFC に差し戻した。合衆国最高裁は CAFC に対し，「プロメテウス事件」判決（Mayo Collaborative Services v. Prometheus Laboratories, Inc., 132 S. Ct. 1289（2012））を考慮するよう求めた。

(2) CAFC 差戻審判決

　CAFC は，再審理の結果，ミリアッド社の単離遺伝子特許は有効であるとした判決を改めて確認した。この判決に対して裁量上訴が申し立てられ，合衆国最高裁判所は裁量上訴の申し立てを再度受理した。

2　判　旨（トマス裁判官が全員一致の法廷意見を執筆）

　合衆国最高裁判所は 2013 年 6 月 13 日，単離 DNA は自然界に存在するものであり，それ自体では特許を受けることができないとして CAFC の判決

を退けた。しかし，cDNA については，それが人為的に作られたものであるとして特許を認めた。判決理由は以下のとおりであった。

　ミリアッド社は BRCA1/BRCA2 遺伝子にエンコードされた遺伝子情報を創出しておらず，それを変更してもいない。ヌクレオチド配列は，ミリアッド社が発見する前から自然界に存在していたのであって，ミリアッド社の貢献は，BRCA1/BRCA2 遺伝子のクロモゾーム 17 と同 13 内での正確な位置と遺伝子配列を発見したことだけである。

　ミリアッド社の主張は「チャクラバーティ事件」（Diamond v. Chakrabarty, 447 U.S. 303 (1980)）に依拠している。この事件は，4つのプラスミドにバクテリアを加えることによって，原油成分をバクテリアが分解できるようにした発明についてのものであり，当法廷はそのような変性バクテリアに特許を認めた。その理由は，「（特許が）それまで知られていない自然現象に認められたものではなく，自然界に生存しない製造物または組成物に対して認められたものであって，人間の特殊な才能が生み出したもの」であるからだ。変成バクテリアは，追加されたプラスミドとその結果としての原油分解能をもつ「自然界にあるものとは際立った違いのある」新しいバクテリアであった。しかし，本件の場合，ミリアッド社は何も新しいものを創り出していない。

　画期的かつ革新的な発明であれば 35 U.S. Code §101（合衆国特許法 101 条）の要件を満足するということにはならない。当法廷は「フンク・ブラザーズ事件」（Funk Brothers Seed Co. v. Kalo Inoculant Co., 333 U.S. 127 (1948)）で，マメ科の作物に空気中の窒素を摂取して土中に固定する作用を行わせる天然由来の混成菌株の組成物特許の適格性を審理した。窒素固定バクテリアはよく知られており，農家は土壌改良のために普通に利用してきた。しかし，作物は異なるバクテリアを利用するものであり，バクテリア同士が互いを忌避するため，全ての作物に同じ土壌改良法を採用することはできない。数種のバクテリアに忌避性がないことを発見した発明者は，それらをまとめて一つの土壌改良方法として特許を取得した。しかし，当法廷は，そのような発見は特許にならないと判決した。本件の場合も同様である。ミリアッド社はBRCA1/BRCA2 の遺伝子配列を特定したが，その発見によって BRCA 遺伝子

が変質し，特許を受けることのできる新規な組成物に変わった訳ではない。

　係争特許（たとえば282特許）の「詳細な発明の記載」欄に，ミリアッド社が乳がんリスクに関係する遺伝子の位置を発見したこと，その遺伝子が変異すると乳がんリスクが高まること，などが記載されている。それに続いて，遺伝子の位置はクロモゾーム17に含まれる約800万個のヌクレオチドの中からそれが発見されるまでは知られていなかったことも記載されている。473特許及び492特許にも同様な記載がある。係争特許の多くは，自分が探査した遺伝子配列の位置を狭くした発見の「反復プロセス」を記述しているに過ぎない。ミリアッド社は，広範な研究努力があったことを主張するが，広範な努力の存在だけで特許が認められることにはならない。

　最後に，ミリアッド社は当法廷の判例「J.E.M.Ag. サプライ事件」(J. E. M. AG Supply, Inc. v. Pioneer Hi-Bredinternational, Inc. 534 U.S. 124 (2001)）を引用し，合衆国特許局（United States Patent Office）が遺伝子特許を認めてきた実務慣行を尊重すべきであると主張する。しかし，その主張には同意できない。J.E.M.Ag事件では，植物の新品種に特許が認められた。関連法規を分析した上で，当法廷は，特許局の審判部が植物の新品種は特許法101条の下で適格であると決定し，その解釈が後の特許法改正に反映されている，と判決理由で書いた。しかし，本件の場合はそれと異なり，特許局の解釈が立法によって裏付けされていない。

　cDNA（composite DNA）については，天然由来の単離DNA切片であるという理由からその特許適格を否定する主張は当たらない。cDNAの配列はmRNA（messenger RNA）から作られ，自然界には存在しないエクソンだけ介在する分子である。本件の提訴人は，cDNAは天然のDNAとは，「非コード領域」つまりイントロンが除外されている点で異なっていることを認めたが，「そのヌクレオチド配列が自然によって決められるのであって，研究者の手によるものではない」という理由から特許適格を否定している。

　しかし，cDNAが作られたときに，疑いもなく何か新しいものが生み出されたのである。その結果，cDNAは特許法101条下で特許を受けることができるものとなった。ただし，cDNAを作るときにイントロンを除外した非常に短いDNAは例外である。その場合にはcDNAと天然DNAと区別が付

かないからだ。

3 解説

　本判決が注目された理由の一つは，判決のビジネスへの影響にあった。ミリアッド社は合衆国最高裁の判決直後，今回の特許の他にBRCAテストを包含する特許があるので判決の影響は少ないとコメントした。しかし，現実には，Ambry Genetics, GeneDx, DNATraits, Pathway Genomicsなどの競合企業がBRCAテストの実施を発表しており，BRCAテストに関する限り，米国でのミリアッド社の独占は崩れたと言えよう。日本への影響については，そもそも日本では測定方法や診断方法に特許が認められないこともあって，影響はほとんど無い。

　問題は，本判決の遺伝子特許全般への影響である。米国では従来から遺伝子特許が認められており，2012年10月現在約15,360件の遺伝子特許があると報告されている。これらの特許にどのような影響を与えるのかが関心を呼んでいるが，判決の影響は限定的であろう。

　合衆国最高裁は，今回問題となったミリアッドの単離DNAは，当時，研究者に知られていた構成であって，そもそも特許になる発見ではなかったと判決理由に書いている。つまり，係争特許は，単に遺伝子とその配列情報を体内から単離した情報であって，そのような情報は特許にならないという理由である。もしそれが遺伝子コードを科学的に変換した発明であれば，合衆国最高裁はその問題に口を差し挟むことはないであろうとも述べている。

　これらの論点は必ずしも裁判の争点ではなく，争点以外の論点にコメントする必要は本来ない。しかし，合衆国最高裁としては，特許を無効とする判決がバイオ分野の研究開発に水を差すとする反対意見があることに配慮し，敢えてそのようなコメントを判決理由に入れたのであろう。特許事件の判決例では異例の配慮と言える。

　合衆国最高裁への裁量上訴は狭き門であり，憲法問題や社会的に影響の大きい問題でなければ受理されない。受理率は1％未満とも言われている。特許事件の場合，専門管轄をもつCAFCがあり，合衆国最高裁で再審理されることは多くない。

しかし，2012 年の「プロメテウス事件」同様，今回のミリアッド事件でも CAFC の判決が 2 回にわたり合衆国最高裁により退けられた。バイオマーカー特許をめぐる合衆国最高裁の一連の介入は，特許適格の問題が単に条文解釈の問題にとどまらず，医療制度や薬価制度などの社会問題と密接に関係していることを如実に物語っている。

IV ディスカバリー命令権（インテル事件米最高裁判決）
―Intel Corp. v. Advanced Micro Devices, 542 U.S. 241 (2004)―

1 事　実

　Intel と Advanced Micro Devices（AMD）は，マイクロプロセッサの大手メーカーである。両社は，世界各地で競合し，多くの法的紛争の当事者となっている。その 1 つが 2001 年に AMD が提起した EC 競争法違反事件である。Intel が優越的な地位の濫用，排他的契約，価格差別，規格制定カルテルなどの行為を行ったとして AMD は EC 競争法違反を EC 競争総局（Directorate-General for Competition of the Commission of the European Communities）に申し立てた。

　Intel が被告となった別件訴訟（Intergraph Corp. v. Intel Corp., 253 F.3d 695 (Fed. Cir. 2001)）において証拠開示された文書を EC 競争総局に証拠として提出させるため，AMD は EC 競争総局に対してディスカバリー命令の発動を勧告（recommend）した。しかし，EC 競争総局は AMD の勧告を拒否した。

　AMD は，国際司法共助を定める合衆国法典 28 編 1782 (a)条に基づき，カリフォルニア北部地区合衆国地裁がディスカバリー命令を出すよう請求した。Intergraph 訴訟において Intel が提出した文書を，EC 競争総局に提出させるためである。

　これに対してカリフォルニア北部地区合衆国地裁は，AMD のディスカバリー命令の請求を却下した。AMD はこれを不服とし，第 9 巡回区合衆国控訴裁に控訴。同控訴裁は，地裁判決を破棄し，AMD の請求本案について再審理するよう原審に差戻した。

　第 9 巡回区控訴裁は，① 1782 (a)条下の国際司法共助の対象には「準司法または行政機関」が含まれること，② 1964 年改正の条文には手続が「係属中」であるとの要件が含まれていないことの二点が重要であると指摘し，さらに EC 競争総局が条約・決定の執行機関であること，その調査が司法的

性格をもつこと，その決定についてはECの司法機関に上訴できることなどに鑑みて，今回ディスカバリー命令が請求されているEC競争総局での手続が「準司法的」であると判示した。

Intelはこの控訴裁判決を不服として合衆国最高裁に裁量上訴した。

2　争　点

合衆国法典28編1782(a)条におけるディスカバリー命令権の解釈。

3　判　決

原審判決認容。Ginsburg裁判官による法廷意見にRehnquist首席裁判官およびStevens, Kennedy, Souter, Thomasの各裁判官が同調し，Scalia裁判官は結論のみに同意した。Breyer裁判官は反対意見を書き，O'Conner裁判官は審理および判決に不参加であった。

4　判決理由

本件の解釈上の論点は，「利害関係人（interested person）」の範囲，「外国または国際法廷（foreign or international tribunal）」の定義，「係属要件（pending requirements）」の有無，「外国ディスカバリー要件（foreign discovery requirements）」の4つである。

〔法廷意見〕

(1) 「利害関係人」の範囲

Intelは，1782(a)条の表題"Assistance to foreign and international tribunals and to litigants before such tribunals"から，この条文における「利害関係人」は「訴訟当事者，外国主権国家およびその代理人」に限定されると主張する。しかし，規定の文意が明らかな場合には表題によって解釈が限定されるべきではない。AMDはEC競争総局における調査手続の申請人であり，EC競争総局に情報を提供する権利をもつ。EC競争総局の決定に不服の場合にはEC裁判所による審理を求めることができる。

このような権利を考慮すれば，申請人には「協力を受けるための合理的な

利害」があり，それゆえに，当該文言の公正な解釈としての「利害関係人」として適格である。

(2) 「外国または国際法廷」の定義

ECにおいては第一審裁判所およびEC裁判所が，1782条の定める法廷（tribunal）にあたることは争いの余地がない。しかし，両裁判所における審理は，EC競争総局に提出された記録に限定され，別途，証拠の提出を求められることはない。したがって，調査の段階でEC競争総局に証拠を提出することが，裁判所による審理を受けることにつながる。1782条の1958年改正法の原案は「外国裁判所および準司法機関に対する協力を行うため」(for the rendering of assistance to foreign courts and quasi-judicial agencies) となっていた。それを議会が現行の表現「外国及び国際法廷における手続き」(a proceeding before foreign and international tribunal) に修正した経緯がある。このことからも，外国での行政手続や準司法手続を対象にした国際司法共助を意図していたことは明らかである。

この点につき，EC競争総局が第一審の決定者として行動する限り，それを1782(a)条の射程から排除する理由はない。

(3) 「係属要件」の有無

Intelは，EC競争総局の調査は争訟段階にはなく，しかも争訟性が差し迫った段階にあるわけでもなく，いわゆる1782(a)条の「係属要件」に欠けると主張する。しかし，この主張は受け入れられない。

1782(a)条は，国際司法共助の提供を「係属中の」司法的手続 ("pending" adjudicative proceedings) に限定するものではない。このことは，議会が同条の1964年改正にあたり，「司法上の手続」という限定を削除した時に「係属中」という限定も併せて削除していることからも明らかである。議会としては，現実的かつ実質的な効果をもつ規定に改正しようとしたものと推測できる。

この点につき当法廷は，石原産業事件判決 (In re Ishihara Chemical Co., 251 F.3d, at 125, (2d Cir., 2001)) において表明された，1782(a)条は裁定手続が

「係属して」または「切迫して」いるときにだけ適用されるという見解を退ける。しかし，1782(a)条は，EC競争総局による事案処理の決定——これは欧州裁判所により審査可能である——が合理的な熟慮の上でなされたものである（within reasonable contemplation）ことを要件とすると判断する。

(4)　「外国ディスカバリー要件」の有無

1782(a)条は秘匿特権（privilege）で保護された証拠の提出を強制するものではない。また，同条は，地裁のディスカバリー命令権を外国管轄内で開示される文書に限定するものでもない。このことは同条の沿革からも明らかである。

Intelは，外国ディスカバリーを制限すべき理由として，国際礼譲（international comity）と訴訟当事者の平等に対する悪影響をあげる。国際礼譲に関してそれぞれの国は，独自の理由から，自国管轄内でディスカバリーを制限できる。外国法廷が米国裁判所の協力を求めなかったとしても，それが証拠の受領を拒む証左とは解釈されない。

また，訴訟当事者の平等を維持するためという理由も根拠がない。一方の当事者がディスカバリーを求める場合，地裁は，その当事者にも同等の開示を義務付けることができるからだ。また，外国法廷は，情報の受領にあたり平等に配慮した条件を課すこともできる。

この点につき，礼譲と平等に対する懸念は，特定の事案で地裁がその裁量権を行使する基準として重要かもしれないが，だからと言って一般に適用可能なディスカバリー原則を1782(a)条の条文に読み込むことはできない。

以上のように，1782(a)条にもとづくディスカバリー命令は，地裁の裁量的な権限であり，その権限行使が絶えず求められるわけではない。この権限の濫用防止のために，連邦地裁は，下記の点を考慮すべきである。

(a)　ディスカバリー対象者が外国法廷手続の非参加者であるときにこそ1782(a)条が重要である。今回の場合のようにディスカバリー対象者が手続参加者の場合，1782(a)条による協力が本当に必要かどうかははっきりしない。必要であれば外国法廷が直接，手続参加者に対して証拠開示を求めることもできるからである。

(b) 地裁はその権限行使にあたり，外国法廷の性格，海外で進行中の手続の性格，そして外国政府・外国裁判所等の協力の受容性を確認すべきである。
(c) ディスカバリー請求が当該国の証拠収集制限等を回避する目的でないこと，そして申立が不当な干渉・負担をもたらさないことに注意を払うべきである。

〔反対意見〕

上記の法廷意見に対して，Breyer 裁判官は，原審判決を破棄し本件の訴えを却下すべきであるとする反対意見を書いた。反対意見の理由は以下のとおりである。

(1) 法廷意見は，EC 競争総局を 1782 条の「法廷」にあたると解釈しているが，EC 競争総局は訴追権（prosecuting power）をもつ行政機関としての性格の方が強い。それは，米国の場合，連邦取引委員会（Federal Trade Commission）よりもむしろ司法省反トラスト局に近い。議会は 1964 年法の改正にあたり，このような機関までを対象として包含する意図はなかった。

(2) EC では誰でも調査を申請できる。調査を実施するのは EC 競争総局であり，証拠収集についても EC 競争総局の意向が優先される。申請者は Intergraph 事件の訴訟当事者と同等の地位にはない。そのような非訴訟当事者へのディスカバリーは，条件付きでのみ認められるべきである。AMD はそれが認められる条件を満たしておらず，対象の文書は保護命令下にある文書である。

(3) 地裁のディスカバリー命令権を一律ではなく制限付にすべきであるとの解釈は，1782 (a)条の条文解釈から可能である。"tribunal" や "interested person" などの用語の目的や用法を考えれば，暗黙裏にその制限を読み取ることができる。かりにそのような解釈ができない場合でも，当法廷が訴訟管理の必要上，手続上の原則を制定すれば足りる。Intel は当法廷によるそのような権限行使を求めている。

5 判例研究

(1) 国際司法共助規定の沿革

　外国での民事訴訟に協力するための規定は，1948年法にその端緒をみることができる[2]。その翌年には若干の修正が加えられ，外国での「司法手続」に使用するため，米国市民から「証言録取」(deposition)をおこなうことが認められた[3]。1949年法ではディスカバリーの対象が「証言」に限定されていたが，外国の司法機関との協調が必要となり，1964年にその対象が文書や物証にまで拡大された[4]。

　国際司法共助規定の沿革の中で，注目すべきは1964年改正の役割である。1964年改正にあたり連邦議会は，「司法手続国際規則委員会」(Commission on International Rules of Judicial Procedure)に改正案の作成をゆだねた。同委員会はその任を当時コロンビア大学ロースクールのHans Smit教授に委嘱した。Smit教授の起草した案文は委員会で採択され，委員会はその案文を制定するよう議会に勧告した。議会はこれを満場一致で可決した[5]。

　1782条の起草者であるSmit教授は，今回の最高裁判決について，これまで対象を文理解釈で狭く限定してきた下級審の解釈が是正されるとして概ね好意的に評価するが，今回の訴訟では，最高裁はEC競争総局での調査の進展を見守った方がよかったのではないかとコメントしている[6]。

(2) ディスカバリー濫用対策の変遷

　本件は，国際司法共助を規定する条文の解釈をめぐるものであるが，その背景には，依然として絶えない米国内でのディスカバリー濫用という問題がある。Breyer裁判官の反対意見からもそれが伺い知れる。

　米国におけるディスカバリーは1938年の連邦民事訴訟規則(FRCP: Federal Rule of Civil Procedures)の制定と同時に創設された[7]。当事者主導の情報収集制度として米国訴訟制度の一大特徴をなす。その対象が広いこともあって，訴訟遅延や訴訟コストの上昇が問題となっていた。とくに1970年のFRCP改正でディスカバリーに対する制限が緩和され，それが濫用を招いたという批判が強まっていた。その批判がFRCPの1980年改正，そして

1983年改正につながった。特に1983年改正は抜本的な改正で，ディスカバリーの範囲や回数に大幅な制限が加えられた。

しかし，それでも濫用の問題は解決しなかった。1993年にはディスクロージャー制度が導入され，相手方からの要求を待たずに一定事項について自発的に開示することが義務付けられた。証言録取や質問書といった後続の証拠収集手続では，回数や質問項目数が開示情報に対応して制限されることとなった。[8]

現代のディスカバリー制度は，このディスクロージャー制度を基礎とする。しかし，実務では基本的に相手方からの要求がなされてから，文書提出の作業が行われるのが実情である。また，可能な限りディスカバリーの対象を広くする戦略がとられる。[9]

このような戦略は争点を拡大させる。特に大手企業同士の場合，必ずと言ってよいほど反訴が提起される。例えば知的財産権侵害で訴えられた側は，根拠となる特許権の有効性の確認訴訟を提起し，競争法違反を提起する余地がないかどうかを検討することになる。本件当事者の場合，AMDは2005年には，Intelを相手取って日本と米国で独禁法違反の裁判をおこしている。[10]

本件は，国際司法共助という枠組みの中に，あえて私企業間の訴訟戦略上の争いを持ち込んだという側面がある。法廷意見が，EC競争総局の反対をも顧みず，敢えて同局の手続を国際司法共助の対象とする条文解釈をおこなったことは，国際礼譲の観点からむしろ軋轢を引き起こす懸念があるといえる。[11]

(1) 28 U.S.C.§1782(a) 同条は，外国法廷または国際法廷で使用する証拠について，利害関係者の請求によりディスカバリーを命ずる裁量権限を連邦地裁に認めている。同条項の規定の抜粋は以下のとおり。"A federal district court may order a person residing or found in the district to give testimony or produce documents for use in a proceeding in a foreign or international tribunal … upon the application of any interested person."

(2) 厳密に言えば，"letter rogatory"（嘱託書）制度は1855年にスタートしている。See Act of Mar. 2, 1855, ch. 140, §, 10 Stat. 630.

(3) Act of June 25, 1948, Pub. L. No. 80-773, §1782, 62 Stat. 869, 949, as amended by Pub. L. No 81-72, §93, 63 Stat. 89, 103 (1949)

(4) Pub. L. No. 88-619, §9(a), 78 Stat. 995, 997 (1964)
(5) *See* Respondent's Brief at 3-6, Intel v. AMD, 542 U.S. 241(2004), Docket No. 02-512.
(6) Hans Smit, *The Supreme Court Rules on the Proper Interpretation of Section 1782: Its Potential Significance for International Arbitration*, 14 Am. Rev. Int'l Arb., 329 (2003). この論文の中で，EC競争総局がamicus curiae briefを合衆国最高裁に提出し，その中で1782条下での国際共助にEC競争総局が反対する旨を明確にしたこと，EC競争総局は1782条下でいう「外国法廷」にあたらないとも主張したこと——などが記載されている（Postscript, p331）。
(7) 小林秀之『新版・アメリカ民事訴訟法』第4章ディスカヴァリ（弘文堂，2004年）148頁参照。
(8) 小林・前掲注(7)，149頁参照。
(9) 日米企業間の特許侵害訴訟で筆者もそれを実感した。ディスカバリー要求する場合，訴訟代理人は，いかにして相手方当事者にプレシャーをかけるかを絶えず考える。それにより和解へのインセンティブが生まれた場合に，交渉上の優位を引き出せるからである。
(10) 日本においては2005年6月30日，AMDの子会社である日本AMD株式会社がインテルの日本法人であるインテル株式会社に対して損害賠償請求訴訟を提起した。米国では2005年6月27日，デラウェア州合衆国地裁に提起された。AMD v. Intel, Civ. No. 05-441 (D. Del. filed June 27, 2005).
(11) 同旨の指摘，*see* Sue Ann Mota, *Global Antitrust Enforcement*, 38 John Marshall L. Rev. 495 (2005).

第5章

知的財産マネジメント

I　標準化政策

1　規格は弱者を助ける

　ビジネスの世界には「規格は弱者を助け，強者を弱める」という言い伝えがある。これは歴史的な教訓でもある。その教訓とは，日本の自転車産業の衰退であり，DVD（デジタル・バーサタイル・ディスク）の規格争いによる日本企業の地盤沈下である。

　自転車産業はミシンと並んで標準化の最も進んだ分野として知られている。第二次世界大戦前までは日本は世界一の自転車輸出国であった。しかし，自転車部品の規格化が進むにつれ，規格部品を使えば自転車はどこででも組み立てられるようになった。その結果，製造拠点は台湾や中国などの労賃の安い地域に移っていった。今では，日本企業はスポーツ用や高級自転車などのニッチ領域で自転車技術の伝統を守っている。そこでは，技術がブラックボックス化され，付加価値を高めた部品が支えている。

　DVDの場合は，覇権争いが日本企業の間で行われた。ソニーを筆頭とする陣営と東芝を筆頭とする陣営の争いであった。ソニーはフィリップスと組んで，CD規格の延長線上にDVD規格を展開する戦略をとり，東芝はDVDをCD規格とは異なる新規格として市場に導入しようとした。両陣営の争いは消費者を無視しているという批判を招き，結局1995年にソニーが折れる形で一応の規格統一をみた。

　この結果，DVDの標準化争いで東芝が勝利したと言えるのであろうか。そうはならなかった。DVDの規格統一によって最大の恩恵を受けたのが中国企業であった。中国のDVD産業は1997年に立ち上がり，2年後の1999年には年間生産量が260万台，そして2002年には5800万台という驚異的な成長をみせた。

　つまり，それまでDVD分野の強者であったソニーや東芝に代わり，中国のDVDメーカーが登場したのである。そのきっかけは，関連技術の規格化

の進展であった。ただし，中国のDVD業界の繁栄は長くは続かなかった。日本企業からの特許攻勢を受け，特許料支払いが負担となって価格優位性が失われ，結局は市場からの撤退を余儀なくされたからである。

　自転車産業の場合もDVDの場合も，弱者が規格の恩恵を受け，強者が市場支配力を弱めるという結果となったが，その背景には大きな相違点があった。DVDの場合，日本企業がDVD関連機器の製造に必要な特許を囲い込んでいたことである。そのため，製造拠点が海外にシフトしても，分厚い特許ポートフォリオを保有することで特許料収入を得ることができた。このビジネスモデルが，日本の「知財立国」構想の原点となる。

2　知的財産推進計画

　「知財立国」の実現を目指して発表したのが，内閣府の「知的財産推進計画」である。政府の知的財産戦略本部が2003年以降，毎年発表している。国際標準化についても，この知的財産推進計画の中で政策項目の柱として毎年取り上げられている。

　知的財産推進計画が国際標準化の強化を方針として打ち出したため，主管官庁である経済産業省は2006年「国際標準化戦略目標」を発表した。それによれば，日本の標準化政策の目標は，2015年までに欧米諸国と肩を並べることができるような国際標準化を戦略的に推進することである。具体的には，国際標準の提案件数の倍増や欧米並みの幹事国引受数の実現を目指し，企業経営者の意識改革，国際標準の提案に向けた重点的な支援強化，世界で通用する標準専門家の育成，アジア太平洋地域における連携強化　などを実行する。特に「国際標準の提案に向けた重点的な支援強化」については，日本が世界をリードする技術分野であるノノテクノロジー，ロボット，光触媒，ICタグなどを例示している。

　表5-1からも明らかなように，知的財産推進計画での標準化関連政策は，基本的に「国際標準化を強化する」という方針で一貫している。2010年にそれが「国際標準化特定戦略分野における国際標準化の獲得を通じた競争力強化」という表現に変わってはいるが，基本方針に変更はない。特定戦略分野とは，先端医療，水，次世代自動車，鉄道，エネルギーマネジメント，コ

表5-1 知的財推進計画における標準化政策（隔年ごとに引用）

知的財産推進計画	重点政策（標準化関連）	具体策（標準化関連）
2003年版	「国際標準化活動を強化する」	標準化の数値目標
2005年版	「国際標準化活動を支援する」	標準化活動の強化/知的財産ルールの整備
2007年版	「国際標準化活動を強化する」	総合戦略の実行/経営者の意識改革
2009年版	「国際標準化活動を強化する」	総合戦略の実施/研究者の業績評価
2011年版	「国際標準化のステージアップ」	戦略7分野を「官民一体」で強化

ンテンツメディア及びロボットの7分野であり，この分野で「官民一体」となって標準化獲得をすすめるとしている。

2010年版の方針を引き継ぎ，2011年版知的財産推進計画は，優先的に実行すべき分野として先端7分野（医療，水，次世代自動車，鉄道，エネルギーマネジメント，コンテンツメディア及びロボット）を例示した。先端医療にはiPS細胞，エネルギーマネジメントにはスマートグリッド（次世代電力網）がそれぞれ含まれると明示した。

ここで注目しなければならないのは，これらの先端分野はいずれも日本が強い分野であることだ。つまり，知的財産推進計画は，日本が強い分野で国際標準化のイニシアティブを取り，日本発の先端技術を国際標準化するという戦略を宣言したのである。確かに，iPS細胞にしてもスマートグリッドにしても，最先端の技術力と基礎的な産業インフラがなければ実用化は進まないであろう。そのような分野では，日本の高い技術レベルは国際標準として有力であり，国際的な支持を受けても当然であると思われるかもしれない。

しかし，国際標準化の世界では優れた技術が必ずしも支持される訳ではない。むしろ，有力な候補技術に対しては，利害関係をもつ国や企業から妨害や干渉が入り，なかなか標準化されないのが常である。NHKが開発したハイビジョンが好例である。欧米は，ハイビジョンの標準化を遅らせるためにあらゆる時間稼ぎを行い，その間に次世代技術のためにキャッチアップを急いだことは良く知られている。

3 標準化をめぐる利害の対立

(1) 国家間の対立

2011年版知的財産推進計画で例示した戦略的技術分野のいくつかは，他の技術先進国でも標準化のための重点分野とされている。例えば，EUの重点開発分野（2007〜2013年）は，予算配分の多い順で見ていくと，「情報通信技術」，「交通輸送」，「ナノテクノロジー」，「エネルギー」となっている。これらは相互互換性や相互接続性が必要な分野であり，標準化が前提となるのは言を待たない。また，米国も厳しい財政事情下にあって予算配分を増加した重点開発分野がある。「情報技術」「ナノテクノロジー」「気候変動研究」である（2009年度）。このように欧米ではIT技術とナノテクが重点開発分野であり，その分野での国際標準化が優先的な政策として考慮されている。

近隣の中国・韓国の政策も同様である。中国は2007年に「第11次経済発展五カ年計画における標準発展計画」を発表し，その中でハイテク分野の標準化を重点項目としている。具体的には，次世代高速ブロードバンド情報ネットワーク標準，デジタルハイビジョンTV標準，無線ネットワーク安全標準，ナノテクノロジー・新素材標準などである。特に，中国はDVDの教訓から特許保護重視の政策をとっており，現在の特許出願件数の急騰につながっている。

一方，韓国の標準化政策は情報通信技術に特化した形で推進されている。2006年に第2次国家標準基本計画（2006〜2010年）を公表し，2007年には特許と標準化の連帯のための政府指針を公表した。2011年4月には第3次国家標準基本計画（2011〜2015年）が公表された。韓国の標準化戦略の特徴は，知識経済部が中心となってIT技術を中心とした標準化戦略の推進体系を構築していることである。

北東アジアという限定された地域に限ったとしても，標準化分野での連携は容易ではない。特に，情報通信技術はそれぞれの国が重点分野と位置づけており，しかも国家にとっての基幹技術であるため，他国の技術を容易に導入する環境にはない。ナノテクノロジーも，その技術の将来性に鑑みれば，

国家の威信をかけて主導権を争うことになるであろう。

(2) 企業間の対立

このような国際標準化をめぐる国家間の覇権争いは，必ずしも国家の利益という崇高な目的のためだけに行われるものではない。むしろ，国内産業や国内企業の利益保護のため，政府が介入する場合も少なくない。その代表的な例が JR 東日本の自動改札用非接触 IC カード「SUICA」をめぐるソニーとモトローラの先陣争いである。

ソニーの Felica 方式が高速データの読み取りが可能で，日本の大都市圏での自動改札への導入には適していた。しかし，モトローラは別タイプの IC カードを開発していたこともあって外国企業にも入札の機会を与えないのは不当であるとして外交ルートを通じて JR 東日本にクレームを提起する一方で，世界貿易機関（WTO）を舞台に政府調達協定の違反の訴えを起こしてプレシャーをかけている。WTO 提訴は最終的には認められなかったが，民間企業の新サービス導入に関連して，国の行政府が外交ルートで干渉したり，企業が国際機関に提訴して圧力をかけるのは常道となっている。

SUICA は，国際標準化機関でも受難であった。最初は「IC カード」として標準化しようとしたが，先行する規格案があって IC カードの規格としては認められなかった。そこで「近接場通信方式（NFC）」の規格として提案し直したところ，先行規格案が無かったこともあって NFC 規格が認められた。抵抗勢力がこれで断念しないのが国際標準化の難しいところで，IC カード委員会から NFC 委員会に対して，Felica は IC カードとして落選した規格案であり，それを NFC 規格に認めるのは不適切であるとの横やりが入ったのであった。この主張も最終的には排除されたが，優れた技術であればあるほど，その標準化の前途は険しいのが現状である。

4　標準化と知的財産は異なる制度

知的財産推進計画の射程が知的財産である以上，知的財産以外の分野にはその効力は及ばない。今日の標準化戦略は，研究開発，商品開発，事業計画，品質保証，安全認証など，技術・製品だけではなく，品質や安全の認証など

の技術論を超えた領域に広がっている。標準化は技術の規格を統一して普及させるという原則論だけでは，今日の標準化問題の本質を捉えられない。

そもそも，標準化と知的財産権は異なった目的をもつ。標準化は技術やサービスの普及によって消費者の利便性を高めることを目的とするが，知的財産権は発明者や著作者に一定期間の独占権を認めることで発明や著作を奨励する目的をもつ。標準化の目的が普及であるのに対して，知的財産権の目的は独占権の付与である以上，本質的に両者は異なる制度なのである。ところが，わが国の政策では標準化と知的財産制度を，知的財産戦略という枠組みの中で同列に論じてきた。それは必然的に標準化の多面性を否定することになり，標準化の重要性を矮小化することになる。

標準と知財の接近　それではなぜ標準化政策と知的財産政策が同じ土俵で論じられるようになったのであろうか。この疑問に答えるためには，もう一度 DVD の事例を引用する必要がある。DVD の事例は，標準化と関連特許が交錯した珍しい事例である。日本企業が標準技術に関連する特許をほぼ独占していたため，DVD 関連機器の製造拠点を中国に奪われたが，日本は中国企業から特許料収入を得ることでゆり戻しをかけ，最終的に中国の DVD 産業は崩壊した。DVD 事例は，結果として特許戦略が標準化による産業構造の変換にブレーキをかけたもので，特許優位の例外的な事例である。この事例が，知的財産推進計画の中に標準化政策をも取り込むという発想を導いたのである。

ところが，知的財産制度は本来その制度維持・活用にコストのかかる制度であり，その政策推進は国家の経済状況によって大きな影響を受ける。国家が経済成長を続けている時には，そのコストは十分に賄えるし，高コストも正当化される。しかし経済成長が伸び悩むと，その制度維持のためのコストは正当化しにくくなる。このことは，日本が高度経済成長を遂げていた時，世界一の特許出願件数を誇っていたことを考えればわかりやすい。日本はここ数年，その出願件数を落としている。それは発明の質重視という政策を反映した現象というより，出願コストを削減するというより現実的な事情を反映したものであろう。

中国が驚異的な経済成長を遂げ，この数年未曾有の特許出願件数となって

いる。これも特許出願件数と経済成長の相関関係を裏付ける証左であろう。かりに中国の経済成長が停滞し，成長率が年5%を下回るようになった場合，おそらく現在の特許出願件数は維持できなくなるであろう。ちなみに，経済成長率が年5%前後を推移する韓国の特許出願件数は微増である。一方，ゼロ成長の日本は，減少の一途をたどっている。

5 独自の標準化戦略の必要性

(1) 仲間作りの世界

これに対して標準化は，利害関係者の思惑もあって合意形成が容易ではない。そのプロセスは「仲間作り」と呼ばれる政治的かつ不確実な多数派工作を必要とする。これに対してわが国の政策は，企業経営者にもっと国際標準化の重要性を理解してもらう必要があるとしている。企業経営者が標準化の重要性を認識すれば，有能な社員に標準化担当を命じ，長い期間にわたり外国駐在を認めるだろうという期待がある。また，国際標準化担当の人事評価を高め，社員の処遇に反映するようにして欲しいとの意図もあろう。

しかし，このような企業依存は，現在のような経済状況では実現しにくいのは明らかである。英語が使えて交渉にも長けている有能な社員を，不確実性の高い海外での標準化業務を担当させる合理性が見出しにくいからである。そのような能力をもつ社員であれば，もっと別の場面で，業績に直結するような形で活躍してもらいたいと考えるのが自然であろう。

国際標準化戦略はこれまで同様，あるいはこれまで以上に重要であることに間違いはない。ただし，従来のように知的財産政策の枠組みの中で政策提言がなされる限り，標準化の役割と効果は限定されたものにならざるを得ないのは明らかである。知的財産戦略との整合は必要であるが，それと切り離して独自の国際標準化戦略を構築すべきである。

(2) 時代の変化

先ほど，標準化が知的財産政策の枠内で論じられるようになった契機がDVD事件にあったと書いた。その点について，少し説明が必要であろう。

標準化技術の本体やその周辺を特許で囲い込むのが積極的かつ戦略的な特

許活用であるという考えが 1990 年代後半に生まれた。特許をもつ技術が標準化されると，特許使用料が不可避となり，しかも多数の規格ユーザーから特許料収入が期待できるので新しい知財活用として注目された。その代表的な事例が画像圧縮技術についての MPEG2 パテントプールである。

　しかし，1990 年代後半と現在ではまるで特許を取り巻く環境が異なっている。MPEG2 のパテントプールは，特許権を重視するプロパテント時代を背景にして生まれた。しかし，IT バブルの崩壊後やリーマンショック後は先進国の社会経済が停滞し，特許権者の利益だけを重視する訳にはいかなくなった。いわゆる公共の利益とのバランスで特許権者の権利主張が調整される局面が多くなったのである。仮に，特許技術を標準化する，あるいは標準化技術の周辺を特許で囲い込むという発想で特許戦略を構築したとしても，近年の判例の傾向からして標準の障害特許が，無条件で権利行使が認められるかどうかは難しい。これは米国の場合も例外ではなく，特許権者にとっても高いハードルを越えねばならなくなった。

　つまり，標準化と特許の相対的な関係が時代とともに変わっているのである。別の言い方をすれば，標準化の社会的価値が相対的に高まったのである。

6　まとめ

　筆者は今年の 2 月後半，韓国の技術標準院（KATS）が主催する「アジア・パシフィック 3D 標準と知的財産フォーラム」に発表者の一人として参加した。このフォーラムはソウルで開催され，日本から筆者を含め 3 名，米国から 2 名，中国から 1 名，台湾から 1 名が招待された。地元韓国からは 4 名のスピーカーが参加した。それぞれが，フォーラムの共通テーマである 3D 技術に関する各国の標準化の状況と必須特許の動向を発表し，意見を交換した。

　ここで特筆したいのは，そこで発表・議論された内容よりも，韓国が国家戦略として，このような地域フォーラムを率先して開催しているという事実である。そこから，アジア・パシフィック地域で標準化問題についてのリーダーシップを取るという韓国政府の意図が透けて見えるからである。

　このことは，この 2 年間の韓国の技術標準院の動きをみれば，より明ら

かになる。韓国の技術標準院は2010年11月，ソウルで標準化と知的財産に関する国際シンポジウムを開催した。このシンポジウムには，アジア・米国だけではなく，欧州からも複数の研究者や有識者が招待された。シンポジウム閉会後に，「Society for Standard and Standardization (SSS)」(標準及び標準化学会)設立のための会合が開催され，招待講演者に学会の理事等名誉職を引き受けてもらうという演出も行われた。学会発起人の代表は挨拶の中で，SSSの設立の趣旨が国際的なフレームワークの創設であるとして，敢えて名称にKoreanやInternationalという冠を入れないことにしたと説明した。そこには，国際化をしなければ国家として存続できない韓国の事情が反映されている訳であるが，世界を睨んだ戦略であることを宣言する韓国の戦略でもあったろう。

　SSS設立間もない2011年6月，第一回のSSSの国際知的財産シンポジウムが，韓国・釜山市で開かれた。これは日中韓の標準化会議（第10回NAESCF）と同時に開催された。この時の発表者は，企業の標準担当者，経済学者，経営学者，法学者など多様であり，学際的な観点から今日の標準化と知的財産権の関係が議論された。

　日本でも国際標準化活動の強化の施策として「(標準化活動も含め)総合的にアジア諸国との連携を強化する」(2011年版知的財産推進計画)ことが謳われている。しかし，筆者は寡聞にしてそのための具体的なプログラムが実施されたことを知らない。

II　並行輸入商標判例研究
――「フレッドペリー事件」最高裁判決を中心として――

1　はじめに

(1)　社会的背景

　製造拠点が海外に移転する現象は，一般的に国内産業の空洞化と呼ばれる。空洞化が進むと，海外で製造された商品が日本に還流することになる。特に，服飾・衣料品などの場合，人件費や原料費の安い中国やインドネシアなどから輸入されるケースが圧倒的に多い。これらの輸入品は，一昔前とは異なり，一見して粗悪品と判るようなものが姿を消し，品質的にも国内の消費者に受け入れられるレベルになっているのが最近の特徴である。[1,2]

　消費者の意識も，海外製の商品＝まがい物という認識から，割安で十分使用に耐える商品というイメージに変化している。たとえば中国製の音響製品や家電製品などは，それが日系企業の製品のみならず現地企業のものであっても，あまりこだわらず購入されている。衣料品の場合には，ユニクロ商品の例に見られるように日常使用も耐えられる品質とデザインを持つものとして国内消費者に違和感なく受け入れられている。

　このように，製造コストの安い国家・地域に生産地が拡散している現状においては，特定商品の出所が安い生産コストを提供できる国や地域にたえず移動する。また，製造技術の標準化がすすみ，情報技術が共有されているため，高度の工作機械さえ手に入れば，世界のどこでも比較的均質の商品が作られるようになった。[3]

　製造業をめぐるこのような社会基盤の変化が，本稿のテーマの一つである並行輸入の問題の背景にある。

(2)　並行輸入とは

　ブランド商品などに代表される外国製の著名商品を輸入する場合，輸入総

代理店などを通じて国内に輸入されることが多い（輸入総代理店については「3　関連諸法の視点」で詳述する）。ところが，輸入総代理店を経由した流通経路（ここでは「正規ルート」と呼ぶ）の他に，外国で販売された商品を現地で購入し，正規ルート以外の経路でわが国に輸入される場合も少なくない。このような輸入は，正規ルートと並行する別個の輸入ルートというイメージをもつため，一般に「並行輸入」と呼ばれている。

並行輸入が実現するためには，いくつかの条件が必要である。その一つが内外価格差の存在である。外国での購入価格が安く，正規ルート品の国内販売価格が高いと，並行輸入を誘因する程度の価格差が生まれる。外国から並行輸入された商品と正規ルートの商品では，少なくても宣伝広告費用，アフターサービス費用分の価格差が生じる。著名ブランド品などの場合，広告宣伝などの販促費用の割合が高いため，大きな内外価格差を生む。このように，国内における積極的な宣伝広告活動により，著名となった商標品が並行輸入の対象となる。

内外価格差が十分でなければ，海外からの搬入費用を吸収できず，しかも法的リスクにも対応できない[4]。

(3) 問題の所在

上記のように，日本企業の製造拠点が海外に移転し，日本国内で販売される商品の多くが人件費の安い海外で製造されるような産業構造に変化した。海外の生産国は，先進国と同レベルの情報技術（IT）を駆使し，高度な工作機械を日本から購入することによって，商品の品質を飛躍的に向上させた。現在では，日本の消費者の期待に十分こたえられる品質レベルに達している。そのような商品の中にブランド品もふくまれる。

ブランド品は，一般的に，著名な商標が付されて販売される。著名商標は，一般に，輸入国のみならず製造国においても登録されている。登録商標は，それぞれの国または地域において所定の手続きを経て有効となる。たとえ同じ文字や図形に対する商標であっても，それぞれの登録国において独立した権利として取り扱われる[5]。

このように個々の商標権を登録した国や地域で独立した権利として扱う

「独立の原則」があるため，ある国で合法的に製造され，その国の登録商標を適正に使用した商品が日本に輸入された場合，同じ商標である日本の登録商標に侵害するという事態が生じる。[6]

　ある日本企業が「A」という登録商標を日本，中国その他の国で保有している場合を想定しよう。その企業はみずから中国で「A」商標を使用することをせず，中国メーカーに「A」商標の使用権を許諾（ライセンス）したとする。この場合，中国メーカーは，正当な商標の使用権者（ライセンシー）として，産品表示，ライセンス表示，ライセンス商品の品質保持など，商標法下で求められるさまざまな義務を負うことになる。このようなライセンシーの義務を遵守して製造された商品が「真正商品」として適格であり，その他の類似商品と法的に区別される。[7]

　このような登録商品が付いた商品であっても，それが一旦販売されてしまえば，商標権者はその後の商品の自由な移動を商標権によって拘束することはできない。購入者は原則として購入商品をどのように処分してもよい。処分に伴う商標権侵害の問題は，それを購入した国に関する限り一切発生しないからである。このような解釈の基礎となっているのが，商標付きの商品が販売された時点で排他権（商標権）が消滅するという「消尽理論」である。[8]

　中国メーカーが製造した「A」商標付き商品の購入者は，この商品を中国国内だけではなく，国外に輸出しようとするかも知れない。その場合，物価水準の高い日本がターゲットとなるのは当然のなりゆきである。ところが，日本にも「A」商品と同一の商標が登録されており，日本の登録商標権者は，中国からのライセンス商品の国内への輸入を排除したいと考えるかもしれない。この場合，日本の商標権者は，日本の登録商標を盾に，ライセンス商品の税関での禁止または裁判所での侵害品の差止をもとめることになる。

　ライセンス商品の購入者にとっては，中国で購入した商品に対して正当な対価をすでに支払っており，日本で登録されている同一商標になぜ拘束されなければならないのか納得できないであろう。このような立場の違いが，消尽理論を国境を越えて認めるか否かの立場の違い，つまり「国際的消尽」の賛否となって現れる。[9]

　国際的消尽はまだ確立したものではない。したがって，真正商品が国境を

越えて他国に持ち込まれれば，商標権の独立の原則を根拠とした侵害訴訟のリスクが伴う。並行輸入の輸入手続に対しては通商法上の差止め請求のリスクもあり，独占禁止法のもとでの訴訟リスクも皆無とはいえない。

真正商品の並行輸入にともなう法的リスクは，実務では先ず通関手続きの問題としてあらわれる。そして，それらの後に，正規ルートの商品と並行輸入品をめぐる独占禁止法上の問題として顕在化する。

本稿では，真正商品の並行輸入をめぐる問題を，知的財産法的アプローチとその他の関連法（通商法，独占禁止法）のアプローチに分けて検討することにする。[10]

2 商標法の視点

(1) 論点の整理

一方に，商品の国境をこえて移動すると，その商品に付着した排他権（商標権）は尽きはてるという国際的消尽理論がある。排他権が尽き果てれば，自由な物の移動が可能となり，ひいては競争が促進される。競争が促進されれば，消費者は広い選択肢の中から最も安い価格で商品を購入する機会が与えられることになる。

それに対して，商標権は登録国において独立した効力をもつもので，他国での販売行為等は，自国での権利の消長になんら影響をあたえるものではないという立場も有力である。この考え方は，商標権の「独立の原則」とよばれ，国内の商標権者の営業努力により確立した著名性や顧客吸引力を促進すべきであるという考え方に根ざしている。

真正商品をめぐる並行輸入の法律問題は，究極的には，上記の国際的消尽理論と商標権の独立の原則という二つの概念のバランスをどう調整するかという問題である。

(2) 商標法

①知的財産権との関係　知的財産権は，人間の知的創造活動の成果を保護するために付与される期間限定の独占権である。特許権，商標権や著作権などに代表される。

特許権は発明など技術的な成果を保護するものであり，著作権は文学・美術・音楽などの芸術作品はもとより，近年ではソフトウェアプログラムや情報コンテンツなど産業上の成果物も保護対象とする。これに対して商標権は，商標を保護して商標使用者の信用を維持することを目的とする。商標使用者の信用維持は，反射的な効果として消費者の利益を保護することにつながる。[11]

このように，同じ知的財産権でありながら，法律によってその目的とするところが異なる。特許法は「産業の発達」を，著作権法は「文化の発達」を促すことを目的とする。ところが商標法は，「消費者の利益」を保護するとの規定から明らかなように，他の知的財産法と比較すると，より消費者に近い法律であるといえる。

本稿は，知的財産権の中でも特に商標権を中心に取り上げるものである。[12]

②属地主義　前記のように知的財産法は，個々の法律により「産業の保護」，「文化の発達」，「消費者の利益」など，異なる目的を規定している。しかし，それらに共通する特徴は，知的財産権はいずれもそれが成立した国や地域でのみ効力をもつ点である。これは「属地主義」と呼ばれる考え方で，知的財産制度の主要な原則である。この原則は，法が適用される範囲や効力の及ぶ範囲を，それが制定された領域内に限定する考え方で，国際条約により認められている。[13]

この属地主義によって，本来，内外価格差などの経済的理由を動機とする商行為が，複雑な法律的な問題となって顕在化する。たとえば，日本で商標権を登録した場合，属地主義のもとではその権利にもとづく排他権は，日本国内でのみ行使できる。したがって，国際的なビジネスを考える事業者は，事業展開が予想される他の国においても，別途，それぞれ商標権を登録して排他権を確保しておくことが必要となる。[14]

並行輸入問題の歴史をたどると，知的財産権の種類によりその違法性の認定が異なっていたことがわかる。たとえば特許品の並行輸入については「ビービーエス（BBS）事件」における1997年7月1日付の最高裁判決で解禁された。それ以前は，特許品の並行輸入は国内特許に侵害する行為であると解釈されていた。[15] 最高裁は「BBS事件」において，一旦販売された商品については特許権の効力が消尽するため，原則として並行輸入品は関連特許を侵

害しないとする特許消尽理論の適用を支持したのである[16]。

著作権については，長い間，真正著作物の並行輸入が国内著作権を違反するかどうか議論が分かれていた。しかし，1999年の著作権改正（平成11年改正）により，この問題に決着がつき，現在では明文で違法性が否定されている[17]。

商標法下では，商標付きの商品を「輸入」することは，国内の当該商標の侵害となると当初は解釈されていた[18]。しかし，市場競争の促進を重視する立場から，商標品の並行輸入を容認すべきであるとの声が高まり，制限派と容認派の解釈が並立するようになった。並行輸入制限派は，外国からの商標品は基本的にグレーマーケットであるとしてこれを制限すべきであるという考え方に立った。これに対して容認派は，真正商品であれば輸入として問題はなく，むしろ内外価格差の存在を背景として流通する並行輸入品を国内市場への競争圧力として活用すべきだ，と主張した。前者は商標権者の利益を重視し，後者は消費者の利益を重視する立場である。

このような背景の下で，1970年の「パーカー事件」における判決（後述）が出された。この判決で一審の東京地裁は，真正商品の並行輸入に関するかぎり違法性はないという新しい解釈を示し，この解釈が真正商品の並行輸入は，国内の登録商標を侵害しないとする判例となったのである。

③**商標の機能**　一般に商標権は，商標付きの商品が誰により製造されたものかを規定する「出所表示機能」と，その商品の品質が商標権者のものと同等であるとの保証を購入者にしめす「品質保証機能」とを併せもつ。

真正商品とは，商標権者または商法権者から商標の使用許諾（ライセンス）を受けた者が製造し，しかるべく品質の確認を行って当該商標付きで販売される商品である。このような真正商品が，正規ルート以外で輸入された場合に並行輸入となる。真正商品の並行輸入は，当該商品の輸入ルートだけが異なるもので，実質的に商標権の出所表示機能を損なうものではない。

また，商標権者が自ら製造をおこなう場合はもとより，商標の使用権を他社にライセンスして製造をゆだねる場合でも，商標権者は，ライセンス商品の出所および品質について管理・監督する義務を負う。ライセンス契約でさだめた品質基準に満たない商品が生産された場合，商標権者はライセンス契

約を解除して一定の品質基準以下の商品に対して自己の商標を付す行為を止めさせることができる。このような品質保持のための管理義務の存在が商標の品質保証機能を担保するのである。

商標権のもつ出所表示機能や品質保証機能がそこなわれない真正商品の並行輸入については，その侵害性を否定し，自由競争に付すのがむしろ消費者の利益にかなうという解釈が次第に有力となった。そのような解釈は，「パーカー事件」における大阪地裁判決（1970 年）に始まり，ラコステ事件における東京地裁判決（1984 年）でさらに真正商品の対象がライセンシーの商品に拡大された。両判決は下級審判決であり，その理由や並行輸入の要件に若干の違いはあるが，真正商品の並行輸入を認めた道標的な判決例である。

以下に，パーカー事件判決およびラコステ事件判決を検討する。

(3) 並行輸入容認判決

①「パーカー事件」　この事件は，並行輸入会社であるエヌ・エム・シー株式会社が，輸入業者のシュリロ・トレーディング Co. Ltd. を相手取り，シュリロ社が申し立てた税関による侵害品禁止の無効をもとめたのである。

米国のパーカー・ペン社は，日本の登録商標 PARKER の権利者である。シュリロ社は，パーカー・ペン社から当該商標の使用許諾（ライセンス）を得ていた。同社は，PARKER 商標のライセンスを根拠として，日本における PARKER 万年筆の市場を独占していた。

シュリロ社は，1968 年 4 月に税関にこの商標を付した商品の第三者による輸入の差止めを求める申立書を提出した。輸入差止申立書については，次章で詳細に検討する。

申立てを受けた税関は，以後，真正商品であってもシュリロ社の輸入同意書の提出がない限り，関税定率法でいう「商標権を侵害する行為」に該当するものとして，第三者による PARKER 万年筆の輸入を許可しない方針をとった。

エヌ・エム・シーは，香港で買い付けた真正のパーカー・ペン 600 本について大阪税関に輸入申告をしたが，税関長はシュリロ社の輸入同意書がないとして輸入を許可しなかった。エヌ・エム・シーは，輸入販売差止請求権

不存在の確認をもとめる請求を大阪地裁に提起した。[23]

訴えを受けた一審地裁は，従来の考え方を転換し，エヌ・エム・シーが輸入したパーカー万年筆も真正商品であり，PARKER商標の出所表示機能や品質保証機能を何ら損なうものでない以上，PARKER商標の侵害は発生しないとして，大阪税関長の差止処分を取り消した。裁判所は判決文の中で，商標法は商標権者の市場独占の利益を保護することを意図するものでないことを明確にした。[24]

この事件では，並行輸入された真正商品はパーカー社により製造された万年筆であり，出所や同一性についての議論はなされなかった。

②「ラコステ事件判決」[25]　フランス法人であるラコステは，世界各国でワニの図形の中に「lacoste」の文字を配した登録商標を所有している。原告の三共生興は，同商標のライセンスを受け，ラコステからの技術指導の下でラコステ商品を日本，韓国および台湾でライセンス生産し，これをラコステからの輸入商品と共に日本で独占的に販売していた。

一方，米国，カナダおよびカリブ海諸国においては，ラコステの子会社ラコステ・アリゲーター社から，アイゾット社が同じくlacoste商標のライセンスを得てライセンス商品を製造・販売していた。新進貿易は，アイゾット社が米国で製造したラコステ商標付きのライセンス製品を購入し，それを日本に輸入し，販売した。

ラコステおよび三共生興は，新進貿易による製品の輸入販売の差止を求めて訴えを提起した。新進貿易は，ライセンス製品の輸入販売行為は原告ラコステに由来する真正商品の並行輸入であるから実質的違法性はない，と主張した。

この事件では，三共生興は，ラコステ商品を輸入し，自ら商標ライセンスを得てライセンス生産を行っている。いわば三共生興が輸入総代理店であり，lacoste商標のライセンシーでもあった。これに対して新進貿易の並行輸入品は，北米を販売地域とするアイゾット社が製造したライセンス商品であった。

著名な商標をライセンスする場合，世界をいくつかの地域に分け，地域ごとに異なる会社に商標権の使用権を許諾することが多い。[26]地域・民族により消費者の嗜好が異なるため，ライセンシーは地域にあわせた品質の商品開発

が行われる。このように，地域毎に異なるライセンシーの手になる，異なる形状や外見をもつ製品を第三者が日本に輸入したため，商標の出所表示機能や品質保証機能が侵されたどうかが問題となった。言い換えれば，そのような商品をも真正商品に含めるかどうかが争われた。

出所表示機能に関して，東京地裁は，原告・三共生興の販売する原告商品を示す表示として lacoste 商標が広く認識されているのは，世界的に著名な原告ラコステと提携し，ラコステのライセンシーとしての立場にあるためであるとした上で，関連商標の構成として同一ではないがそれぞれ類似しており，その出所源として原告ラコステを示す一連のラコステ商標として同一視すべきである，とした。

また，品質保証機能に関しては，lacoste 商標がワニマークの商品の出所源として世界的に認識され，そのような認識から生じる業務上の信用維持のために，各商標を管理し，アイゾット社や三共生興などのライセンシーに対して，製造販売する商品の品質管理を厳格に行っていると認定し，「米国のアイゾット社も我が国における原告三共生興も，原告ラコステの信用の下でその信用を利用してその製造するラコステ商品を販売している点で同じ立場にあるとした」[27]。

③ **小 括**　パーカー事件判決とラコステ事件判決を比較すると，真正商品の要件がいくぶん緩和されていることがわかる。この変化の背景には，1970 年のパーカー事件判決から 1984 年のラコステ事件判決にいたるまでの 14 年の時間の経過がある。この間に，高度経済成長により所得が向上し，消費者の購買力が飛躍的に向上した。海外の有名ブランド商品が多く求められるようになり，そのような商品の輸入を阻害することは時代の要請に合わなくなったのである。

もちろん，その後も並行輸入をめぐる下級審の判決例は多数出されている[28]。判決では，真正商品の範囲を広く認める基調にあるが，商標権の機能をそこなうとされた事例においては，真正商品の並行輸入という抗弁は否定されている。たとえば，外国での商標品の販売者と日本の商標権者が実質的に同一ではない場合には，出所表示機能を冒すとして真正商品とは認められなかった[29]。また，国内において真正商品の並行輸入品に改変を加えたために品質・

形態が大幅に相違するとして真正商品の抗弁が否定された事件もある。[30]

3 関連諸法の視点

前の検討からも明らかなように，並行輸入品が侵害物品にあたるかどうかは基本的に商標法の問題である。判例により，真正商品の並行輸入については適法性がないという解釈が下級審レベルであるが確立していた。そのような解釈を，最近になって，最高裁が「フレッドペリー事件」（次に詳しく検討する）において支持したのである。

真正商品以外の物品を無断で輸入すれば，それは商標権の侵害となる。そのような侵害物品が国内に輸入されるとき，税関において禁止措置がとりうる。この水際での禁止を規定するのが「関税定率法」である。[31]

他方，真正商品の並行輸入品として合法的に輸入された物品に関しては，輸入総代理店（後述）の行為によって，「私的独占の禁止及び公正取引の確保に関する法律」（以下「独占禁止法」という）の適用を受ける。独占禁止法は，不公正な取引方法を違法とする。[32]

ここでは，並行輸入という文脈において，法律の射程が全く異なる「関税定率法」と「独占禁止法」を検討する。前者は，侵害品の流入を阻止して商標権者の利益を保護し，後者は輸入総代理店の不公正な取引方法を排除して消費者の利益を確保するものである。

(1) 関税定率法

知的財産権侵害品の水際取締は，主に関税定率法の規定により，知的財産権の権利者からの「輸入差止申立」を受けて行われる。同法は，麻薬，覚せい剤，けん銃，偽造通貨などと並んで知的財産権侵害品を輸入規制品と規定しており，侵害品は全国の税関において取締りが実施されている。[33]

①**輸入差止申立** 商標および著作権の権利者は，全国の税関長に対して，自己の権利を侵害すると思われる貨物が輸入されるとするとき，当該貨物の輸入を差し止め，その貨物が自己の知的財産権を侵害するかどうか判断するための認定手続きをとることができる。これが「輸入差止申立」制度である。輸入差止申立制度は，1994年に関税定率法の改正により導入された。[34]この

第5章　知的財産マネジメント　229

表 5-2　差止申立商標

商標名	侵害指定品	商標名	侵害指定品
「MY FAVORITE TIARA」	Tシャツ	「CROCODILE」	ポロシャツ
「MOET ET CHADON」「DOM PERIGNON」	スパークリングワイン	「DOLCE & GABBANA」「J & ANS」「D&G」	バッグ，トレーナー，Tシャツ
「YVES SAINTLAURENT」「RIFEAUCHE」	Tシャツ，ポロシャツ，靴下	「NIKE」「AIRMAX」「NIKESPORTS」	運動靴
「LEVIS」「LEVISTRAUSS」「501」	ジーンズ	「HONDA」	キーホルダー
「agnes b」	Tシャツ	「Indian」「Indian Motorcycle Co.,Inc」	革製ジャケット，革製シャツ，Tシャツ
「COLUMBIA」「columbia」	CD, Video,disc/tape	「エルメス」「HERMES」	絹製スカーフ
「LOUIS VUITTON」	ハンドバック	「CHANEL」「No.5」「COCO」「No5 CHANEL PARIS」他	ハンドバック類，財布類，ジュエリー，アクセサリー，婦人靴，衣類，スカーフ
「プラレール」	プラモデル	「S-YARD」	ゴルフクラブ
「L.L.Bean」	Tシャツ	「PROTECTION」「SHOCK RESIT」	デジタル腕時計
「McGREGOR」	セーター，ポロシャツ	「ELLE」	Tシャツ，トレーナー，ポロシャツ
「YKK」	スライドファスナー	「HONDA」	ワッペン単体
「HANES」	Tシャツ	「ESPRIT」	腕時計
「TOYOTA」	フィルター，キーホルダー		

　制度改正により，商標権，著作権，著作者隣接権の権利者は，自己の権利に侵害する物品に関して，従来の税関の職権取締にくわえ，新たに差止申立を求めることができるようになった。[35]

　しかしながら，この差止申立制度は，侵害の有無の判断が困難であるという理由から特許権，実用新案権，意匠権などには適用されなかった。そのため日本政府は平成15年，関税定率法を改正して，新たに特許権，実用新案権，意匠権の権利者に対しても差止申立制度を認めるべく制度を改めた。[36] 法

改正の背景には，知的財産権保護の機運のたかまりがある[37]。

新制度の下では，権利者からの申立があった場合，税関長は，侵害品の輸入に対して当該貨物を差し止め，適正な手順にもとづく認定手続きを行わなければならない。

2003年の5月には，差止申立がなされている商標名および侵害品は，25件である。参考までに，申立のあった登録商標のリストを掲載する。(表5-2参照)

関税定率法の趣旨からすれば，差止申立の有無にかかわらず，侵害品とみなされる貨物に対して税関長は認定手続きをとらなければならないのであるが，膨大な数の輸入貨物や国際郵便物を扱う税関にあっては，現実の問題として侵害品かどうかを見分ける事は困難をきわめる。したがって，特に申立のあった貨物に資源を集中して，水際での規制を実現しようとするものである。

輸入申告された貨物や国際郵便物のうち，商標権等の知的財産権を侵害するものがあると思われるときは，税関長は，当該貨物が知的財産権を侵害するものに該当するか否かの認定手続をとらなければならない。

認定手続の期間中は，侵害品と疑われる貨物の輸入はできない。輸入者はこの期間，販売しておれば得られたであろう利益を失うおそれがあるため，損害の賠償を担保する必要があると税関長が判断するときには，申立人に対して期限を定めて相当額の金銭の供託を命じることができる。これは，輸入差止申立の乱用を防止するためのもので，「申立担保制度」と呼ばれている[38]。なお，認定手続をおこなわずに税関長が当該貨物を輸入禁制品として没収，廃棄し，当該貨物の積み戻しを求める命令を出すことはできない[39]。

②**輸入差止情報提供**　差止申立とは別に，知的財産権の権利者は，輸入禁止のための情報提供を行うことができる。情報提供を行う権利者は，所定の様式に記入の上，資料を必要部数添付して提出すればよい。書類は，情報提供をおこなう法人の本社の所在地（あるいは個人の住所）を管轄する税関に提出する。

添付資料として，権利の登録原簿の謄本および公報，侵害物品の写真やカタログなど侵害物を特定・認定できるような資料を必要部数提出しなければならない。

輸入禁止情報提供は，輸入差止申立制度の適用を受けることができなかった特許侵害品や著作権侵害品などの水際取締を保管するため，税関当局の注意喚起の手段として用いられていた。しかし，法律改正により，特許侵害品や侵害著作物などに対して輸入差止申立制度が適用できるようになるため，知的財産権に関する限り，輸入禁止差止情報提供の実質的な役割は終わった，と言うことができる。

(2) 独占禁止法

①公正取引委員会指針　わが国の独占禁止法は，真正商品の並行輸入は合法であるとの前提でその運用がなされている。独占禁止法が具体的に並行輸入問題をどのように位置付けているかを知るためには，公正取引委員会が公表した流通・取引慣行に関する独占禁止法上の指針（ガイドライン）が参考になる。ガイドライン（1991年7月運用）は，わが国の流通・取引慣行に関するさまざまな問題を広範にとりあげている。並行輸入問題はその中の一つである[40]。

ガイドラインにおいて，並行輸入問題は，第3部「総代理店に関する独占禁止法の指針」の中で取り上げられている。第3部の構成は，1）大きな市場占有率をもつ事業者間の総代理店契約，2）販売価格や販売地域など各種制限規定を盛る総代理店契約，3）並行輸入の不当阻害であり，これらの各行為について独占禁止法上の違法性を検討している。第3項の「並行輸入の不当阻害」が本稿にもっとも関連するものである。

②並行輸入の不当阻害　真正商品の並行輸入は，内外価格差があるときに行われることは既に述べた。並行輸入品が低価格で販売されることにより，輸入総代理店の取り扱う商品の販売価格が値崩れを起こすことが考えられる。このように，真正商品の並行輸入は，結果として輸入総代理店の一手販売権をそこなう効果をもたらす。この点について公正取引委員会は，総代理店制度の機能そのものは独占禁止法上許容されるとしながら，輸入総代理店は必ずしも国内市場で一手に販売する法律的な地位を保証されている訳ではなく，輸入総代理店の一手販売権を擁護する必要はない，という立場をとる[41]。

並行輸入に対して輸入総代理店がとりうる対抗策には，並行輸入業者や海

外の取引先に圧力をかけて並行輸入ルートを遮断する「ルート遮断」や国内において並行輸入品の販売を妨害する「販売妨害」などがある。独占禁止法は，基本的に真正商品の並行輸入を競争促進的であると認識しているため，これらの行為は並行輸入による自由な商品の流入を阻止し，結果として自由競争を損ねるため，不公正な取引方法であるとみなす。[42]

ガイドラインにおいては，不公正な取引方法に該当する行為として，以下の7つの類型を具体的に例示している。
 1） 海外の流通ルートからの真正商品の入手の妨害[43]
 2） 販売業者に対する並行輸入品の取扱い制限[44]
 3） 並行輸入品を取り扱う小売業者に対する契約対象商品の販売制限[45]
 4） 並行輸入品を偽物扱いすることによる販売妨害[46]
 5） 並行輸入品の買い占め[47]
 6） 並行輸入品の修理等の拒否[48]
 7） 並行輸入品の広告宣伝活動の妨害[49]

これらの行為は，販売業者，小売業者，修理業者，広告業者など流通にかかわるあらゆる事業者に関連するものであるが，「消費者の利益」を主題とする本稿にもっとも関連するのが「並行輸入品を偽物扱いすることによる販売妨害」（第4項）である。

③**販売妨害**　独占禁止法は，真正商品の並行輸入は合法であるとの前提にたつことは本節の冒頭で述べた。したがって，並行輸入品に対して偽物の疑いで販売中止をもとめる場合には，十分な証拠を示さなければならない。また，安売りされている事実や正規ルートを経ていないことを理由に偽物扱いすることはできない。商標侵害を理由にして訴えられることは，並行輸入業者にとっては消費者の信用を失うことにつながる。したがって，合理的理由のない販売妨害や提訴は，違法となるおそれがある。

実際に，次章で詳述するフレッドペリー事件において，商標権者が業界新聞に並行輸入品が侵害品であるとの広告を載せたことから，並行輸入業者がそのような行為は違法であるとして，損害の賠償と広告等の禁止をもとめたのが裁判の発端となった。[50]

次に，この事件を詳細に検討する。

4 フレッドペリー事件

(1) 当事者

本事件は、株式会社スリーエム（上告人）がヒットユニオン株式会社（被上告人）および株式会社繊研新聞社（被上告人）を相手取って 1997 年に大阪地裁に提起したものである。上告人は並行輸入業者であり、被上告人のヒットユニオンは日本におけるフレッドペリー商標の所有者であり、繊研新聞社は業界新聞の発行者である。

(2) 事案の概要

英国法人フレッドペリー・スポーツウエア・リミテッド（以下「FPS 社」という）は、日本国商標 650248 号（1964 年 8 月 17 日登録）および 1404275 号（1980 年 1 月 31 日登録）を登録し、所有していた。両登録商標は、世界的に著名なブランドである「FRED PERRY」の文字および月桂樹の図形からなる商標で、指定商品を「被服、布製身回品、寝具類」とするものであった（図 5-1、図 5-2 参照。以下「本件商標」という）。

FPS 社は、シンガポール、マレイシア、ブルネイ、インドネシア、中国を含む 110 カ国で、本件商標とほぼ同一の商標を登録していた。

被上告人ヒットユニオンは 1996 年 1 月、FPS 社から本件商標の専用使用権の許諾を受けた。専用実施権が認定され、ヒットユニオンは一定期間、日本国内において独占的・排他的に本件商標を使用することができる立場を得た。そのため、商標権者である FPS 社といえども日本においては本件商標を使用することはできなかった(51)。

ヒットユニオンは 1996 年 1 月 25 日、FPS 社から本件商標権の譲渡を受け、同年 5 月 27 日、その商標権者として登録手続きを完了した。

日本における本件商標権の譲渡に先立つ 1995 年 11 月 29 日、ヒットユニオンは 100％子会社の英国法人フレッドペリー（ホールディングス）Ltd.（以下「FPH 社」という）を通じて、FPS 社が所有する日本を除くすべてのフレッドペリー商標について、その商標権を FPS 社から譲り受けた。これにより、世界中のフレッドペリー商標は実質的にヒットユニオンの管理下に置

かれた。

　一方，スリーエムは，1996年3月頃から7月頃まで，本件商標と同一のマークを付した中国製ポロシャツを輸入し，同年6月以降，日本国内で販売した（図5-3，図5-4参照。以下「本件商品」という）。本件商品は，シンガポール法人であるオシア・インターナショナル PteLtd. が，中国にある工場

図5-1　本件商標（Ⅰ）

FRED PERRY

図5-2　本件商標（Ⅱ）

図5-3　輸入商品商標（Ⅰ）

FRED PERRY

図5-4　輸入商品商標（Ⅱ）

に発注して下請け製造させ，別のシンガポール法人であるヴィラ PteLtd. を経てスリーエムが国内販売用に輸入したものである。

オシア社は1994年から3年間，FPS社とのライセンス契約にもとづき，本件商標と実質的に同一の商標（図5-3, 5-4参照，以下「フレッドペリー商標」という）についての使用許諾を受けていた。

しかし，ライセンス契約の許諾者（ライセンサー）の地位は，1995年11月29日にFPH社に移転した。このライセンス契約には，本件に関連する規定として，①製造地の制限(52)，②製造者の制限(53)が置かれていた。

フレッドペリー商標の付された商標は，オシア社が契約地域外の中国でFPS社の同意なく下請け製造させたものであった。このようなオシア社の行為は，使用許諾契約の制限条項に違反するものであった。

ヒットユニオンは，被上告人の繊研新聞社が発行する業界新聞に，フレッドペリー商品が偽造であるとの広告を掲載し，フレッドペリー商標が付された商品に関し関税定率法で定める輸入禁制品の認定手続きの申立を行い，さらに同商品の販売が本件商標権を侵害するとして裁判を起こした。

スリーエムは，被上告人等に対して，上記の新聞広告行為がスリーエムの営業を妨害し，信用を害するものであると主張して，民法709条にもとづく不法行為であるとして損害賠償等を請求した(54)。これに対してヒットユニオンは，スリーエムによるフレッドペリー商標付きの商品の輸入が本件商標権に侵害するとして，同じく民法709条にもとづき，損害賠償・差止をもとめる訴えを提起した。これら二件の請求を併合したのが本事案である。

(3) 一審の判断

一審大阪地裁は，問題となった輸入商品の違法性有無について，①商品の出所が真正商品の出所と実質的に同一であるか，②輸入商品への商標使用が合法的かつ適正であるか，③輸入商品の品質が，真正商品の品質に対する消費者の信頼に悪影響を及ぼさないか—の3つの要件を検討した。その結果，問題となった輸入商品にフレッドペリー商標を使用したことは，ライセンス契約の制限条項に違反するものであり，第②の要件が満たされていないとして，当該商品の輸入は違法であると結論づけた。

(4) 品質の同一性

並行輸入に関する消費者の関心事の一つは，製品の品質である。この点については当事者の主張はまったく異なる。

スリーエムは，現在のビジネスではそれぞれの国に個別のライセンシーを置いて製造・販売を行わせる「並行ライセンシング」が一般的である状況に鑑みて，正規ライセンシーの製造・販売した契約製品であっても，完全に同一にはなっておらず，並行輸入品にはそのような差異があることを消費者も理解していると主張した。[55]

これに対してヒットユニオンは，品質問題を考える基準は，需要者が期待するレベルにあるかどうかであるが，英国製商品と中国製商品では素材や着用時の快適感が大きく異なり，需要者の期待するレベルに達していないと主張した。[56]

このような主張を踏まえて裁判所は，本件の輸入商品はライセンス契約で定めた条件（製造地域制限・下請製造制限）に従わずに製造されたものであるから，製造業者であるオシア社の行為は契約で許諾された権限を越えたものであり，そのような行為は適法なものとはいえないと述べた。[57] そして，輸入製品による本件商標製品の信用への悪影響については「検討するまでもなく」輸入製品の輸入が真正商品の並行輸入足り得ないのはあきらかであり，本件商品の輸入・販売は本件商標に侵害すると認定した。[58]

地裁での両当事者の主張および裁判所の判決文から判るように，この事件では，ライセンシー側のライセンス契約の違反という事実が，裁判所をして「真正商品の並行輸入」による違法性の欠如という抗弁を斥けさせた。

判例により，真正商品の並行輸入が，商標権侵害としての実質的違法性をもたないためには，次の3つの要件を満たさなければならない。

要件①：輸入商品に付された商標が表示する出所と，商標権者の使用する商標が表示する出所が，実質的に同一であること，

要件②：輸入商品に付されている商標が，出所表示主体との関係で適法に付されたものであること，

要件③：輸入に係る商品の品質が，商標権者が商標を使用することによって形成している商品の品質に対する信用を損なわないこと，である。

今回の判決では，要件②が満たされていないため，要件③を検討するまでもなく，真正商品としての正当化が認められなかったものである。そのため，「輸入品の品質」（要件③）については実質的な議論はなされていない。

スリーエムは，この地裁判決を不服として大阪高裁に控訴したが，大阪高裁は 2002 年 3 月 29 日，スリーエムの控訴を棄却した[59]。この棄却判決を不服として，スリーエムはさらに最高裁に上告した。

(5) 最高裁の判断

上告を受理した最高裁は 2003 年 2 月 27 日，上告を棄却した。これにより，スリーエムの敗訴が確定した。

最高裁は判決の中で，下級審が依拠した真正商品判定のための 3 つの要件を改めて確認した。その一方で，本件のライセンス契約許諾条項の違反事実を重視して，次の 3 つの点を指摘した。

①オシア社がフレッドペリー商標の使用許諾を受けた国は 3 ヵ国であって，その中には中国は含まれていない。契約の許諾範囲を超えて製造された商品に当該商標を付すことは商標の出所表示機能を阻害する。

②製造国制限および下請制限は，商標権者が商品に対する品質を管理して品質保証機能を十全ならしめる上で極めて重要であり，これらの制限に違反して製造された商品にフレッドペリー商標が付された本件商品の場合，商標権者による品質管理が及ばず本件商品と被上告人ヒットユニオンが本件登録商標を付して流通に置いた商品とが，本件登録商標が保証する品質において実質的に差異を生ずる可能性があり，商標の品質保証機能が害されるおそれがある。

③このような商品の輸入を認めると，これまで築き上げてきた「フレッドペリー」ブランドの信用が損なわれかねない。消費者は，並行輸入品に対して，商標権者の商品と出所および品質が同一の商品であるとの信頼をおいているから，今回の場合のように契約上の制限に違反した商品の輸入を認めると，消費者の信頼に反する結果となる[60]。

(6) 小 括

 裁判所は，パーカー事件判決において，商標権者またはそのライセンシーの製造した真正商品の並行輸入に門戸を開いた。そしてラコステ事件判決において，製造国によってライセンシーが異なり，そのためのライセンス商品の形状や品質が異なるいわゆる「並行ライセンス」の場合についても真正商品として認めうるとの判決を示した。両判決は，複数の販路をもつことが結果として消費者の利益につながるという解釈を基調としている。

 今回のフレッドペリー最高裁判決は，こうした解釈論を確認する一方で，真正商品については厳格な品質の管理を条件とすることを表明したものである。具体的には，並行輸入業者に，取り扱う商品が契約に遵守して製造されたことを確認する義務を課した。これまでの判決例により消費者の利益を保護する方向に振れていた時計の振り子を，今回の最高裁判決はすこし引き戻したと表現できるかもしれない。

 この問題は，商標権者の保護に力点をおくかそれとも消費者の利益を優先させるかにより結論が異なる微妙な問題である。フレッドペリー商標をめぐる商標違反訴訟では，東京と大阪で裁判所の判断が全く異なる結論となったことからもこのことは明らかである。東京で争われた別のフレッドペリー商標事件については，次章で検討する。

5 消費者の利益

 ここで，並行輸入によりもたらされる消費者の利益とはなにかを具体的に考えてみよう。

 消費者にとっては，より安い価格で，正規ルートの商品と同等の品質のものを入手できれば並行輸入の便益を直接的に享受できることになる。以下，①並行輸入品がなぜ安い価格で提供できるのか，②並行輸入品の品質問題，についてそれぞれ検討する。

(1) 低価格のメカニズム

 並行輸入は，商品の内外価格差の存在が前提となる。内外価格差が十分でなければ，購入地から日本への輸入費用を勘案した場合，並行輸入品は消費

者を誘引するほどのコストメリットをもち得ない。内外価格差の少ない商品は，並行輸入業者にとってはうまみのない商品であり，現実の取引の対象とはならない。

　消費者に知名度の高いブランド商品や著名国際商標などの場合，積極的な広告宣伝活動により，国内の消費者の関心と購買意欲が喚起されている。広告宣伝費は，最終的に商品価格に転嫁されることになるが，商品価格に占める広告宣伝費の割合は，各ブランドや企業の戦略にもよるが総じてかなり高いレベルにある。[61]

　並行輸入品は，その属性として確立したブランドイメージにただ乗りする側面をもつ。[62] したがって，正規ルートの商品と比べると，並行輸入品の宣伝販売費用は絶対額においてもその比率においても少ないのが一般的である。また，並行輸入品の場合，正規ルートの商品と同等のアフターサービスを提供できるシステムには通常なっていない。

　本稿冒頭で述べたように，並行輸入は内外価格差の十分な商品を対象にしておこなわれる。言い換えれば，正規ルートの商品の国内販売価格よりも廉価で販売できるような商品しか並行輸入の対象にならないのである。ビジネスとして並行輸入を考える場合，正規ルートの商品よりも安い価格で商品が提供されることは，所与の条件と考えてよい。

(2) 品質の同一性

　真正商品の並行輸入は，①真正商品性，②内外権利者の同一性，③内外品質の同一性——という三つの要件が満たされた場合に法的に肯定される。第2章ですでに検討したように，これは下級審裁判例において確立した解釈である。このような司法解釈にもとづき，その他の関連機関も並行輸入の取扱実務を変更している。

　たとえば，税関では，上記の①②③の三要件を満足する限り，真正商品の並行輸入を規制することはない。商標権者による差止申立がなされていても，真正商品の並行輸入であるかぎり，水際規制は適用されないというのが関税当局の方針である。

　公正取引委員会も同様な方針をとる。公正取引委員会は，真正商品の並行

輸入は合法であるとの前提にたち，そのような合法的な行為を抑制するような行為（不当阻害）があれば，それは独占禁止法による排除命令の対象となるとの解釈をとる。独占禁止法の運用ガイドラインでは，並行輸入を抑制するような不当阻害は違法であると明示されている。

　したがって，並行輸入問題の法的側面を考える上で，商標法にもとづく真正商品の解釈がどのように変遷するかが極めて重要になる。

　①**新たな要素**　　前章で検討したフレッドペリー事件最高裁判決は，真正商品の並行輸入が商標権の侵害に当たらないとするこれまでの下級審の法解釈を最高裁が承認した点に意義がある。(63) 注意すべき点は，今回の判決で最高裁は，これまでの並行輸入問題の判決例にみられる真正商品の要件を支持する一方で，品質の同一性について新たな要素を付加している点である。

　具体的には，真正商品認定の三要件（ⅰ真正商品性，ⅱ内外権利者の同一性，ⅲ内外品質の同一性）に関連して，「輸入に係る商品の品質が，商標権者が商標を使用することによって形成している商品の品質に対する信用を損なわないこと」という要素を追加した。これは，品質管理がなされていない商標商品については真正商品と認めないという趣旨である。

　「品質管理がなされていない」とは具体的にどのような場合かという疑問については判決文の中で具体的に明示されていない。最高裁は，要件ⅱが満たされていないため，要件ⅲを検討するまでもなく，真正商品としての正当化が認められない，としてその点についての論及を行っていない。

　しかしながら，ライセンス契約の制限条項に違反した場合には同一の品質基準を満たすとはみなされないという判決の趣旨からすれば，並行輸入品が契約に準拠して製造されたかどうかを確認されたかどうかを確認することがその必要条件となると解釈して間違いないであろう。これまでの商標ライセンスの実務においては，許諾者（ライセンサー）が被許諾者（ライセンシー）にたいして，一定レベルの品質を保持するための品質管理を行う義務があるとされている。今回の判決では，それに加えて，並行輸入業者に「注意義務」が課せられたことになる。

　②**東京事件と大阪事件**　　本件は，大阪地裁の判決に対する大阪高裁での控訴審判決を原審とする上告審である（以下まとめて「大阪事件」という）。

この事件とは別に，並行輸入品によるフレッドペリー商標侵害が争われた事件が東京地裁・東京高裁でも審理された（東京高裁は地裁の判決を基本的に支持しているので，以下ではまとめて「東京事件」と呼ぶ）。

東京事件は，大阪事件と同一のフレッドペリー商標について争われた。侵害とされた並行輸入品は，大阪事件での製造元と同一であり，同一の現地供給先から輸入されたポロシャツであった。両事件の相違点は，訴えられた並行輸入業者が異なる点と，大阪事件では「製造地域制限」と「下請製造制限」の二つの契約上の制限に違反して製造されたのに対して，東京事件では「製造地域制限」にのみ違反したという点だけであり，その他はほぼ同じである。[64] しかし，東京事件で裁判所は，並行輸入はなんら商標権の侵害とならないとの判断を下した。[65]

大阪事件の裁判所の結論と東京事件の裁判所の結論を比較すると，大阪事件では商標権者の利益の保護に重点がおかれたのに対して，東京事件では並行輸入を認めることにより消費者の利益を重視した，とみることができる。その結果，東京と大阪では，最終的な結論がまったく異なる判決となった。ここに最高裁による規範的な判断が求められたもう一つの理由がある。

6 まとめ

洋の東西を問わず，消費者の嗜好は，居住する地域や国の歴史，宗教，風土などに影響される。その結果，販売地や販売国により，同一商品に使用する色，素材，形状やネーミングなどを変える必要がでてくる場合も少なくない。海外向けの商品開発をおこなう場合，消費地の社会的・文化的な側面をも考慮するのはこのためである。

ある製造元が同じ商品を特定国の消費者向けに異なる形態や形状で販売したとする。その商品が国境を越えて別の国に移動した場合，同一製造元の同一商品であるにもかかわらず，一見すると同一商品かどうか判然としない場合がある。当然，品質も異なるのではないかという疑問が生じる。このように，消費者の嗜好を反映した商品開発は，結果として税関での並行輸入品のとりあつかいを困難なものとし，商標法侵害訴訟における司法判断をむずかしくする。

それに対して判例は，真正商品である限りその並行輸入を許容する。真正商品と認定されるための要件は，判例のつみかさねにより次第に精緻化されてきた。判例の基調には，真正商品の並行輸入は公共の利益にかなうという認識がある。今回の大阪事件で最高裁は，そのような基調を維持しつつ，商標権者の利益にも配慮したバランスをとった判断を示した。つまり，並行輸入業者に輸入する商品が契約を遵守して製造されたものであるかどうかを確かめる義務を課すことで，バランスを調整したのである。

　従来，真正品の並行輸入は競争促進的であり，消費者の利益につながると考えられてきた。一方，知的財産権者の利益を並行輸入から保護すべきである，という主張も近年とみにつよい。また，国際取引がグローバル化する時代にあって，とくに欧米の競争政策と整合性をもつ法解釈が必要となった。米国では，並行輸入は「グレーマーケット」（灰色市場）と呼ばれ，違法性が強いと認識されている。また，欧州では，域内でのモノの移動については自由に認めるものの，域外からの並行輸入については依然として規制している。

　日本の最高裁が欧米の競争政策に調和させる必要性を感じていたと言ってもあながち間違いではなかろう。そのような背景は別としても，合法とされる並行輸入の要件を最高司法府として初めて確認し，並行輸入品を安心して購入できる消費者の利益を担保した点に今回の最高裁判決の意義がある。

　しかし，最高裁は，並行輸入業者に対して，輸入しようとする商品が契約上の制限を遵守しているかどうかを事前に確認する「注意業務」を課した。その結果，並行輸入全般を抑制する効果が生じることも考えられる。新たに導入された注意義務が並行輸入業者の心理的な負担となり，並行輸入ビジネスそのものを冷えこませる可能性があるからだ。もしそうであれば，今後並行輸入品の量的拡大にとって足かせとなることも考えられよう。

(1)　馬場錬成『大丈夫か日本の産業競争力』（プレジデント社，2003年）。馬場は，品質向上の理由を産業技術の標準化であるとし，それを可能としたのが技術情報による製造技術の共有であり，日本からアジアに輸出された工作機械であると指摘する（同書24-25頁参照）。
(2)　前掲注(1)，馬場，18-19頁参照。

(3) 前掲注(1)，馬場，36頁参照。馬場は，中国中山市にあった日本メーカーの委託工場が人件費の安いバングラディッシュに移った事例を紹介して，「まるで水が高きから低きに流れるように，製造現場は安い人件費の現場を求めて流れていく。世界の製造工場となった中国から，さらに安い人件費を求めて流れていく産業構造は，製造技術の標準化が進めば進むほど世界に広がっていくだろう。」と指摘する。

(4) 内外価格差の原因として「円高差益」の存在も無視できないが，ここでは触れない。

(5) これは「独立の原則」と呼ばれる考え方で，商標のみならず，特許や著作権などにも共通する知的財産権制度を支える重要な原則の一つである。

(6) この考え方が，後述する「パーカー事件判決」前の基本的な法解釈であった。参照，平尾正樹「品質の同一性は真正商品の要件か」(日本知的財産協会『知財管理』Vol.53, No.7, 2003年, 1095頁)。

(7) 真正商品となるための要件は，本論文のテーマである「フレッドペリー事件判決」で具体的に議論されているので，ここでは触れない。真正商品としての法的要件を満たさない輸入品については，その違法性の程度により「グレーマーケット」または「模倣品」と呼ばれる。グレーマーケット商品は，その名前が示すとおり，違法性が明確でない商品であり，模倣品は登録商標に侵害する。

(8) 消尽理論は，専門的には「商標権が商標を使用した商品の最初の拡布により用い尽くされ，当該商標の使用に及ばなくなることをいい，国内的消尽と国際的消尽とがある」と定義される。(北川善太郎・斎藤博『知的財産権辞典』(三省堂，257頁)。「消耗理論」，「用尽理論」とも呼称される。

(9) 国際消尽理論については，マーク・ソマーズ米国弁護士が講演の中で以下のように説明している。「商標権をめぐる属地主義(territoriality)と普遍主義(universality)との対立と言えると思います。前者は，商標権の及ぶ範囲は，登録された国に限られ，商標権者の権利は国境を越えることはないとします。後者は，商標権は登録された国の境界を越えて，広く普遍的に及ぶものとします。」(「CIPICジャーナル」Vol. 43, 1995年, 3頁)。

(10) 並行輸入行為と関連諸法のかかわりについては，日高和明『並行輸入行為の法的規制』(「CIPICジャーナル」Vol. 26, 6頁)から示唆を受けた。

(11) 特許法はその究極的な目的を「産業発展に寄与すること」(特許法第1条)と規定する。商標法は，「この法律は，商標を保護することにより，商標の使用をする者の業務上の信用の維持を図り，もって産業の発達に寄与し，あわせて需要者の利益を保護することを目的とする。」(第1条)と規定する。

(12) 並行輸入問題を「消費者の利益」の視点から論じることを主たる目的とする本稿においては，知的財産権およびその制度論は，論考の直接的な対象ではないのでここではその詳細には触れない。

(13) 北川善太郎・斎藤博『知的財産権辞典』三省堂，2001年, 322頁参照。

(14) 一カ国に商標権を登録すれば世界のあらゆる国で有効となる「世界商標」制度も検討されてはいるが，実現への道は遠い。「共同体商標制度」(Community Trademark System)のような国レベルを越えた拡大地域での制度構築も進んでい

るが，現実には権利取得のための手続きの統一という段階であり，取得した権利をいずれの国でも同等な法的効力をもって行使できるような制度はまだ整ってない。

(15) 『判例タイムズ』951号，105頁。

(16) この判決は，初めて特許の「消尽理論」を認めた重要な判決である。控訴審で東京高裁はこの消尽理論を国内のみならず国際間でも認める「国際的消尽」を認めるという踏み込んだ判断を示したが，最高裁は国際消尽については後退した判断を示した。特許品の並行輸入を初めて認めたこの判決および最高裁の認定した消尽理論の範囲等については多くの論考がある。一例として，拙稿 "Parallel Import of Patented Goods into Japan" *les Nouvelles*, March 1998, pp 7-9 がある。

(17) 著作権法26条の2第2項4号。『判例タイムズ』1117号217頁参照。なお，平成11年改正前の状況についての著作であるが，穂積保『並行輸入の法律論』（東京布井出版，1997年）が著作物をめぐる並行輸入問題について詳しく検討している。

(18) 商標法第37条4。

(19) 上杉秋則・栗田誠他著『21世紀の競争政策』東京布井出版，2000年，225頁。

(20) これらの他に，真正商品の並行輸入を認めた判決例として，「BBS事件判決」（名古屋地裁昭60（ワ）1833号，昭和63年3月25日判決），「GUESS事件判決」（東京地裁平元（ワ）13,450号，平成2年12月26日判決）がある。また，真正商品の要件欠如を理由に 商標権侵害を認定した判決例として「テクノクス事件判決」（東京地裁昭59年（ワ）739号，昭和53年5月31日判決），「マーキュリー事件判決」（東京地裁昭44年（ワ）3882号，昭和48年8月31日判決），「クロコダイル事件判決」（大阪地裁平5（ワ）7078号，平成8年5月30日判決）などがある。平尾正樹『品質の同一性は真正商品の要件か』（「知財管理」Vol.53, No. 7, 2003年）参照。

(21) 大阪地裁昭和45年2月27日判決，昭和43（ワ）7003号，無体例集2巻1号，71頁。

(22) 関税定率法第21条1項4号にもとづく。

(23) パーカー事件判決に関して，多くの評釈が公表されている。最新のものとして，前掲注(6)，平尾論文がある。

(24) 判決要旨（部分）は以下のとおり。

（1．商標の機能）

「商標は，…その出所の同一性を識別する作用を営むと共に，同一商標の付された商品の品位および性質の同等性を保証する作用を営むものであり，…第三者のなす指定商品又は類似商品についての同一又は類似商標の使用により当該登録商標の営む出所表示作用及び品質保証作用が阻害されるのを防止するにあるものと解される。」

（2．利益の比較考量）

「原告のなす真正パーカー商品の輸入販売によって，被告は内国市場の独占的支配を脅かされることはあっても，パーカー社の業務上の信用が損なわれている

ことがない以上，被告の業務上の信用もまた損なわれない…，むしろ，第三者による真正商品の輸入を認めるときは，国内における価格及びサービス等に関する構成な自由競争が生じ，需要者に利益がもたらされることが考えられる…」

(25) 東京地裁昭和 59 年 12 月 7 日判決，昭 54 年（ワ）8489 号，無体例集 16 巻 3 号，760 頁。

(26) この形態のライセンスは，おもちゃ，アパレルなどの業界で一般的である。この形態のライセンスを「並行ライセンス」と呼ぶ文献もある。土井輝生『国際取引法基本判例』同文舘，1994 年，179 頁，参照。

(27) 前掲注(26)，土井，178 頁。

(28) 前掲注(20)の判決例を参照。

(29) 「ellesse 事件判決」（東京地裁平 8（ワ）17647 号，平成 11 年 1 月 18 日判決）。

(30) 「キャロウェイ・ゴルフクラブ事件判決」（東京地裁平 6（ワ）5563 号，平成 10 年 12 月 25 日判決）。

(31) 明治 43 年に制定された我が国の関税制度の基本となる法律。関税法が関税の確定，納付，徴収などに関する実体規定，手続規定をさだめているのに対して，関税定率法は，主として関税の税率，課税標準，減免等の関税額の決定に関連する実体法規をさだめる。有斐閣『法律用語辞典』第 2 版参照。

(32) 昭和 22 年に制定された法律で，私的独占，不当な取引制限，不公正な取引方法を禁止して，公正かつ自由な競争を促進することを目的とする。前掲注(11)，有斐閣『法律用語辞典』第 2 版参照。

(33) 関税定率法 21 条 1 項は，知的財産権関連の禁制品として，「特許権，実用新案権，意匠権，商標権，著作権，著作隣接権又は回路配置利用権を侵害する物品」を例示する。

(34) GATT ウルグアイ・ラウンド交渉貿易関連知的所有権協定に基づく制度導入である。同協定は，締約国が輸入差止申立手続きの対象として商標権侵害品と著作権侵害品の二つを規定している（第 51 条）。侵害の有無は輸入国の法律により判断される。並行輸入品を水際規制の対象とする義務はない。特許権の侵害品については差止手続きの対象とするかどうかは，各国の判断に委ねられている。参照，日高和明「並行輸入行為の法的規整」（「CIPIC ジャーナル」Vol.26, 7 頁）。

(35) 関税定率法第 21 条の 2 第 1 項。

(36) 平成 15 年 3 月 31 日公布，法律平成 15 年第 11 号。

(37) 従来，特許権，実用新案権，意匠権および回路配置利用権については「情報提供」制度を利用していた。しかし，平成 15 年の法改正により。より拘束力の強い差止申立制度となったため，知的財産権者の利益が守られる体制となった。

(38) 日本関税協会「知的財産権侵害物品の水際取締制度の解説」1995 年，56-57 頁。

(39) 前掲注(38)，「水際取締制度の解説」。

(40) ガイドラインの解説書として，山田・大熊・楢崎『流通・取引慣行に関する独占禁止法ガイドライン』（商事法務研究会，1991 年）が発行されている。このガイドラインは，1990 年 6 月に公表された日米構造問題協議（SII）の最終報告の

中で，系列関係について日本が米国に作成を公約していたものである。（前掲注(34),
日高8頁)。
(41) これは「パーカー事件」における裁判所の判断を踏襲したものである。
(42) 独占禁止法第19条は，「事業者は，不公正な取引方法を用いてはならない。」と
規定する。この「不公正な取引方法」は同法第2条9項で定義されているが，具
体的には，「公正取引委員会が指定するもの」をいう。このため公正取引委員会は
昭和57年6月18日，委員会告示第15号の中で一般指定として1項から16項
までの取引方法を不公正であると指定した。その中で「拘束条件取引」(13項),「競
争者に対する取引妨害」(15項)が並行輸入との関係で問題となる取引方法である。
(43) 「並行輸入業者が海外の流通ルートから真正商品を入手してくることを妨げて，
契約対象商品の価格維持を図ろうとすることがある。このような行為は，総代理
店が取り扱う商品と並行輸入品との価格競争を減少・消滅させるものであり，総
代理店制度が機能するために必要な範囲を超えた行為である。
　　具体的には，イ）並行輸入業者が供給業者の海外における取引先に購入申込み
をした場合に，当該取引先に対し，並行輸入業者への販売を中止するようにさせ
ること，ロ）並行輸入品の製品番号等によりその入手経路を探知し，これを供給
業者又はその海外における取引先に通知する等の方法により，当該取引先に対し，
並行輸入業者への販売を中止するようにさせることは違法となる。」(ガイドライ
ン2項(1))
(44) 「並行輸入を取り扱うかどうかは販売業者が決定すべきものである。総代理店が
並行輸入品を取り扱わないことを条件として販売業者と取引するなど，販売業者
に対し並行輸入品を取り扱わないようにさせることは，それが契約対象商品の価
格を維持するために行われる場合には，不公正な取引方法に該当し，違法となる。」
(同(2))
(45) 「卸売業者が総代理店から仕入れた商品をどの小売業者に販売するかは卸売り業
者が自由に決定すべきものである。卸売業者たる販売事業に対し，並行輸入品を
取り扱う小売業者には契約対象商品を販売しないようにさせることは，これが契
約対象商品の価格を維持するために行われる場合は，不公正な取引方法に該当し，
違法となる。」(同(3))
(46) 「商標者は，偽物の販売に対しては商標権侵害を理由として，その販売を差し止
めることができる。しかし，並行輸入品を取り扱う事業者に対し，十分な根拠な
しに当該商品を偽物扱いし，商標権の侵害であると称してその販売の中止を求め
るために行われる場合には，不公正な取引方法に該当し，違法となる。」(同(4))
(47) 「小売業者が並行輸入品の販売をしようとすると，総代理店が当該小売業者の店
頭に出向いてこれを買い占めてしまい，これによって並行輸入品の取引がさまた
げられることがあるが。このような行為が契約対象商品の価格を維持するために
行われる場合には，不公正な取引方法に該当し，違法となる。」(同(5))
(48) 「総代理店若しくは販売業者以外の者では並行輸入品の修理は著しく困難である
場合において，自己の取扱商品でないことのみを理由に修理若しくは補修部品の
供給を拒否し，又は販売業者に修理若しくは補修部品の供給を拒否するようにさ

せることは，それらが契約対象商品の価格を維持するために行われる場合には，不公正な取引方法に該当し，違法となる。」（同(6)）

(49) 「…総代理店のその取引先である雑誌，新聞等の広告媒介に対して，並行輸入品の広告を掲載しないようにさせるなど，並行輸入品の広告宣伝活動を妨害することは，それらが契約対象商品の価格を維持するために行われる場合には，不公正な取引方法に該当し，違法となる。」（同(7)）

(50) 原告（並行輸入業者）は，独占禁止法の違反ではなく，民法709条（不法行為）にもとづく損害賠償および謝罪広告の掲載を求めた。

(51) 商標法第30条（専用使用権）は以下のように定める。1項：「商標権者は，その商標権について専用実施権を設定することができる。（以下略）」2項：「専用使用者権は，設定行為で定めた範囲内において，指定商品又は指定役務について登録商標の使用をする権利を専有する。」）

(52) 判決文に引用された契約条件は以下のとおり。

［ア］FPS社は，オシア社に対し，契約地域であるシンガポール共和国，マレイシア，ブルネイ・ダルサラーム国およびインドネシア共和国において，契約品を製造，販売及び頒布し，契約地域内で契約地域内で契約品につき本件登録商標と同一の商標を使用すること等を許諾する。なお，契約品とは，上記商標が付され，FPS社の仕様に従い製造されたスポーツウェア製品をいう。（1条，2条）。）

(53) この部分に関する契約の規定は以下のとおり。

［イ］オシア社は，FPS社の書面による事前同意なく，契約品の製造，仕上げ又は梱包の下請けにつき，いかなる取り決めも行わないことを約する。オシア社はFPS社に対して下請業者に関するすべての関連事実又は事項に関し完全な情報を与えるとともに，下請け業者が，本件契約の下で規定される仕様及び品質基準を順守，履行し，それらに関連するすべての情報を秘密に保持することについて，FPS社に対して同じ便宜を与えることを承諾することの約束を下請業者から取り付ける限り，FPS社の同意が不合理に留保されることはない）（4条）。）

(54) 民法709条［不法行為の要件と効果］は，「故意又ハ過失ニ因リテ他人ノ権利ヲ侵シタル者ハ之ニ因リテ生シタル損害ヲ賠償スル責ニ任ス。」と定める。

(55) この点についての輸入業者の主張は以下のとおり。

「本件商品の製造地の表示に誤りはなく，中国製であることの表示によって品質に対する消費者の理解に誤りはない。また，フレッドペリー商標を付した商品は，アメリカやその他の国々でも製造されており，それぞれの国の製品であることによる差異が発生していることを消費者が日常的に理解しているから，ライセンシーの製造であれば品質の同一性は規範的に充足されていると見るべきである。」

(56) この争点についての商標権者の主張は以下のとおり。

「品質の実質的同一性は，商標の品質保証機能を侵害するかどうかであるから，その商品が，当該商標の付された商品が備えるべきと需要者が期待する程度の品質を備えているか否かを基準に検討すべきである。しかしながら，英国製のフレッドペリー商品と中国製の本件商品とでは，素材及び着用快適感の点で大きな品質の差異が見受けられる。したがって，本件商品はフレッドペリー商品が備える

べきと需要者が期待する程度の品質を備えているとは評価できない。」
(57) この点についての評決文の抜粋は以下のとおり。
「本件被告標章は，オシア社が，本件ライセンス契約のうち商標を付する際の製造地及び製造者に関する約定に定められた範囲を超えて，本件商品に付したものであって，オシア社がFPS社から与えられた権限を越えて付した商標というべきであるから，本件商標の出所表示主体であるフレッドペリーグループとの関係で，違法に付された商標ということはできない。」
(58) この点についての裁判所の判決は以下のとおり（抜粋）。
「（四）以上より，要件③（著者注：「輸入に係る商品の品質が，商標権者が商標を使用することによって形成している商品の品質に対する信用を損なわないこと」）について検討するまでもなく，被告スリーエムが本件商品を輸入したことは，いわゆる真正商品の並行輸入として商標権侵害の実質的違法性を欠くということはできず，被告スリーエムが本件商品を輸入，販売したことは，本件商標権を侵害する行為であったというべきである。」
(59) 大阪高裁，平成13（ネ）425，商標権侵害差止等請求控訴事件。
(60) 平成15年2月27日第一小法廷判決，平成14年（受）第1100号，『判例タイムス』1117号（2003年6月15日）220-221頁。
(61) ブランド力の創造，維持，管理などについては，ポール・ストバート（岡田依里訳）『ブランド・パワー』日本経済評論社，1996年に詳しい。
(62) 確立したブランドへのただ乗りという批判が，並行輸入に反対する立場から指摘されることが多い。
(63) この点については，『判例タイムス』1117号（2003年6月15日）219-220頁)，平尾正樹「品質の同一性は真正商品の要件か」（『知財管理』Vol.53, No.7, 2003年，1103頁）などの評釈で指摘されている。
(64) 両事件において，並行輸入業者は，専用使用者権による業界新聞への侵害キャンペーンが並行輸入業者の事業を不当に損なったとして大阪事件では民法（709条）にもとづき，東京事件では不正競争防止法にもとづき，それぞれ差止と損害賠償を請求した。それに対抗して商標権者は，商標権侵害にもとづく損害賠償と差止を求めた。それぞれの請求が併合されて東京事件，大阪事件として審理されたものである。
(65) 東京地裁平成13年10月25日判決（平成11年（ワ）6024号），『判例時報』1786号，142頁。この判決についての評釈として，土肥一史「並行輸入商品「フレッドペリー」東京第2次訴訟事件」（『知財管理』2003年7月）がある。

Ⅲ　CAFC 物語
――栄光の日々と落日――

1　はじめに

　およそ10年ほど前になろうか，（財）知的財産研究所が周年行事として大規模なセミナーを東京で開催した。多数の講師陣の中で異彩を放っていたのが故ヘレン・ニース判事。当時，米連邦巡回区控訴裁判所（CAFC）の長官であった。会場にはご主人も一緒に見えていた。

　ニース判事の講演は，CAFC の役割の一般的な説明と主要な判例についてであったように記憶している。講演後の質疑応答の中で，筆者が講演の中で引用されたある判例について質問をしたときのことである。質問の中で「CAFC」という略語を使用した。ところが，見解を述べる前にニース判事は質問者をたしなめるかのように次のようにコメントした。「連邦巡回区控訴裁判所は，特許問題についての実質的な最高裁判所です。そのような機関を「CAFC」のような安っぽいコマーシャルに使うような表現で呼ばないで欲しい。The Federal Circuit（連邦巡回裁判所）と呼ぶように……」と。

　その威厳に圧倒されて二の句が継げずにいた筆者は，隣にいた同僚のアメリカ人弁護士に「本当にそうなのか？」と半ば同情を求めるかのように確かめてみた。同僚は，ニヤリとして「そうだよ―我々はそう教え込まれてきたから CAFC とは言わないよ」とこれまたバッサリ。以来，アメリカ人の実務家とコミュニケーションをとる場合や専門的な文書で略称は使わないようにしている。（本稿は日本の読者向けなので一般的に使用されることの多い「CAFC」という呼称を用いることをお断りしておく）。

　ここで10年前の記憶を持ち出したのは他でもない。ニース判事の威厳にみちた壇上での姿と，筆者の質問に対する冒頭の「……特許問題についての実質的な最高裁判所……」という自信満々のコメントを読者に伝えたかったからだ。1990年代前半は，CAFC の20年の歴史の中でも絶頂期としての

輝きを放っていた時期であろう。その輝きは，東京の講演会でのニース判事の言葉に現れていたと感じている。

そのような絶頂期にあった CAFC が，1990 年代後半から，そのプライドを傷つけられるような事態が起こってくる。つまり，CAFC の判断が連邦最高裁判所によって「上告受理」されるケースが多くなった。連邦最高裁の介入が始まったのである。本稿は，CAFC の歴史を振り返り，その得意から失意への潮の変わり目―これは必ずしもそうだとは言い切れない微妙な問題ではあるが―を検証してみようというものである。

洋の東西を問わず裁判所の機能は法律で定められており，民間企業のようにはっきりとした浮沈がある訳ではない。しかし，「特許」という限定された分野ながら非常に重要な領域で，かつて絶対的とも言える権威と権限をもっていた機関がその威光を失ってゆく（ような）姿は，副題の「栄光の日々と落日」という俗っぽい表現の方がうまく説明できるような気がするのである。

テーマの性格上，米国の裁判制度や特許判例に触れざるを得ないが，できるだけ平易に説明することを心がけた。そのため，正確さを多少犠牲にせざるを得ないが，いくつかの点については注書きで専門的な内容を補足した。本文で物足りなさを感じる読者には，注書きを参考にしていただければ幸いである。

2　栄光の日々

(1)　CAFC 設立の背景

米国の特許裁判は，一審の連邦地方裁判所（連邦地裁）が担当する。連邦地裁は，全米の 100 を超える裁判区にある。一審の地裁判決に不服の場合，全米 12 の裁判区にある上訴裁判所にもちこまれる。これは日本の高等裁判所にあたる。

CAFC は 1982 年に設立された。それ以前は，上述したように 12 の裁判区にある上訴裁判所がその裁判区にある地裁から上がってくる特許控訴事件を審理していた。しかし，これらの上訴裁判所の判断に偏りがみられるようになり，特許所有者が自分に有利な判決をしてくれそうな裁判所に案件を持

ち込む「フォーラム・ショッピング」（裁判所漁り）という弊害があらわれてきた。そのために，時のレーガン政権が特許問題を専門に審理する控訴裁判所を設立したのである。

　CAFC の設立により，特許問題についての控訴審はすべて CAFC に集中することになった。CAFC の判決に不服の場合，当事者は連邦最高裁判所に上告することができるが，連邦最高裁はこれまで，その判断を見直すことはほとんどなかった。つまり，連邦最高裁は，特許問題の最終判断を CAFC に委ねていたのである。[1]

(2) プロパテント政策

　1970 年代後半から 80 年代にかけての米国は，市場に日本製品があふれ，産業競争力は地に落ちていた。当時のレーガン大統領は，産業競争力復活のために，矢継ぎ早に対策を講じた。研究助成金の出元にかかわらず発明を完成させた機関に特許の帰属を認めた「バイ・ドール法」を制定し（1980 年），投資減税を目的とした税制改革（81 年），中小企業むけの政府補助や減税（82 年と 86 年）を実施した。

　そして，85 年には国際競争力を保持するための「ヤングリポート」が出された。このヤングリポートは，特許をはじめとする知的財産権の保護強化を訴えたことから，米国のプロパテント（特許重視）政策の呼び水になったとして日本の特許関係にもよく知られている。

　これらの一連の産業政策が講じられる時代背景の中で CAFC が登場したのである。設立の目的は，特許法の解釈や判例を一貫性と整合性をもったものにするという純粋に司法改革を目的とするものであった。しかし，プロパテント政策の推進という当時の産業政策を背景にしていたこともあって，CAFC は，次第に特許権者の利益を重視する姿勢を明らかにする。その結果，特許権者からの提訴件数が急増した。地裁で負けても CAFC での逆転をねらった控訴も増加した。提訴数の増加に比例して損害賠償額も高額化した。

　これまでの損害賠償認定額のトップ 9 を表 5-3 で示した。この表からもわかるように，80 年代の高額賠償は 86 年のヒューズ事件（2 億 500 万ドル）の 1 件だけである。つまり，90 年代に入り次々に高額賠償が出され，

表 5-3　過去の高額損害賠償判決トップ 9

訴訟当事者	賠償額（百万ドル）	判決年月
Polaroid v. *Eastman Kodak*	$873	Jan. 1991
Hawoorth v. *Steelcase*	$211	Dec. 1996
Smith International v. *Hughes Tool*	$205	Mar. 1986
Exxon v. *Mobil Oil*	$171	Aug. 1998
Viskase v. *American National Can*	$165	Jul. 1999
Hughes Aircraft v. *United States*	$154	Jun. 1994
3M v. *Johnson & Johnson*	$129	Sep. 1992
Fonar v. *General Electric*	$129	Feb. 1997
Honeywell v. *Minolta*	$96	Jan. 1992

(出典:The LESI Guide to Licensing Best Practices, John Wiley & Sons, 2002)

80年代の高額賠償事件が順位を下げてしまい，残っているのはこの事件だけとなった。損害賠償の認定は地裁の権限であるが，特許権者の利益を重視するCAFCの意向は確実に地裁の判決に影響を与えたのである。

3　落日の予兆

(1)　ヒルトン・デービス判決

　CAFCは，創設以来，特許問題を専門に扱う控訴裁判所としておびただしい数の判例を生み出してきた。その中に多くの重要判例も含まれている。これらの判例は，特許の実務に直結するものとして，実務者や研究者の関心を集めた。また，上述したように連邦最高裁も，CAFCが判断した法律問題についてはそれを尊重する立場を取ってきた。上告を受け入れるのは，数年に一度位であり，憲法問題など，限られた問題について判断を求められた場合に限られていた。連邦最高裁は，CAFCに一目置いていたのである。

　しかし，これが1990年代後半になると，様相が一変する。連邦最高裁がCAFCの判断に対して異議をさし挟むようになったからである。その端緒は，ヒルトン・デービス事件での連邦最高裁の判決（1997年）に見ることができる[2]。この事件は，いわゆる「均等論」をめぐる議論である。均等論は，米国で150年近い歴史をもつ特許範囲の拡張理論で，米国特許制度の一つの特徴となっている。しかし，90年代に入ると，均等論に依拠した権利侵害

の主張が増え，それにつれどこまでが特許の範囲なのかわかりにくいという批判が強くなっていた。そのような時代背景の中で，ヒルトン・デービス事件は，この均等論問題を真正面からとりあげたのであった。米国では，特許出願人が審査の過程で特許性を理由として特許クレームの範囲を狭めた場合，その狭めた部分を特許成立後に均等論により回復することは認められていない。ヒルトン・デービス事件では，pH 値「6.0-9.0」が，審査の過程で審査官の拒絶を回避するために狭められたかどうかが論点となった。狭められていなければ，侵害品の「5.0」は均等論により拡張した範囲として特許の中に取り込むことが可能であり，審査の過程で補正により特許の範囲が狭められたと認定すれば，均等論が適用される余地はない。つまり，特許の範囲は明示された pH 値「6.0-9.0」に限定されることになる。一審地裁は，均等論を適用して，特許が侵害されたと認めた。CAFC は，裁判官全員による審理を行い，7 対 5 という僅差で均等論による侵害を認めた。連邦最高裁も基本的には CAFC の結論に同意した。この事件では，連邦最高裁は，幾つかの細かな法律論を別にすれば，大筋では CAFC の判断を支持し，CAFC の面子は保たれた。

(2) フェスト判決

しかし，均等論にかかわる問題点がすべてヒルトン・デービス判決で解決された訳ではなかった。積み残しの問題について争われたのが，「フェスト対焼結金属工業事件」である[3]。

この事件で CAFC は 2000 年，特許クレームを狭める補正があった場合，その理由の如何にかかわらず均等論を認めないという踏みこんだ判断を示した。特許の出願実務ではほとんどの場合，何らかの補正が審査の過程でなされている。補正なしで一発で特許が登録されることはきわめて珍しい。したがって，何らかの減縮補正が審査の過程で行われていた場合には特許を得たのちに均等論を主張することはできないとするこの判決は，実質的に均等論に対する「死刑判決」だと考えられた。

この CAFC の判断は行き過ぎだ，としたのが 2002 年 5 月の連邦最高裁判決である。連邦最高裁は，CAFC の判決について，補正があったかどうか

で均等論の可否を決めるような絶対的な基準を導入しているが，そうではなく，ある一定の条件を満たす場合には均等論を認めるべきであるとしてCAFCの判決を破棄した。そして，均等論を認めるための条件が満たされていたかどうかについて，再度審理をやり直すようCAFCに差し戻したのである。この連邦最高裁判決は，少なくとも，CAFCの実質的な「死刑判決」を無効にした。

　連邦最高裁による差し戻し判決は，当然ながらCAFCのプライドを大きく傷つけることになった。なぜならば，フェスト事件でCAFCは，結局，2回，連邦最高裁から破棄判決を受けることになったからだ。最初の判決では，CAFCは，一審地裁の「均等論による侵害」認定を支持していた。しかし，連邦最高裁は，前述したヒルトン・デービス判決が考慮されていないとしてCAFCの「均等論による侵害」判決を破棄・差し戻していた。

　差し戻しを受け，CAFCは，裁判官が全員で事案を判断することを決め[4]，フェストの特許には審査の過程で補正がなされていたので均等論を主張することはできない，と判決した。CAFCは，さらに踏み込んで，「理由の如何によらず」，審査の過程でなんらかの補正がなされた場合には均等論を主張することはできない，と判断したのである。しかし，これも連邦最高裁が是とするものではなかった。連邦最高裁の過去の判例から逸脱し，従来の特許実務を混乱させるとして，バランスをとってCAFCの行き過ぎの部分を調整したのであった[5]。

4　追い討ち

　連邦最高裁のフェスト判決は2002年の5月28日に出された。その余韻がさめやらない1週間後の6月3日，CAFCは更なるパンチを受けることになった。連邦最高裁のホームズ事件判決である[6]。

　この判決で連邦最高裁は，CAFCの控訴裁判所としての守備範囲について異議をとなえた。つまり，CAFCは特許問題についての控訴を担当する権限をもつのみであって，それ以外の分野の法律問題については管轄権をもたない，というものであった。一見すると当然のように見えるが，このことの持つ意味と影響は大きい。

第5章　知的財産マネジメント　255

　この事件では，原告が被告会社のもつ商標権に違反しないことの確認を裁判所に求めた。それに対して被告は，所有特許に原告が侵害したと主張して「反訴」を提起した。反訴を受けた地裁は特許問題を審理し，その判決の不服申立を受けたCAFCは特許問題について判断を下した。しかし，連邦最高裁は，この事件については，CAFCには特許問題を審理する権限がない，と結論づけた。そもそも事件の端緒は，特許問題ではない別の知的財産権にあった訳であるから，後に特許関連の法律問題が派生したとしてもそれは本源的な争点ではなく，CAFCには裁判管轄権がない，という理由である。

　この最高裁判決の影響は，具体的にはアメリカでの独占禁止法違反をめぐる裁判の場合に現れると考えられている。つまり，特許をもつ事業者を反トラスト法違反で訴えた場合に，訴えられた特許権者は，抗弁として，自分のもつ特許の正当な権利行使であって反トラスト法には何ら違反しないと主張するのが普通である。そうなると，特許権の行使が果たして正当であったか，その特許が本当に効力をもつのであるか，特許権の行使に不公正な部分がなかったか，などが吟味されることになる。これらの問題は，CAFCがこれまでにおびただしい数の判例を残してきた領域である。それにも拘わらず，連邦最高裁は，最初の訴状に何ら特許問題が提起されていなければ，その後に特許法に関する請求が関連裁判として提起されていたとしても，その問題は地裁が属する巡回区の上訴裁判所（あらゆる事件をあつかう普通の高等裁判所）が扱うことになるとした。この判決は，フェスト判決と異なり，特許法の解釈理論ではなく，CAFCの守備範囲を狭めるための判断である。この判決は，特許問題を含む訴訟を他の一般の上級裁判所が担当することを宣言したもので，その影響は大きい。1982年にCAFCが設立される前に，12の巡回区に上訴裁判所があり，その上訴裁判所で特許問題に対する理解や認識の差が大き過ぎて，それがCAFC設立の理由となった経緯にある意味では逆行するものである。

5　CAFCの素顔

　CAFCは，コロンビア特別区（DC）にある。建物は，他の官庁のビルが林立する一角にあり，ホワイトハウスに近い。「連邦請求裁判所」（US Court of

Claims）と同居する形になっている。正面の階段右脇には「連邦請求裁判所」，左脇に「連邦巡回区控訴裁判所」と記されている。大きな独立した建物を予想して訪ねてみると案外，見落としかねない。

建物の2階から4階までが，ヒアリング室と呼ばれる法廷である。それぞれの階のロビーや廊下には，歴代・現役の判事の大きな肖像画や時代を感じさせるレトロ風の写真が壁に隙間無く掛けられている。小ぶりの図書館には法律書や判例集が開架式に並べられている。一人のロークラーク（判事の法律助手。ロースクールを出たばかりの優秀な弁護士が採用される。）と思われる青年が盛んにメモをとっていた。

筆者が昼過ぎに訪問したときには，あいにくすべてのヒアリングが終了した後で，事件のヒアリングの傍聴はかなわなかった。しかし，2階のカフェテリアで遅い昼食をとっていると，判事らしい一団がそれぞれセルフサービス用のトレイを手に持って入室してきた。その中には，ニューマン判事（ベテランの女性判事で，強い信念で自説を主張することで知られている）がいた。窓側のテーブルで他の男性3名（同僚判事と思われるが誰かは特定できなかった）と一緒に軽食を取っていた。筆者の隣のテーブルに，プロスト判事（ブッシュ大統領が任命した若手の女性判事。おそらくCAFC判事で最年少であろう）が，友人と思われる女性となにやら話しこんでいた。因みに，プロスト判事の昼食は野菜サラダとコーヒーであった。

筆者のような外国からの見学者が，世界の特許法の発展に依然として大きな影響を与えているCAFCの判事と同じ場所で食事をとり，しかも判事が何を食べているかまで知ることができる開放度はさすがに自由の国アメリカならではである。外来者がいても意に介せず悠然と食事と会話に興じる雰囲気は，まさに法曹人としての知性と落ち着きに満ちたものであった。そこには，本稿で取り上げているCAFCの威光の衰えを感じさせるものは何もなかった。

6　今後の展開

今日の米国ビジネスにとって特許が重要であることは言うまでもない。だからこそ，今まではCAFCに任せていたやり方を止め，公益上看過しえない争点については，連邦最高裁が司法判断するという本来の形に戻すのである。

第 5 章　知的財産マネジメント　257

そのような背景があるため，米国での特許訴訟が減少することは，当面，考えられない。ましてや米国は今，不景気に苦しんでいる。不景気になると特許訴訟が増えるのはこれまでも実証されてきたことである。したがって，CAFC の存在は，何ら揺らぐものではない。むしろ，特許法理のより精緻な部分について，解釈法の統一という従前以上の役割が期待されていることは間違いない。しかしながら，本稿の野次馬的な視点にとって，それでは面白くない。やはり，CAFC の「落日」に焦点を当てなければならない。それは何か。

現在，CAFC の判事として 17 名（そのうち 5 名が「シニア・ジャッジ」と呼ばれる名誉職）が名を連ねている。これは，連邦最高裁より大きな所帯である。この大所帯がいずれ一桁に縮小されるだろうという大胆な予測をする専門家もいる。[8] この予測が当たるかどうかはわからない。しかし，守備範囲がはっきりし，しかも公共政策とのバランスの観点から連邦最高裁が CAFC の判決に介入することがあきらかになった以上，CAFC は，より専門裁判所としての機能に特化せざるを得なくなることは間違いない。

いずれにしても，法曹関係者からとかく「傲慢」との批判が絶えなかった CAFC の判事に幾分かの謙虚さを取り戻させるきっかけとなれば，それは CAFC の「落日」と形容されるべきものではなく，むしろ原点への回帰として評価されるべきことなのかも知れない。

(1) 米国の司法制度は日本とは幾つかの点で異なる。まず，連邦と州にそれぞれ異なる司法制度がある。それぞれに独自の裁判制度と判例がある。そのため，どのような問題に連邦・州のどの法律が適用されるか，なかなか判りにくい。つぎに判例の蓄積からなるコモン・ローと明文の成文法からなる制定法という二つの法規範がある。特許問題は，「連邦特許法」という制定法により支配される。特許事件では特殊な技術論や法律論が交わされる。そのため，法律問題を扱う控訴裁判所については，特許専門の上訴裁判所で審理される。それがコロンビア特別区にある「連邦巡回区控訴裁判所」(CAFC) である。CAFC は，特許に関する事案（商標や著作権は除外），請求裁判所からの上訴および国際貿易裁判所からの上訴案件を専属的にあつかう。

(2) Warner Jenkinson v. Hilton Davis, 520 U.S.17 (1997)。この事件は，食品に添加する高純度の染料の精製方法に関する特許をめぐって争われた。問題を単純化すると，特許が水素イオンの pH 値を「6.0 から 9.0」と記載したとき，被告の製品

のpH値「5.0」が均等の範囲に含まれるかどうかという点が争われた。この判決に関しては多数の著作が出されている。

(3) Festo v. Shoketsu Kinzoku Kogyo Kabushiki Co., 535 U.S.722 (2002)。この事件で，新規性や自明性を理由とした審査官の拒絶を克服する目的以外の補正，たとえば明細書の記載を明瞭にするための補正などが均等論の適用を阻害するのか，というヒルトン・デービス判決で積み残した争点が審理された。

(4) 裁判所では重要な案件の場合，裁判官全員による審理を行う。実務家の話題になるような判決はほとんどがこのような全員法廷での判決である。

(5) フェスト判決が出されるまで，連邦最高裁には，CAFC判決に対する10数件の別案件での上告受理請求が出されていた。しかし，連邦最高裁は，それらの上告を受理するかどうかの決定を保留していた。フェスト判決後，それらの上告の受理を決め，すべての案件について，CAFCの判決を破棄し，差し戻したのである。このことがCAFCのプライドを一層傷つけたであろうことは言うまでもない。

(6) Holmes Group, Inc. v. Vornado Air Circulation Systems, Inc., 535 U.S.826 (2002). この事件は，特許権者（ボルナド）の知的財産権侵害を理由に，同業者を国際貿易委員会（ITC）に提訴したことを発端にした。ITCへの提訴をうけた同業者（ホームズ）は，意識的に特許問題には触れずに，トレードドレスという一種の商標権だけを取り上げ，それに侵害していないとの裁判所による確認を求めたのである。したがって，その確認訴訟の訴状には，特許権に関する請求は記載されていなかった。

(7) 米国では，自分が特許や商標などの権利行使を受ける恐れがある場合や裁判に訴えられた場合，権利の無効や非侵害の確認を裁判所に求めることができる。このような判決は，「宣言的判決」または「確認判決」と呼ばれる。

(8) これは，2002年の夏，東京で行われたフェスト最高裁判決についてのセミナーで披露した，ハロルド・ウェグナー弁護士（前ジョージ・ワシントン大ローセンター教授）の予想である。

Ⅳ　標準化教育

1　はじめに

　筆者は，知的財産分野の専門家養成を目的とする知的財産専門職大学院において「標準化と知財戦略」科目（以下，「標準化科目」と略記する）を長年担当している。院生の構成は，社会人院生と学卒者院生（ストレートマスター）が半々であり，約6割強の院生がいわゆる理系のバックグランドを有している。

　筆者の標準化科目を受講する院生のほとんどは，若干の例外を除けば，ほとんどが標準化についてこれまで学習したことがない。「標準化」という言葉を初めて聞いたという院生も含まれている。したがって，授業は標準化についてある程度の知識レベルをもつ者と全くの初学者とが混在している状況で行われている。

　本稿は，そのようなクラス環境の中で筆者がどのような授業を行っているかを紹介し，読者のご参考に供するものである。授業内容に，多くの改善点を含むことは当然ありうることを予めお断りしておく。

2　授業方法

(1)　授業の内容

　筆者の担当する標準化科目の授業内容については，「工学教育協会第62回年次大会」（平成26年度）において紹介する機会をいただいた［藤野（2014）］。その中でシラバスの内容を紹介しているが，本稿は，筆者の担当する標準化科目の授業内容をベースするものであるため，重複する部分もあるが科目シラバスについて最初に紹介する。

　標準化科目は，事例検討をベースとした授業，いわゆる「ケースメソッド」を取り入れている。授業では，「標準化制度」（第2-4回），「標準化に熱心な企業事例」（第7-9回），「標準化の絡む商品事例」（第10-11回）の大き

な3つの枠組みを取り上げている。シラバスでは，それぞれの枠組みの中に具体的な事例を列記し，履修者が選択できるようにしている。授業の最初の講義で，受講者に担当事例を割り当て，第2回以降の授業で割り当てられた事例について報告することを求めている。事例のリストは表5-4に示した。

標準化に関心があり履修を決めた受講者の中には，具体的に自分の関心テーマをもっている者もあり，そのような場合には，自分で選んだ事例について発表することを認めている。しかし，履修者の中には，どの事例を選択したらよいか自分で判断できない者もいるので，そのような院生に対しては，こちらから比較的扱いやすいと思われる事例を指示したり，場合によっては複数の履修者での共同作業を指示したりして，履修者全員が事例についての情報収集と，その結果発表の機会を与えている。

発表は，パワーポイントスライドを使用して，所定の時間内に教室の演壇に立ち，口頭で発表しなければならない。この口頭発表は，プレゼンテーションスキルを習得するためのトレーニングの一環と位置づけている。

表5-4 2014年度「標準化」科目の授業内容

1回	ガイダンス，講義	Apple v. Samsung 事件
2回	標準制度(1)	国際標準化機関
3回	標準制度(2)	IPRポリシー比較
4回	標準制度(3)	FRAND宣言
5回	日本法	東京地裁判決の検討
6回	外国法	米国法・EU法
7回	企業研究(1)	東芝・ソニー
8回	企業研究(2)	クアルコム・ラムバス
9回	企業研究(3)	モトローラ・三菱化学
10回	事例研究(1)	次世代DVD
11回	事例研究(2)	チャデモ・SUICA
12回	グループワーク	標準化技術の検討
13回	グループワーク	標準化提案の作成
14回	グループワーク	標準化提案の発表
15回	まとめ	ゲスト講義

(2) 標準化案の作成疑似体験

　第12回から14回まではグループワークとして標準化案の作成作業を擬似体験させている。履修者を3-4名の小グループに分け，それぞれのグループが独自の規格案を議論し，標準化機関に提案するための規格案をまとめるという作業である。この作業は，単に標準化のための手続き習得を目的とするものではなく，作業の中で標準化と技術開発との関係，特許など知的財産権との関係，標準化後の事業戦略との関係なども考慮して標準化を考えさせることを狙いとしている。

　具体的には，どのような技術・サービスを規格化するのか，どの標準化機関にいつのタイミングで提案するのか，提案技術の保護はどのようにするのかなど，関連する事項を，グループのメンバー間で議論し，情報が不足している点については必要な調査をして補完することを求めている。

　このため，規格案の発表を聞けば，メンバー間の議論が十分であったか，必要な調査が十分になされたかが明らかになる。発表前の準備作業の時間が足らず，電子メール等でギリギリまで情報交換をしているようである。受講者には負荷のかかる作業であるが，能動的に取り組んでおり，概ね好評である。

　それを示す根拠として，昨年度発表された規格案の一つ「放射線廃棄物を封入するガラス容器素材規格」を紹介する。放射線廃棄物用容器にはさまざまな公的規制があり，提案グループのメンバーは関連行政窓口に電話取材や問い合わせを何度か行った。しかし，その頻度が多かったせいか当局が不審に思って，窓口に来るように求められたという。これは，調査報告の中で余談として言及されたもので，履修者の授業参加意識の高さを物語っている。

(3) 双方向授業

　表1で記載した事例の特徴は，受講者が関連情報をインターネットなどで比較的簡単に収集できることである。受講者には，自分の関心と興味で調査事例を選択できるようにしていることもあって，調査結果や収集情報に偏りが見られることが多い。しかも，多くの場合，調査の情報源が各種ウエブサイトであり，調査内容の客観性に問題がある場合も少なくない。

しかし，このことは授業するにあたり，織り込み済みで，受講者の報告がそのような結果になったことについて批判しないようにしている。むしろ，質疑応答の中で，報告内容の偏向や客観性の不足に気付くように誘導することにしている。

授業は各回，当初に割り振られた事例調査の結果発表で始まる。発表内容について講師が最初に質問を行う。受講者から質問が出る場合もある。発表者は，答えに窮する場合が少なくなく，また答えたとしてもその論理が破綻していることも少なくない。

このような場合，同じ質問を教室内の受講者に振り向けて議論の展開を促している。不満足な発表に終わった，あるいは回答に窮して立ち往生した発表者が二回目には格段に進歩した発表をすることが多い。

これまでの経験から，このような授業方法が，標準に興味をもっている受講者はもとより，初学者にとっても学習効果が高いと個人的に感じている。筆者の勤務校の場合，標準化科目の授業内容が口コミで院生間に広まっていることも手伝って，履修登録者数は例年多く，実際の受講者の学習参加意欲も高い。

(4) 何を気付かせるか

標準化科目では，受講生に知的財産や標準化についての知識習得を主目的としていない。むしろ，知的財産と標準化がどのように実際のビジネスに関係し，どのような影響を及ぼすか，それらがどのようにイノベーションと関わりをもつかを「考え」(think)させることに主眼を置いている。

このため，授業では知的財産と標準化の「交錯」状況を想定する。交錯が発生するのは，特許が成立した発明技術を標準化する場合と特許の申請中に標準化を促す場合の二つの局面を想定する。いずれの場合にも，企業ビジネスにとって，1) 法律問題の発生，2) 研究開発への影響，3) 事業戦略への影響—が問題となる。

これら3つの問題が，授業でとり上げたすべての事例にあてはまる訳ではない。しかし，最大公約数的に適用可能な事例を，以下に簡単に紹介してみたい。

①**法律問題の発生**　特許と標準化の交錯により生じる法律問題は，独占禁止法違反リスクとして顕在化する。代表的な事例が，「デルコンピュータ事件」(1996) である。米デル社が，主要コンピュータ企業が加盟する業界標準化団体 Video Electronics Standard Association (VESA) で新しいバス規格を採択した際に，関連する特許を保有していたにもかかわらず，その事実を規格審議のときに開示しなかった。デル社が規格採択後に特許権を主張したため，米独禁法当局がこれを問題視し，結局，デル社が特許権行使を取り下げた事件である［藤野 (1998)］。

日本でも「パラマウントベッド事件」(1998) で独禁法違反が問題となっている。ベッドメーカであるパラマウントベッドが自社の知的財産権がある医療用ベッドを都立病院に売り込むために，仕様書入札という仕組みを利用して都庁の窓口に働きかけた行為が，独禁法で禁止されている私的独占にあたると指摘された事件である［別冊ジュリスト (2002)］。

最近では，スマートフォンをめぐる特許侵害事件がある。韓国サムスン電子が，第3世代通信方式に関する標準必須特許 (Standard Essential Patent) の侵害容疑で米アップル社を訴えていたが，標準必須特許により侵害差止を請求することが欧州連合の競争法（独禁法）に違反するのではないかとのアップル社の主張を欧州連合が受け入れたため，結局サムスンは訴えを取り下げた事件である。これは一般新聞でも大きく報道された。

②**研究開発への影響**　特許と標準化の交錯は，技術開発の方向性にも影響を与える。これを物語る事例が，コンパクトディスク (CD) から DVD への世代交代をめぐる争いである。CD 市場を確立したソニーとフィリップス連合は，CD 技術で優位性を保持していたのでそれを基盤にして DVD 規格を展開しようとした。

しかし，東芝に代表される企業連合は，CD 技術の蓄積が少なく，CD 技術を基盤とする必要がなく，DVD を新しい製品として売り出す方針を固めた。CD 技術に依拠するソニーは，記憶容量などの難題もあって，最終的には東芝陣営との妥協を余儀なくされた［藤野 (1998)］。

しかし，次世代 DVD の場合は，逆のパターンとなった。つまり，東芝は DVD の延長線上に次世代の High Density 規格を展開しようとした。これに

対して，ソニーは CD 技術からの展開を DVD で断念していたこともあり，次世代 DVD では，新しい規格を作る発想で Blu-ray 規格に取り組んだ。その結果，最終的に東芝は High Density の生産を断念し，次世代 DVD 市場から撤退したことは記憶に新しい。

③事業戦略への影響　事業戦略への影響を考える場合，第 2 世代無線通信方式と第 3 世代無線通信方式の世代交代を巡る特許訴訟が参考になる。当事者は，スェーデンの Nokia 社と米国の QUALCOM 社である。

Nokia 社は第 2 世代通信方式である GSM 規格で全世界に圧倒的なシェアをもっていた。それに対して QUALCOM 社は，スマートフォンに必須の WCDMA 規格（第 3 世代通信方式）に必須の特許を多数保有していた。

QUALCOM 社は，第 2 世代から第 3 世代への世代交代（つまり携帯端末からスマートフォンへの転換）を促すために，Nokia 社の事業基盤である GSM をターゲットに世界規模での特許訴訟を展開した。つまり，GSM に攻勢をかけることによって，NOKIA 社に早く GSM を捨てさせ，WCDMA に世代交代させようという戦略である。

これに対して NOKIA 社は，QUALCOM 社が強い第 3 世代技術に対して自社特許を主張して対抗した。この訴訟は，最終的には 2008 年和解で決着がついた［藤野（2009）］。

3　なぜ標準化が重視されるのか

(1)　国策政策の後押し

日本政府は，国家の知的財産政策を「知的財産推進計画」として毎年 6 月に発表している。2014 年の計画では，①産業競争力強化のためのグローバル知財システムの構築，②中小・ベンチャー企業の知財マネジメント強化支援，③デジタル・ネットワーク社会に対応した環境整備，④コンテンツを中心としたソフトパワーの強化—の 5 つが重要施策として挙げられている。大黒柱は「グローバル知財システムの構築」で，具体的施策には「特許審査のための知財システム国際化推進」，「職務発明度の見直し」，「営業秘密保護の強化」，「国際標準化・認証への取り組み」，「産学官連携機能の強化」，「人材育成の場の整備」の 6 項目である。「国際標準化・認証への取組」が具体

的な政策項目として明記されている［知財推進計画（2014）］。

　知的財産推進計画は，2003年に発表されて以来，国際標準化関連の政策は各年の定番の重要項目となってきた。言い換えれば，標準化政策が，国家の知的財産政策との関連で重要な位置づけとなっている。

　初期の推進計画では，国際標準化が重視され，産業界に対しても世界標準を「獲る」ことが奨励された。しかし，標準化により競争優位性を喪失することもあることが研究や体験で判り，最近では標準化すべき技術領域と標準化すべきでない技術領域を峻別すべきであると認識されるようになっている。技術の「オープン化」と「クローズ」の議論の背景には，政策の変更がある。

(2) 知的財産権の役割の変化

　知的財産と標準化とのバランスが重要性をもつのは，企業における知的財産権の位置づけが変容し始めていることにも一因がある。

　企業，とくに製造企業は，特許に代表される知的財産権をビジネス推進のための防御手段と考えるのが伝統的であった。業種により差はあるものの，基本的に自分の事業遂行が妨げられないようにするための手段として特許権を行使していた。ライバル企業から訴えられた場合には，相手側の製品に対して自社の特許を主張して反撃することが多い。これは一見すると能動的な特許活用のように見えるが，実際には受動的である。先制攻撃に対して，別の訴訟提起により対等な立場を作り，相互に権利使用を認め合う環境を作り和解をしやすくするのである。

　一時期，日本でも特許による利益収益化，いわゆる特許ビジネスが蔓延し，それが「特許で稼ぐ」という標語を生み出した。特に規格周りの特許活用が叫ばれたこともあった。しかし，製造業においては，特許によるキャッシュ化を志向する企業は少数派であろう。

　燃料電池車の市場を拡大するために，トヨタが5700件弱の関連特許を無償で使用許諾するとの発表からもその事は明らかであろう。この問題については，章を改めて検討する。

4　新しい時代の特許活用

(1)　トヨタ発表の衝撃

　トヨタ自動車は 2015 年 1 月 5 日，同社が保有する燃料電池車関連の全特許 5680 件を無償提供すると発表し，メディアで話題となった。燃料電池車を早期に普及させるため，ほかの自動車メーカーや水素ステーション整備を進めるエネルギー会社などに特許の実施権を無償で提供することを米国ラスベガスで発表したからだ。

　発表によれば，燃料電池スタックや高圧水素タンクなど燃料電池システム関連の特許を利用して燃料電池車の製造，販売を行う場合，2020 年末までの特許実施権を無償で提供し，水素ステーション関連の特許については期間を限定せずに無償とする。希望する企業はトヨタにライセンスを申し込めばよい。

　今回のトヨタの発表内容やその意図については，さまざまな憶測や評価がなされている。その一つに「なぜ特許を無償公開するのか」がある。

(2)　なぜ特許を無償公開するのか

　トヨタが燃料電池自動車の研究開発に着手して 30 年近く経つという。今回無償公開されると発表された 5700 件弱の特許は，長年の研究開発の成果の一部と考えてよい。特許は開発技術を独占するための権利であり，それを無償でライセンスするということは，開発技術に対する優位性を放棄することにもつながる。

　常識的には，特許取得のコストを回収するため，できるだけ権利活用することを考えるが，今回の発表は，燃料電池車という新しい市場を確立するために，手持ちの特許技術を開放することで他企業の市場参入を促すという狙いであろう。つまり，ガソリン車から水素燃料車への世代交代を計るという意図があると考えると判りやすい。

　従来，標準化を進めるために関連特許を活用するという発想は一般的ではなかった。しかし，上述のように，特許を新しい市場を生み出す手段として活用する時代に移りつつある。これを言い換えれば，特許活用は，より経営

の視点にたって事業戦略の一環として行われる時代となりつつある。

　今回の燃料電池車については，燃料供給のためのインフラを替える必要があり，新しい市場に乗り換えるための大掛かりな仕掛けが必要となる。そのためには，長年の研究成果の成果を開放することも厭わないというのがトヨタの事業戦略なのであろう。

　確かに，燃料電池車は環境への負荷が少なく，「究極のエコ」と呼ばれている。しかし，標準化の世界では，どれほど代替品がよい物であっても，それによって世代交代が起こることはない。そこには「ロックイン」という慣性が働くからである。トヨタの特許開放は，その慣性を打ち破ろうとするものである。

　この事例を，次年度の標準化科目の事例に含めようと考えている。

[参考文献]

藤野仁三（1998）『特許と技術標準』八朔社，16-19 頁，87-107 頁。
藤野仁三（2009）「クアルコムの誤算」（一橋大学イノベーション研究センター編『一橋ビジネスレビュー』57 巻 3 号）東洋経済新報社，66-79 頁。
藤野仁三（2014）『知財専門職大学院における標準化教育』工学教育協会第 62 回年次大会（平成 26 年度）「工学教育研究講演会ならびに国際セッション講演」。
知的財産戦略本部『知的財産推進計画 2014』2014 年 7 月，21-24 頁。
「独禁法審決・判例百選（第 6 版）」『別冊ジュリスト』161 号（2002 年 2 月），有斐閣，28-29 頁。

V　知財権の正当化理論

本書（Robert P. Merges, JUSTIFYING INTELLECTUAL PROPERTY, Harvard University Press, 2011, pp. xiv +415）は，表題からも明らかなように知的財産権とその制度を正当化するために書かれたものである。前半で，ジョン・ロック（John Locks）やイマヌエル・カント（Immanuel Kant）そしてジョン・ロールズ（John B. Rawls）など社会契約論派の哲学者の理論を分析し，後半でその分析をベースにして知的財産権への適用可能性を検討している。

本書は，政治哲学的な所有権論であり，産業政策的立場に立った正当化論とは一線を画した内容となっている。

1　本書の目的と構成

著者マージェスは，なぜ本書を書いたのか，その理由は序論の中で述べられている。昨今の知的財産制度に対する批判的論調（その発生源は「法と経済学」の研究者であるが，近年は裁判官もそれに同調する流れがみられる）に対して，今こそ，知的財産権の擁護論を理論的に展開しておく必要があるとの思いが背景にあった。

序論で執筆にいたる動機や目的を述べた後，理論的基盤となる第1章は，ロック，カント，ロールズなどの所有権論を知的財産（以下「知財」と略称）との関連性という文脈で解説している。第2章は，これらの巨人の哲学理論を知財のもつ具体的な特性に関連づけ，それを普遍的な原則論に昇華させるための議論である。第3章は，デジタル技術をめぐる所有権の問題や，途上国における医薬品の特許保護など，特許制度の根幹にかかわる現代的な問題を取り上げ，それらの問題を通して，先哲の所有権理論適用の正当性を立証しようとする。

2　ジョン・ロックの所有権論

ジョン・ロック（1632-1704年）は英国を代表する哲学者で，自然権論の

始祖として知られている。ロックは自然権に基づく所有権の発生を労働によって正当化し，その考え方は「労働所有論」とも呼ばれている。ロックによれば，労働の成果はその労働を行った者に帰属する[1]。

ロックは，「価値の創造」，「功績（desert）」，「人格の拡張」および「生存と繁栄」という概念を用いて私的所有権を正当化する。「価値の創造」とは，自分の労働によって価値を創造した人はその価値ある物を所有する権利があるという概念であり，「功績」とは，労働はつらく苦しいものだから，労働した人は自分の労苦に応じた財産をその報酬として受けるに値するという概念である。また「人格の拡張」とは，自然の資源に自らの労働を投入した人は，その対象物を自己の人格が拡張したものとして正当に所有する概念であり，「生存と反映」とは，各人が生存・繁栄するためには，また全体として人類が繁栄するためには，人が自然の資源を専用できなければならないという概念である[2]。

「生存と反映」の概念については，多様に解釈される。その一つが，他者の保全をより重視する解釈である。たとえば「自然法は，各人に，単に自己保存を図るだけでなく，それと共に，可能なかぎりの他社保存をも図るよう命じる。そのため，所有権を行使しつつ自己保存を図ろうとする者には，他者保存への配慮が，とりわけ，他者のもつ自己保存の権利に対する侵害を回避することが要求されることとなる」との解釈がある[3]。

ロックの所有権論では，自己保存と他者保存の必要性が「慈愛」（charity）という概念で説明されている。マージェスはこの慈愛の観念に注目して，本書で以下のように説明する。

> ロックの所有権に対して内在する制限理論としての慈愛を理解することは，知的財産分野の現代の政策論争（の理解）につながる。…（中略）…所有されていない物体の「発見された」部分（"found" world of unowned things）—それこそが努力の核心である—の存在は，結局のところ，人間の成長にとって途切れることのない関心事である。この考え方は，知的財産権とは何かという疑問に理論的に答えるときに利用可能である（66-67頁）。

マージェスは，ロックの「占有」(appropriation) という概念を一種の移動 (movement) としてとらえ，労働を付加することによって，それが「外から内へ」(from outside to inside)，「外界から個人の空間へ」(from the external world to the internal or personal space) と移動すると説明する。つまり，外界にある物体（それが公共の所有物であっても）に個人の労働が作用したならば，その物体は個人の所有になるという考え方である。

3 カントの所有権論

イマヌエル・カント（1724-1804年）は，プロイセン王国出身の哲学者であり，大学教授であった。三批判書（『純粋理性批判』，『実践理性批判』および『判断力批判』）の著者として有名である。

マージェスによれば，カントは，伝統的に所有権についての権威者ではない。しかし，ロック同様，知財の正当化理論を考える上で彼の哲学理論は有力であり，とくにその「個人の意志 (individual will)」，「占有 (appropriation)」（または「所有 (possession)」，「個人の自由 (personal freedom)」（または「オートノミー (autonomy)」）の概念が，財産権とは何かを考える上で示唆に富んでいると評価する。マージェスはカントの財産権論を以下のように説明する。

> まず，個人が自分の意志を行使した対象物に関わる請求 (claims) に対して，他人はそれを尊重しなければならない。所有権は，個人が負う義務の融合 (amalgamation of duties) である。それは，厳密に言えば，個人の権利である。近代の所有権理論と対比するとそれは素朴 (stark) ではあるが，知的財産法の歴史の中で，現在，非常に耀いている理論である（72頁）。

カントの所有権論の特徴は個人の「意志」の重視である。そこが「労働」を重視するロックとの違いである。カントは，個人がその意志を行使した対象物については，その個人の所有になると考えた。このような考え方は，当

時の法律家からは評価されなかった。現代の所有権理論とも相容れない。

しかし，近年，新世代の学者を中心にして，対象物を客体とした所有権論が見直されつつある。彼らは「資産へのアクセスを効率的に組織化する」という文脈でその効果を経済学的に説明している（75頁）。

カントの所有権論を知財に適用することを想定し，マージェスは，無体物（intangible）の所有について述べている。無体物の複製（copies）が抑制されると，一種の人為的な希少性が生まれる。それは，情報は本来自由に共有させるべきであるという価値観とは対立する。しかし，カントは，所有権は所有という概念的な類型を定義しなければならない以上，すべての所有権にこのような「巧妙さ（artifice）」の要素がつきまとうことを織り込んでいる。カントによれば，所有権とは単に人間と対象物の間の物理的接触（physical contact）の問題ではない。それは「手でつかむ」といったような物理的な行為を超えて，より深い部分との関係を意味している。

カントは「占有」の概念を展開するために，対象物への人間の執着の原因が「自由の範囲」（つまり，オートノミー）であるという概念を導入した。つまり，外部に存在する対象物を手に入れ，それを管理したいとする人間の欲望がその執着の原因であるとする。そして，カントはそのような欲望はできるだけ認められなければならないとした。

カントにとって，所有できない対象物の存在は認めることのできない考え方であった。つまり，占有（所有）の自由は個人にとっての基本的な権利であり，それを制限することはありないのである。

4　ロールズの所有権論

ジョン・ロールズ（1921-2002年）はハーヴァード大学の哲学者であり，『正義論』（1971年）で「原初状態」（original position）の概念を提案した。これは，合理的な人々が自分たちにとっての公正な原理（たとえば所得分配）を確立しようとしても，その原理が自分たちに適用される際に自分がどういう立ち位置に置かれるかは自分ではわからない，というものである。ロールズはこの概念を使って，最適な仕組みは，社会の最も劣位に置かれた人々の福祉を最大化することだと主張した。これが「配分的正義」（distributive justice）という概念につながる。

そのためにロールズは，二つの原理を提案する。①各人は，他の人々の同様な自由の図式と両立する平等な基本的自由の最も広範な図式に対する平等な権利をもつべきである（第1原則）；②社会的，経済的不平等は，それらが(a)あらゆる人に有利になると合理的に期待できて，(b)全ての人に開かれている地位や職務に付随するといったように取り決められているべきである（第2原則），の二つである。

マージェスは，知財権が守るべき基本的な権利であることを立証するためには，それが「原初状態」から発生することを立証する必要があると考え，そのために第1原則に関連して，「革新的独立性やその後の業務遂行から便益を得る人にとって，知財権は基本的な自由であり，原初状態にある人はすべて，これらの便益を享受する資質をもつ」と説く。そして「原初状態の人々は，知財制度のもつインセンティブの結果生じる「不平等」な配分をも許容する」と結論づける（110頁）。

5　知的財産権法の中間レベル

マージェスは，知財権法の「中間レベルの原則（midlevel principles）」として，「非私有化性（non-removal）」，「比例性（proportionality）」，「効率性（efficiency）」，「尊厳（dignity）」を挙げる。これらの要素が理論と実務という相異なる対象を結びつける役割をもつと考える。

まず，「公共の所有物（public domain）」は私物化できない（非私有化性）。それについては衆目一致するが，その定義についてはさまざまな見解がある。また，技術の進歩によってその範囲は変わりうる。マージェスによれば，知財法をめぐる事業や政策は，公共の所有物は私物化できないとう観念のような，中間レベルの原則によって営まれている。その定義のあいまいさが残っているにもかかわらず，公共の所有物という概念だけで，学者や裁判官は重要な政策課題に取り組んでいると批判する。

知財権の範囲は権利化された対象物の価値に比例すべきである（比例性）。この点関連して，マージェスは以下のような見解を述べている。

簡単に言えば，知財権はその所有者に対し，本来の価値とまったく比例しない優位性や権力を付与すべきではない。もし知財権がその対象物の実際の市場よりもはるかに大きな市場に対して支配力や管理力を付与するならば，その権利は何らかの方法で制限もしくは無効化されなければならない（151頁）。

効率性は，単独で知財権の基盤とはならない。それは，知財権の法体系が円滑にかつ最低限のコストで運用することを保証するためのものでしかない。しかし，それによって，他の諸原則がうまく機能することになるので，その存在意義は大きい。

「尊厳」という要素は，発明者や創作者は社会的な評価と名声を得ると言う文脈で認識される。これはとくにヨーロパの著作権分野で顕著である。

6　おわりに

本書の執筆動機が知財制度批判への理論的反論であったことは冒頭に記した。知財を専門としない読者にとっては，なぜそのような批判があるのかその背景を知る必要があろう。また，そもそも知財制度とは何かという疑問をもつ読者もおられよう。そこで，知財制度の簡単な歩みと現在の知財制度をめぐる課題を紹介者がまとめることで本稿を閉じたい。なお，現在の知財制度をめぐる課題については，本書でも取り上げられているので，その紹介の代わりとする。

発明や著作などの知財は，特許法や著作権法などの法律により一定期間保護される。知財保護の観念は，特許法については17世紀の英国の「独占法（Statute of Monopolies）」（1623年）を起源とし，著作権法については18世紀の英国の「アン法典（Statute of Ann）」（1710年）を起源とするというのが通説である。しかし，中世の英国は，ギルドなどの職能団体による独占や王室特権の濫用がまんえんしていたため，特許法や著作権法は，当初，そのような不正義を制限するための法律として発展した。

現代の特許制度は「新規・有用な発明を保護することにより産業発達を促す」ことを目的としているが，中世から近世にかけての特許法はその趣旨と

は異なっていたのである。著作権のもととなったアン法典についても同様であり，その立法目的は，当時出版社が保有していた出版物に対する永久的な権利を一定年数に制限することであった。

　このように，特許法や著作権法の発展の歴史は，独占権の制限の歴史であった。制限の程度は，時代背景や技術進歩によって異なるが，一定限度の独占権を是認するための理論的な根拠は保持されてきた。

　しかし，近年，制度そのものの問題点が指摘されるようになった。たとえば感染症治療薬を貧しさゆえに買えずに落命を余儀なくされる人々が世界中にいる。そのような現状を踏まえ，特許制度によって医薬品の価格が高止まりしているという批判がある。また，デジタル技術の急速な進歩により，著作物（たとえば「DVDに収録された音楽」）の複製が容易になり，しかも複製の品質が劣化しない時代にあっては，印刷物に対する保護を目的とする著作権制度はもはやデジタル全盛の時代には適合できないという批判もある。

　本書は，そのような知財制度そのものに向けられた疑問や批判に対して，財産権に関する主要な政治哲学理論を駆使して，知財制度を理論的に正当化し，援護するものである。その内容は，とくにロールズの正義分配論に基づき，財産権といえども生命維持のために必要とされる場合にはその範囲がせばめられるべきであるとする。この考え方は，現在，米国を中心に裁判で争われている知財権の制限問題にも影響を与えている。

(1) この考え方は特許権の排他性の正当化理論として引用されることが少なくない。しかし，特許の排他権を自然権に基づく天賦の権利と考えた場合，属地主義や権利期間などに伴う権利の制限などが説明できない。現在では講学的な意味しかないというのが多数説である（紋谷暢男『特許法50講（第3版）』有斐閣双書，1990年，7-8頁）。
(2) 森村進『財産権の理論』弘文堂，1998年，44-45頁。
(3) 今村健一郎「ジョン・ロックの所有権論の研究」（http://www.l.u-tokyo.ac.jp/postgraduate/database/2008/625.html（最終検索2013年4月1日））。今村はさらに，「所有権を獲得し，それを行使する者には，資源の希少性を前提に，自己保存と他社保存を2つながら実現する義務が課せられているのであり，所有権の意義は，この2つを共に実現していくという点にこそ存する。ロックにおいて，労働とは，この義務を果たしていくことに他ならず，各人はこの労働の義務を遂行しつつ所有権を獲得し，行使していかねばならない。これこそが，われわれがロック所有権論から汲むべき最も重要な教訓である」と述べる。

第 6 章

英文論考

I The Employee Invention System in Japan
— Review of its legislative history —

1. Introduction

Ten years have passed since the enactment of the Intellectual Property Basic Act in 2003. Over this period, the Cabinet Office's Intellectual Property Strategy Headquarters has played a central role in formulating the Intellectual Property Strategic Program each year, thereby promoting intellectual property policy in Japan. However, Japan's society and economy have undergone a significant transformation over the last decade, which has had a major impact on the implementation of the program.[1]

The Japanese government formulated a policy on intellectual property in 2013. More specifically, the Intellectual Property Strategy Headquarters adopted the Intellectual Property Policy Vision on June 7 that year, and Cabinet approval for the Basic Policy Concerning Intellectual Property Policy was granted the same day. The key feature of these policies is that intellectual property (IP) strategy has been positioned as one of the pillars of the national growth strategy.[2]

One of the priorities in the growth strategy is laying the foundations for an IP system that will enhance industrial competitiveness. The Liberal Democratic Party's Research Commission on Intellectual Property Strategy (Chairman: Okiharu Yasuoka) played a central role in considering specific measures in this area and a number of policies were incorporated into the budget for FY2014.[3] Moreover, where these measures require legal reforms, the government plans to submit reform bills during the ordinary session of the Diet in FY2014; one such bill focuses on reform of the employee invention system.[4]

The Patent Act's provisions concerning employee inventions were revised in 2004. There were fewer opportunities for problems concerning employee inventions to be highlighted in the media after that. This is partly the reason why the issue of employee inventions is often said to have been laid to rest. However, this is not necessarily the case in reality. Lawsuits are still being filed by former employees demanding substantial remuneration, most of which are resolved by means of a settlement. The conditions of such settlement are not disclosed publicly, so naturally they are rarely highlighted by the print or broadcast media. However, there is no change in the fact that employee inventions are still an issue laden with legal risks for IP staff at companies and are grounds for concern from the perspective of corporate IP management. Accordingly, industry groups such as the Japan Business Federation (Keidanren) Committee on Intellectual Property and the Japan Intellectual Property Association (JIPA) have requested that the system be revised without delay.[5]

The concerns of those in industry are supported by interviews conducted by the author. Over the course of six years, from October 2004 to September 2009, the author interviewed 72 people in managerial posts in the IP departments of Japanese companies (including managers at university TLOs and public sector research institutes), mainly those listed on the First Section of the Tokyo Stock Exchange, and gathered information about each company's measures in response to the employee invention system put in place by the 2004 revision of the Act. In the vast majority of cases, the response took the form of the official position that "we are moving forward with procedures to ensure legal compliance," but quite a few interviewees subsequently gave voice to their true opinions off the record, stating that "it has not improved practical matters concerning employee inventions at companies, and has actually increased the burden on us." The unique nature of the employee invention problem is the reason why it is difficult for companies to voice their true feelings. This also demonstrates that the issue has aspects associated with labor relations, which cannot be fully dealt with by means of legal theory alone.[6]

As stated above, the government intends to revise the employee invention system. The specifics of these revisions will doubtless become clear in due course, that when considering proposals for revisions, it is necessary to have an accurate understanding of the history of the employee invention system. This paper primarily examines the reasons for enacting the employee invention system, which has a long history in Japan, as well as exploring its development over the course of that history and the discussions that took place around its revision at various points, particularly between the late 19th century and the 1959 revision. Plenty of materials are available concerning discussions around the 2004 revision of the Act,[7] so this paper does not explore these in detail.

2. A Broad Overview of the Employee Invention System

2.1 The purport of the law concerning employee inventions

It goes without saying that research and development (R&D) activities within organizations such as companies and research institutes play a significant role in intellectual creation. A stable environment that facilitates proactive relevant investment must be provided, in order to ensure that R&D activities proceed smoothly. In addition, employees involved in R&D must be provided with incentives to invention and innovation.

The employee invention system is designed to meet all these needs. In other words, the employee invention system aims to encourage R&D activities and to increase R&D investment, and seeks to provide a means of coordinating the interests of the employee with those of the employer.[8]

The foundations of the employee invention system were put in place by the revised Patent Act of 1921 and the system was subsequently revised in the postwar era and again in the 21st century. This chapter provides a broad overview of the features of the patent system during the late 19th and early 20th century before the introduction of the employee invention system, and explores the revision of provisions concerning employee inventions in the Act revised in 1921, when the employee invention system was introduced, as well as subsequent revisions.

2.2 The early years of the patent system
1) The Summary Rules of Monopoly

Japan's patent system began with the 1871 Summary Rules of Monopoly. This gave the government the right to grant a "monopoly" to an inventor and did not grant inventors any rights. The Summary Rules of Monopoly were introduced by the new Meiji government as a system for encouraging new industry, and it is likely that they were inspired by Fukuzawa Yukichi's "*Seiyō Jijō Gaihen*" [Conditions in the West, vol. 2] (published in 1868).[9] However, society was in turmoil at this time, following the Meiji Restoration, and there were problems in the running of the patent system due to inadequate understanding of it, so enforcement of the rules was abandoned the following year.

2) Establishment of the Bureau of Patents

In 1881, the Ministry of Agriculture and Commerce was established and the Bureau of Patents and Bureau of Trademarks were set up under its jurisdiction, with responsibility for patents and trademark protection respectively. The French system was the model for the establishment of the Ministry of Agriculture and Commerce, and the regulations concerning its establishment were a translation of relevant provisions in French law. Due in part to the fact that Takahashi Korekiyo had asserted the importance of an industrial property rights system during his time at the Ministry of Education, he was specifically nominated to be transferred to the new Ministry of Agriculture and Commerce.[10]

3) The Patent Monopoly Act

With more than a decade having passed since the country opened up to the outside world, a renewed awareness developed concerning the need to put in place a patent system in order to achieve the national objective of enriching the country and strengthening the military. Partly with the aim of demonstrating its achievements in modernizing the country, the new Meiji government promulgated the Patent Monopoly Act in 1885. This was Japan's first legal code concerning patents to have gone through the legislative process. However, although the Patent Monopoly Act gave the central government the right to "issue" letters patent, it was not intended to create a system of patents that were the right of inventors.

Takahashi Korekiyo was appointed as the first Commissioner of the Japan Patent Office under this law. That year, Takahashi Korekiyo visited ministries and other organizations involved with industrial property rights in Western countries, returning to Japan convinced that his country should adopt the model of the U.S. patent system.[11]

4) The Patent Act

Takahashi Korekiyo enacted the Patent Act in 1888, based on the actual systems used in developed countries that he had seen during his visit to the West. As a result, Japan's patent system, which had hitherto been based on French law, was revised along the lines of the U.S. model.[12] The main change was the switch from a system without examinations to a system based on examinations by examiners from the Bureau of Patents.

5) The 1899 revision

In 1899, Japan acceded to the Paris Convention for the Protection of

Industrial Property and the Berne Convention for the Protection of Literary and Artistic Works. The 1899 revision of the Patent Act mainly focused on putting in place domestic laws arising from Japan's accession to the Paris and Berne Conventions. This was the point at which Japan changed from the first-to-invent principle to the first-to-file principle and introduced the opposition system to ensure the stability of patent rights.

The 1899 revision of the Act was basically intended to put in place the legal foundations required by the international conventions, but the U.S.-style institutional features seen in the Patent Act were revised. Due in part to the crude translation of the relevant provisions in the conventions that were incorporated into the reform bill, the precision of the bill as a legal text was regarded as a problem when it came up for debate.[13]

2.3 The revised Act of 1909

By the turn of the century, Japan's patent system lacked consistency and integrity in many areas, due in part to the fact that it had moved from being based on the French model initially to being based on the U.S. model thereafter. The 1909 revision of the Patent Act sought to rectify these issues and turn it into a modern patent system. The main features that can be seen in today's patent system were introduced at this time.

It was in this revision that regulations concerning inventions in the course of an employee's duties were introduced as legal provisions for the first time. The right to receive a patent was initially called a "*hatsumeiken*" (literally, an "invention right"), and the revision expressly prescribed that a patent right could be attributed either to the person performing their duties or to their employer.[14]

According to records of the proceedings of the Imperial Diet, the reason for introducing a provision concerning employee inventions was that there was a need for some kind of legal provision to deal with the numerous disputes that were arising between companies and inventors regarding the handling of employee inventions.[15] However, this would seem to be no more than a superficial explanation. The revised Act of 1909 was enacted at a time when the government was exploring policies for turning around the battered economy in the wake of the Russo-Japanese War, which had ended four years earlier, so industrial development was a pressing issue. The Meiji government undoubtedly wanted to encourage invention by companies, by attributing employee inventions to the employer.[16]

2.4 The 1921 Act

The revised Act of 1909 underwent substantial revisions in 1921. The main revisions included a shift to the first-to-file principle, the introduction of the publication system and the reform of the opposition system, the submission of written opinions concerning Office Action, and the establishment of compulsory licensing on the grounds of non-working. The emergence of such practical problems as proving the date of the invention is explained as the reason for the shift from the first-to-invent principle to the first-to-file principle.

Attribution of the rights to employee inventions changed from the employer to the inventor. A prototype of the employee invention system was introduced, wherein the inventor could assign the right to receive the invention to the company, in which case the company would pay the inventor an appropriate sum in compensation.[17]

Hereinafter, Article 14 of the 1921 revision of the Patent Act is referred to in this paper as the "1921 Act."

2.5 The current Act
1) The 1959 Act

After World War II, Japan embarked on a major revision of its legal system, at the initiative of the General Headquarters, Supreme Commander for the Allied Powers (GHQ). The Patent Act was no exception. However, the provisions regarding employee inventions, including the principle of attribution to the inventor, were ultimately carried over virtually unchanged into the revised Act of 1959. More specifically, the 1921 Act's provisions concerning such matters as the definition of an employee invention, the invalidity of any advance agreement by the employee to transfer the rights to inventions other than employee inventions, the statutory license acquired by the employer, the inventor's right to request monetary compensation for an advance agreement to transfer rights, and the calculation of monetary compensation in trials were essentially carried over unchanged.

The changes from the 1921 Act were mainly changes of terminology, with "*shokumu hatsumei*" replacing "*ninmu hatsumei*" as the term for "employee invention," and the term "*jugyōsha*" replacing "*hiyōsha*" as the term for "employee."

In addition, under the 1921 Act, inventions attributable to past duties were not included in the scope of employee inventions, but the requirement in the 1959 revision was that actions resulting in an invention should have been carried out by the employee in the course of performing his/her "current or past" duties.[18]

2) The revised Act of 2004

The provisions concerning employee inventions in the 1959 Act were revised in 2004. As interest in IP grew in the wake of the policy statement on creating an IP-based nation, lawsuits involving claims for remuneration for employee inventions had become more frequent; this revision was aimed at dealing with this situation. Radical reforms of systems such as prior agreements in contracts concerning the attribution of employee inventions to companies and reasonable value were discussed, but ultimately the reforms were confined to a partial revision of the 1959 Act, with no fundamental systemic reforms.

The key point in this revision was the establishment of the principle of leaving "reasonable value" for employee inventions to be determined by a voluntary agreement between the employer, etc. and the employee, etc. If, based on the contract, rules of employment, or other arrangement, it is acknowledged to be unreasonable for remuneration to be paid, reasonable value may be calculated with reference to certain elements, in the same way as under the employee invention system in place hitherto. No change was made to the attribution of employee inventions.

Hereinafter, Article 35 of the 1959 Patent Act and Article 35 of the 2004 Patent Act are together referred to in this paper as "the current Act." Table 1 sets out the main patent law revisions since the late 19th century and the key features thereof.

3. Background to the 1921 Revision

3.1 Protection of inventors

As a result of the 1921 revision of the Act, the principle of attribution to the inventor was restored in the handling of employee inventions. When the relevant bill was being debated in the Imperial Diet, the government explained that it was "a legal system designed so as to ensure that, in principle, the person who devised the invention will receive recompense for his labors in the form of patent rights." During the meeting of the special committee of the House of Peers, it was

Table 1

Name of Act	Year Enacted	Characteristics
Patent Monopoly Act	1885	Prescribed the requirements for patentability. First-to-invent principle and establishment of the term
Patent Act	1888	Attribution to the inventor, introduction of examination, exceptions for food, drink, and pharmaceuticals
1899 Patent Act	1899	Revision of the Act due to accession to the Paris Convention.
1909 Patent Act	1909	Introduction of the attribution of employee inventions to the employer. Domestic recognition principle
1921 Act	1921	Shift to the first-to-file principle. Switch to attribution of employee inventions to the inventor. Introduction of the publication and opposition systems
1959 Act	1959	Continued the employee invention system. Principle of public recognition and use both domestically and overseas. 20-year term of rights
2004 Act	2004	Revised the provisions concerning employee inventions.

explained that "Hitherto, employee inventions were recognized as being attributed to the employer, but this reform returns to the principle of attribution to the inventor, in accordance with the principles of the patent system." However, the reason for the switch away from attribution to the employer was not mentioned. At the time, the overall trend worldwide was toward favoring the inventor, so the change was probably due to a general acknowledgment that reform was unavoidable, due to the need to harmonize systems.[19]

The government's initial draft referred to "paying monetary compensation in the event of the assignment" of employee inventions, but it was pointed out in the House of Representatives that this was inappropriate, because such a system could be interpreted to mean that there was no need to pay monetary compensation without succession to the rights to the invention, even if the invention was worked. Accordingly, it was affirmed that monetary compensation must also be paid if the employee invention is worked.[20]

It appears that there was little opposition among employees to the introduction of the new employee invention system. One of the reasons for this was the fact that wages at that time were paid in the form of commission by results. In manufacturing environments in the early 20th century, wages were paid on a piecework basis, with the amount paid determined per unit of workload. Unlike today's fixed-wage system, under the payment by results system, it was possible for harder-working employees to earn higher wages and it was usual for there to be differences in wages between individual employees. Even if a system of monetary compensation for the individual who devised the invention had been introduced, there would likely have been little sense of inequality among other employees.[21]

3.2 Necessity of encouraging invention

As described above, the 1921 Act was designed to ensure consistency between patent systems in Japan and Western countries. It is likely to have taken several years to prepare the bill. The bill for the 1921 Act was submitted in 1917, so it is reasonable to surmise that preparatory work began toward the end of the first decade of the 20th century, or the beginning of the second at the latest. It was a period when efforts were being made to rebuild the national economy, which was laden with massive debts amounting to five times the level of government revenue, due to financing of the Russo-Japanese War. It is likely that the legislation had the political objective of helping to ease this burden by encouraging invention.

3.3 Scope of the bill

According to Ichiro Kiyose, who had been involved in the enactment of the 1921 Act, the need to protect inventors was behind the shift to the attribution of inventions to their inventors. Kiyose believed that it would not be possible to protect inventors solely by means of a framework that recognized the attribution of employee inventions to the inventor and assigned those patent rights to the employer. Accordingly, he deemed agreements for the transfer of rights to be invalid, on the grounds of the difference in bargaining power between the employer and the employee.

Kiyose writes the following about this matter.

> The invention of an employee shall be attributed to that employee and not to the employer. However, since our patent law, in addition to this principle, permits the assignment of the right to an invention to another

party (Article 12 of the Patent Act), the legislative purpose of that principle cannot be fulfilled merely by advocating it. This is because the employer, who is in a stronger position than the employee, would naturally make arrangements so as to cause the employee to assign all of the inventions that he/she will devise in the future to the employer, such as by concluding a contract with the employee or drawing up employment rules. This is not the way to place a value on the employee's rights or encourage useful inventions. Accordingly, this law limits the freedom to assign the rights to an invention in advance between an employer and an employee. (Kiyose "*Tokkyo-hō Genri*", p. 105.)

At the end of the preface to the reprint of his work, Kiyose wrote, "Engineers and inventors are silent social reformers. Politicians and legislators merely follow in their wake." This too shows Kiyose's strong desire to protect inventors.

However, it is unclear whether Kiyose's desire to protect inventors was discussed when the bill was debated. At the very least, Kiyose's concepts of "the strong employer" and "the weak employee," which formed the basis of the employee invention system, is not mentioned at all in the debate concerning the bill in the Imperial Diet. Moreover, according to the Japan Patent Office, there are no cases of employees having requested monetary compensation after the enactment of the 1921 Act.

Accordingly, it appears unlikely that legislators intended the spirit of the law to switch from protecting strong employers to protecting weak employees.

3.2 The social context
1) Development of military technology

The 20th century was an era in which the Great Powers competed to acquire colonies. Germany formed the Triple Alliance with Austria-Hungary and Italy, and stepped up its incursions into Asia via the Crimean Peninsula. In response, the United Kingdom, France and Russia formed the Triple Entente and sought to thwart Germany's southward advance. The interests of both sides were focused on the Balkan Peninsula.

It was during this period that the heir to the Austro-Hungarian throne was assassinated by a Serbian youth during a visit to Sarajevo. This is known as the

"Sarajevo Incident." As a result, Austria-Hungary declared war on Serbia and triggered the descent into all-out war between the countries of the Triple Alliance and those of the Triple Entente. This marked the outbreak of World War I. The war lasted over four years and the number of military dead reached almost ten million.

At the time, natural saltpeter, which is an oxide of nitrogen, was needed to manufacture the gunpowder used in firearms. However, natural saltpeter was only found in Britain's southern colonies, which gave Britain a military advantage. The process for synthesizing ammonia that was invented in Germany threatened Britain's military superiority. German chemists Fritz Haber and Carl Bosch invented a process for producing nitric acid by fixing atmospheric nitrogen; this invention catapulted Germany into the ranks of the great military powers. This was because Germany was able to procure domestically all of the nitrogen compounds that were the basic ingredients in the gunpowder used in war. The amount of gunpowder used at a single battlefield in World War I is said to be the same as that used by the Japanese army in the whole of the Russo-Japanese War, and it was the ammonia synthesis process invented by these German chemists that made this possible.[22]

World War I brought tremendous benefits for Japan. During the war, Japan was able to forcibly expropriate the Japanese patents held by Germans and private sector companies were granted licenses to work the expropriated patents. Among these was the patent for the ammonia synthesis process that was crucial to the manufacture of gunpowder. Moreover, due to the booming wartime economy, Japan's shipbuilding and textile industries experienced remarkable development.

The wartime expropriation of patents held by Germans allowed Japanese companies to obtain licenses for patents on basic technologies, but Japan still lacked the basic and peripheral technologies required when actually using those technologies to manufacture products. Taking the example of ammonia synthesis, it was difficult to obtain reactors that would withstand high temperatures and pressures, so Japan was ultimately compelled to introduce relevant technologies from Germany after the war. Japan's government and industrial sector at that time were painfully aware of the need for independent development in all technical fields, not merely gunpowder.

2) The military comes to the fore

Following the accession of the Taisho Emperor in 1912, the Meiji oligarchy that had held sway since the late 19th century withdrew from prominence and the

Seiyukai ("Friends of Constitutional Government") took center stage as the leaders of party politics. A Seiyukai administration led by Hara Takashi came to power in 1918 and the party won a decisive victory in the 1920 general election. It is said that this provided the impetus for Taisho democracy.[23]

In 1921, a bill fundamentally reforming the Patent Act, including the employee invention system, was submitted to the Imperial Diet by Hara's Cabinet. Although it cannot be confirmed from the records, it is not difficult to imagine that Takahashi Korekiyo was involved in reforming the Act in some way. At the time, Takahashi had to rebuild the nation's finances as Minister of Finance. It would be only natural to surmise that he wanted to use the revision of the Patent Act to encourage invention, improve industrial infrastructure, and increase export competitiveness, thereby rebuilding the country's fiscal base.

At the time, the military – especially the army – held a great deal of influence, so it was difficult for any bills opposed by the military to succeed.[24] If the military had harbored concerns that the 1921 Act might go beyond protecting inventors and might lead to the protection of the human rights of workers, it would likely have affected not merely the provision in question, but the revision of the Patent Act as a whole. It is likely that the government sought to gain Diet approval by citing the need to ensure legal consistency as the reasoning behind the principle of the attribution of employee inventions, emphasizing the fact that monetary compensation for employees would contribute to the development of military technology. As described above, monetary compensation to encourage invention would not have seemed strange in the context of the wage system based on payment by results that was prevalent among workers at the time, so it is likely that there was no particular reason why it should be opposed by the military.[25]

In the November after the 1921 Act was passed by the House of Peers, Prime Minister Hara Takashi was assassinated. Minister of Finance Takahashi Korekiyo took over, but he and his Cabinet resigned *en masse* seven months later, due to internal strife within the Seiyukai, a lack of unity within the Cabinet, and pressure from the military, which was gaining prominence due to the recession. Two years later, in 1923, the Great Kanto Earthquake struck and Japan's fiscal situation became critical. This was also the period when the first Public Security Preservation Law was enacted, to quell industrial disputes and socialist movements. To placate the common people, the military argued that there was a need to expand overseas and subsequently steered a course toward the invasion of the continent.

There are those who state that consideration was given to the rights of employees because the 1921 Act was enacted as the tide of Taisho democracy was sweeping the country.[26] It is certainly true that Taisho democracy was prominent in the electoral system and the world of literature. However, it would be hard to suggest that this Taisho democracy had permeated all the way to the manufacturing shop floor. While the government doubtless wanted to encourage technology developments through the revision of the Patent Act, thereby improving the nation's finances, it seems unlikely that it had any intention above and beyond that in terms of protecting employees or human rights.

4. Transition to the 1959 Act

4.1 Background to the revision of the provisions

After the end of the Pacific War, Japan's legal code underwent fundamental enhancement and revision, due to the promulgation of the new Constitution and the reform of the judicial system. The Patent Act was no exception.

In 1947, the Japan Patent Office (JPO) published its draft for the revision of the industrial property rights system (the Act to Partially Revise the Patent Act, etc. (June 27, 1947)), setting out the framework for systemic reforms. The main objective of this was to revise the regulations in response to the major fluctuations in the value of money that had resulted from the postwar turbulence, so the draft revision did not include the employee invention system. A draft revision of the Patent Act was subsequently submitted in 1948 (the Act to Partially Revise the Patent Act, etc. (May 17, 1948)), but this too contained no revisions concerning employee inventions.

In 1951, following the introduction of the new currency system, the JPO proposed a reform bill to increase the relevant fees (the Bill to Partially Revise the Patent Act). The JPO also put together a Diet policy paper entitled "Measures for Developing Industry by Encouraging Invention," in which it highlighted the need for measures to promote efforts to encourage and recognize outstanding inventions. However, this focused solely on policies for industrial development and was not intended to revise the employee invention system. At the time, the JPO was in the midst of a fundamental postwar revision of the Patent Act and it did not take the view that reform of the employee invention system was a matter of any particular urgency.

However, moves to revise the employee invention system suddenly emerged, entirely unrelated to the wishes of the JPO. This was because use of the "appropriate monetary compensation" payments that had been the purpose of the 1921 Act had been inadequate, so the Scientific Administration Committee at that time had requested that the basic rate of monetary compensation for employee inventions by national civil servants and the registration fees when granting a patent be clarified in relevant regulations. In addition, the Cabinet's National Personnel Authority informed the JPO that it would like the payment of monetary compensation to be enacted in law, to facilitate the formulation of budgets relating to civil servants. In other words, the issue of the employee invention system suddenly surfaced due to the policy objective of protecting civil servants.

In 1952, in response to this, the JPO presented a document aimed at dealing with these points of contention. This then raised the following questions about how to deal with the civil servant issue. (1) Should the revision be based on statutory law, case law, or customary law? (2) If based on statutory law, should it be incorporated into labor law, patent law, or a special law? (3) If based on statutory law, on what policy should it be based?[27]

Ultimately, the JPO settled on an approach of introducing provisions aimed at protecting employees into the Patent Act, and debate concerning the bill proceeded in accordance with this policy.

4.2 Content of the revisions

The 1959 Patent Act was a major revision that radically reformed Japan's patent system, so it was filled with important revisions. The reform bill containing the employee invention provision that had suddenly surfaced was debated by the Patents Subcommittee of the Council on Reform of the Industrial Property Rights System (hereinafter "the Council's Patents Subcommittee"). The Council's Patents Subcommittee, which had responsibility for the Utility Model Act and the Design Act, as well as the Patent Act, met a total of 148 times over the course of ten years, starting in 1950, in order to consider the reform bill.

1) Initial discussions

The first meeting of the Council's Patents Subcommittee took place in

December 1950. Discussions initially focused on the issue of increasing the monetary compensation paid to civil servants for employee inventions. As described earlier, this issue was raised in the form of a draft guideline from the Scientific Administration Committee to the Commissioner of the JPO.[28] Due in part to the fact that prompt enactment in law was sought, on the grounds that this was required for the preparation of budget proposals concerning civil servants, the handling of this matter was discussed without delay at the first meeting.[29] In these discussions, the view was expressed that even if the legal reforms were measures focused on civil servants, they could also have a major impact on private sector companies, so the 1921 Act needed to be properly revised.[30]

The second meeting (December 1950) discussed the pros and cons of stipulating specific figures for monetary compensation for employee inventions by civil servants, as set out in the Scientific Administration Committee's draft guideline. In materials distributed to the Council's Patents Subcommittee, the JPO put forth the view that "With Article 14 (of the 1921 Act), the law is intervening in the content of contracts between individuals, which means that it is clearly a matter of labor law, by its very nature. Consequently, should the provision not be incorporated into labor legislation (such as the Labor Standards Act)?"[31] In response, the Vice Chairman of the Council's Patents Subcommittee expressed a desire to resolve this issue without broadening the scope too much and made haste to sum up the discussion.

At the fifth meeting (February 1951), a committee member representing the Japan Federation of Economic Organizations (Keidanren) expressed reservations about including a provision about monetary compensation. However, he ultimately agreed to move forward with deliberations on condition that the provision had some flexibility concerning the amount of monetary compensation and that it would be covered by the national budget.

At the sixth meeting (February 1951), the opinion was expressed that it might be better to make national civil servants the sole focus of the regulation and to stipulate that it would subsequently be applied to the private sector.

2) Intensive deliberations

On March 26, 1952, the JPO raised the following four points as issues in relation to the direction being taken in revising the provision concerning employee inventions.[32]

1) Deleting the 1921 Act and leaving employee inventions to be governed by contracts between labor and management;
2) Enabling employee inventions to be shared by employers and employees;
3) Assigning the rights (to the employer) after a patent application, based on mutually agreed conditions;
4) Recognizing the invention as belonging to the company under certain conditions and paying the inventor monetary compensation.

The matters raised were debated intensively by the Council's Patents Subcommittee in the 52nd (June 1952) to 67th (May 1953) meetings. The first matter for consideration was employee inventions by civil servants. Relevant individuals attended the meetings as witnesses and eight rounds of discussions took place (at the 52nd to 57th meetings) concerning the handling of employee inventions. For example, at the 52nd meeting, a standards inspector from the Industrial Technology Agency was called as a witness and explained the agency's regulations concerning employee inventions. According to the records, the witness stated that "The problem with employee inventions…is that if it is left to be determined by free contracts, the employee is in a weak position, so one would like adequate consideration to be given to the issue of guarantees in particular when considering legal reforms."[33] The question of the attribution of employee inventions was not raised at this meeting.

In 1954, the Council's Patents Subcommittee compiled its "Draft Revision Concerning Employee Inventions," summarizing its discussions up to that point. This draft revision specified (i) the monetary compensation for registration; (ii) the monetary compensation for working of an invention; and (iii) the monetary compensation for resale (licensing). At the 95th meeting of the Council's Patents Subcommittee, at which this draft revision was discussed, a report was given concerning the Act on Employee Inventions, which had just been passed by the West German Bundestag.

The question of employee inventions was intermittently raised at meetings of the Council's Patents Subcommittee thereafter. For example, it was asserted that "This is a realm that intersects with labor law, so the question of whether or not it should be regulated in the Patent Act must be considered as a fundamental issue."

(98th meeting, May 1954)

Discussions by the Council's Patents Subcommittee also took a cautious approach to the question of recognizing the right of employees to request reasonable value. For example, the records of proceedings contain such statements as "If an employee can make an unlimited number of requests, might it not lead to the employer being subject to what is effectively extortion?" (132nd meeting, March 1956) and "As there were many positive arguments regarding to the question of whether or not it is appropriate to permit additional compensation as a legal system, the Council took the decision shown in the draft report, but one would like the matter to be discussed in detail once more, as there is no precedent for one party to seek additional payment once both parties have settled on the sum to be paid in compensation." (146th meeting, August 1956) The Patent Subcommittee's decade of discussions ultimately came to an end with the decision to retain the 1921 Act.[34]

In its publication to mark the centenary of the industrial property rights system, the JPO summarizes the deliberations of the Council's Patents Subcommittee as being "mainly focused on employee inventions by civil servants, with deliberations concerning the employee invention system as a whole being left for discussion at some unspecified point in the future."[35] Moreover, in its draft report, the JPO states, "The question of employee inventions has been the biggest focus of discussion by the Council. It is such a thorny problem that even though it was the first issue brought up, it is only now, near the end of the process, that we are finally beginning to see signs of a conclusion."[36]

4.3 Measures focused on civil servants

Looking at the sequence of events in the transition from the 1921 Act to the 1959 Act, a number of things become clear. One is the fact that even when deliberations by the Council's Patents Subcommittee were in their final phase, the JPO's opinion was that no substantive revisions should be made for the time being and that it would be sufficient to address matters appropriately at a later date when a problem actually arose. It would be fair to say that this judgment was understandable, given that the bill was filled with important revisions, as it was a fundamental reform of the patent system. Luckily or unluckily, disputes over employee inventions remain infrequent, even in the 21st century.[37]

Another is the fact that in enacting the 1959 Act, those involved in making the law shared an awareness that the revision of the provision concerning employee inventions was an interim measure focused on civil servants. As part of law, the provision on employee inventions applies not only to civil servants, but also to the employees of private sector companies, so views opposing or advocating caution regarding not only the introduction of specified sums of monetary compensation, but also the right to request additional compensation were expressed to the Council's Patents Subcommittee, so the 1959 Act was ultimately enacted with only slight changes to the wording of this provision in the 1921 Act.

These developments help to explain why, for many years after these legal reforms, the term "monetary compensation" from the 1921 Act continued to be used not only in the documents of private sector companies, but also in official JPO documents, instead of the term "remuneration" used in the revised Act. In other words, the revised Act merely addressed employee inventions by civil servants and there was probably a tacit understanding that civil servants would be protected via the provision of "monetary compensation."[38]

To summarize, it can be seen from this that the content of the 1959 Act, which leading lights in the field of patent law 60 years ago spent ten years discussing, is – to a greater or lesser extent – quite similar to the matters debated by courts and companies in recent cases concerning employee inventions. It appears that even though Japan is now a technological and economic superpower and needs to maintain international competitiveness, we are still having to repeatedly discuss the topics that were an issue in the chaotic aftermath of the Pacific War and during the period of reconstruction that followed. It would be no exaggeration to say that this is a massive waste of social resources.[39]

5. Conclusion

The preceding sections have provided a broad overview of the history of the employee invention system. However, some aspects cannot necessarily be backed up by historical fact. For example, it is not necessarily clear why the attribution of employee inventions to the employer was introduced in the 1909 Act, why this was changed to attribution to the employee in the 1921 Act, and whether the legislative intent of the 1921 Act was labor law. Accordingly, this paper concludes with the author's thoughts on these matters.

5.1 Attribution to the employer in the 1909 Act

The introduction of attribution to the employer in the 1909 Act is explained as having been due to the need to harmonize Japan's system with systems in developed countries. At the time that the 1909 Act was enacted, Takahashi Korekiyo was Vice-President of the Bank of Japan and was in charge of Japan's monetary policy in the aftermath of the Russo-Japanese War, so on the surface, it would appear that he was not in a position to be involved in patent administration.

However, given Takahashi's influence, having contributed substantially to the establishment of the patent system, it is unlikely that systemic reforms that ran contrary to his wishes would have been able to be passed. It is only natural to surmise that the content of the legal reforms would have been reported to Takahashi in advance and his approval sought. If this really were the case, why would Takahashi have approved the introduction of attribution to the employer, which differed from the principle adopted in U.S. law?

The 1909 Act was enacted four years after the end of the Russo-Japanese War. One presumes that the bill began to be prepared during or soon after the war, at the latest. Although Japan was the victor in the Russo-Japanese War, its economy was battered and teetering on the very brink of collapse, so the encouragement of new industry in order to put the economy back on its feet was a matter of the utmost urgency. Takahashi Korekiyo is likely to have expected the industrial property rights system to be the driving force in such efforts. At that time, the question of whether to attribute inventions to the employer or the inventor was basically regarded as a question of territorialism (Kiyose, p. 105), so there would have been nothing strange about Takahashi taking the view that attribution to the employer would be more effective from the perspective of industrial development.

Incidentally, the war bonds issued to finance the cost of the Russo-Japanese War were worth approximately 1.3 billion yen. This was a huge debt, equivalent to five times the General Account revenue (230 million yen), which was the government's revenue immediately before the war (1903).[40] Comparing this to Japan's current fiscal situation reveals some interesting facts. In FY2014, Japan's General Account revenue was 96 trillion yen, while its debt from Japanese Government Bonds was in excess of 1,000 trillion yen. Debt is equivalent to ten times the government's revenue, so our nation's government is currently trying to bolster IP policy in order to achieve industrial development. This really is history repeating itself.

5.2 Attribution to the inventor in the 1921 Act

If the introduction of attribution to the employer in the 1909 Act was due to the demands of the times, why did it have to be changed back to attribution to the inventor in the 1921 Act?

Japan's victory in the Russo-Japanese War meant that, diplomatically speaking, it now ranked alongside Western countries as an emerging economy. Naturally, in diplomatic negotiations, it was required to harmonize its systems with those of the Great Powers of the West. The patent system was no exception. As attribution to the inventor was the general trend in developed countries, maintaining attribution to the employer would have placed Japan at a disadvantage when dealing with the host of tricky diplomatic issues that it faced. Even in the Imperial Diet, the 1921 Act was explained as a systemic reform to encourage invention and ensure compatibility of Japan's system with international systems. Looking at the history of the revision of the Patent Act in the late 19th and early 20th centuries, this explanation of the bill appears reasonable.[41]

Kiyose makes a very interesting observation regarding this point. In one of his works, he writes, "more than a few revisions were made to the original draft." From this, it can be understood that the original draft of the bill was only enacted after undergoing substantial revision.[42] If the reform was simply for the purpose of harmonization with the systems of other countries, it should not have been revised to such a great extent. As one might expect, the reforms mainly focused on advanced regulations. Naturally, the employee invention provision that Kiyose had intended should protect the inventor was likely to have been one of these.

Based on the theory of property rights[43] under natural law and Professor Allan Kohler's theory of intangible property rights,[44] Kiyose states in the introduction to his work that he had been considering the design of a system that expanded upon these principles and doctrines. It is likely that an employee invention regulation based on such concepts would have been revised in the process of the debate on the bill, on the grounds of being too progressive. One can surmise that he was ultimately unable to realize his advanced ideas in law, because they might have been regarded as dangerous thoughts that could have led to a labor movement.

5.3 Labor law aspects of the 1921 Act

As described above, the purpose of the 1921 Act as a form of labor legislation was not discussed in the legislative process. The Imperial Diet regarded the purpose of the legal reform as being to facilitate harmonization with international systems and to contribute to industrial development. In interpreting the Act, it seems difficult to read any labor law-related meaning into the 1921 Act, if one takes into account the interpretation of the provision and the intention of the legislators.

The Factory Act enacted in 1911 provides some clues regarding this point. The Factory Act was the equivalent of today's Labor Standards Act, but its content focused on restrictions on the employment of workers and aid systems for those suffering from occupational illness or injury and those who had been killed at work. It mainly targeted large corporations, so small-scale factories were excluded from its scope of application. Moreover, restrictions on employment were confined to women and minors, so it was a law aimed at providing the minimum level of protection for the most vulnerable. In terms of the goal of protecting workers, it was an imperfect law, but nevertheless, it took almost 30 years to enact and was only promulgated another five years after its enactment. The fact that even the Factory Act – the very core of labor law – encountered this situation is ample proof that the concept of protecting workers was still in its infancy in Japan at that time.

Taisho democracy is cited as evidence of the labor law focus of the revisions. However, in manufacturing plants at that time, Taisho democracy was not contributing to the protection of workers to the extent that later generations have suggested. In February 1920, the year before the enactment of the 1921 Act, a major strike was taking place at the Government-managed Yahata Steelworks. This has gone down in history as an industrial dispute that substantially improved the poor working conditions at that time, but in fact, the security authorities and the military police cracked down harshly on labor movements, while union leaders were blatantly subjected to unjust detention. Prime Minister Hara Takashi displayed a callous attitude toward the strike, and one can see from his own diaries that he ordered the relevant officials to "take a hardline stance." The reason for Hara's failure to openly intervene in the dispute was that he was facing an election, due to the dissolution of the House of Representatives.[45]

So, given that one definitely cannot read a labor-law-related motive into the

1921 Act, and that it was purely a legislative measure taken to promote the development of military technology, encourage the development of new industry, and meet society's need for economic reconstruction, there was no real reason for even the military to oppose it. The government at the time was facing a crisis in terms of the collapse of the country's finances, so measures to ease this situation were required; in addition, technology development in order to strengthen military preparedness was a pressing issue for the military. There was sharp conflict between the government, which was anxious to promote fiscal restraint, and the military, which was keen to promote the expansion of military preparedness; however, there was no reason to oppose the revision of the Patent Act, which would promote technology development and encourage the development of new industry.

Finally, what suggestions can be gleaned from the foregoing observations in terms of the revision of the employee invention provision currently being considered? The fact that the employee invention provision in the current Act is related to labor law is well established in both academic theory and in judicial precedent, so there is no scope for discussion of this matter. Today, its interpretation as an element of labor law has been firmly established and the working environment has been modernized, but even if the employee invention provision is reformed, the underlying need for the protection of workers remains unchanged. Consequently, discussions should probably focus on what form the revision should take in order to meet the needs of our times in terms of industrial development.

References:

- 13th Imperial Diet House of Peers Stenographic Record of the Proceedings of the Special Committee for Two Matters Outwith the Patent Bill (January 26, 1899)
- 25th Imperial Diet House of Peers Stenographic Record of the Proceedings of the Special Committee for Three Matters Outwith the Patent Act Reform Bill (March 22, 1909)
- 44th Imperial Diet House of Peers Stenographic Record of the Proceedings of the Special Committee for Four Matters Outwith the Patent Act Reform Bill (March 15, 1921)
- Ichiro KIYOSE "*Tokkyo-hō Genri (Sanhan)*" [Principles of Patent Law (Third Edition)], Ganshodo Shoten (May 10, 1929)

- Posthumous writings of Takahashi Korekiyo (Institute of Intellectual Property)
- Private collection "The Yoshito Aratama Collection" (special materials and materials in the collection of the Japan Patent Office)

(1) The event which had the biggest impact was the Lehman Crisis of 2008. This resulted in a substantial drop in the number of patent applications in all major countries worldwide, except China. It is common knowledge that, since then, the number of domestic applications in Japan has been falling.

(2) The Intellectual Property Policy Vision is a long-term strategy focused on the next 10 years, which forms part of the Japan Revitalization Strategy, aimed at establishing Japan as "one of the world's most advanced IP-based nations" (according to materials dated November 21, 2013 that were released by the Intellectual Property Strategy Promotion Bureau). The key pillars of the Vision are (1) building up a global IP system for enhancing industrial competitiveness; (2) support for enhancing IP management by SMEs and venture companies; (3) improving the environment for adjusting to the digital network society; and (4) strengthening soft power focusing on the content industry.

(3) For example, budgets for increasing the number of fixed-term examiners and upgrading the Japan Patent Office's IT systems have already been approved.

(4) Industrial Revitalization Subcommittee, Research Commission on Intellectual Property Strategy, Liberal Democratic Party "*7 no Teigen*" [7 Recommendations], May 27, 2014.

(5) For example, the Japan Intellectual Property Association (1,244 member companies), an industry group focused on the corporate IP sector, submitted to the Cabinet Office and other relevant ministries and agencies a proposal entitled "An Employee Invention System to be Reformed for Promoting Growth – Accelerating Innovation" on April 26, 2013 (JIPA website).

(6) The details of these interviews were compiled into articles, which appeared in the PR brochures of a private sector company between October 2004 and September 2009, under the title "Our Company's IP Strategy: Interview with a Key Manager." The topics covered in the interviews included (1) the company's IP strategy; (2) response to emerging economies; (3) cultivating IP personnel; and (4) responses to the revised employee invention system. Of the companies interviewed, 43 expressed some kind of opinion on the issue of employee inventions, but – perhaps because what was said in the interviews was to be published in print – most of the respondents confined themselves to expressing the company's official position and few spoke of their views in any depth.

(7) For example, Yoshiyuki TAMURA & Keizo YAMAMOTO (eds.) "*Shokumu Hatsumei*" [Employee Inventions], Yuhikaku (2004); Chikashi NAGANO "*Shokumu Hatsumei no Riron to Jitsumu*" [Theory and Practice of Employee Inventions],

Gyosei (2006); Yoshiyuki TAMURA "*Tokkyohō no Riron*" [Theory of Patent Law], Yuhikaku (2009), among others.

(8) Regarding this point, Nakayama (1989) states that "It is a provision that coordinates the interests of the inventor and those of whoever pays a salary or provides other financial support to the inventor, based on the principle that the invention is the property of the inventor." He also states that "The question of which adjustments are most desirable... must be determined on the basis of the principle of equity between the employer and the employee." (Nobuhiro NAKAYAMA (ed.) "*Chūkai Tokkyohō (Dainihan) Jōkan*" [Explanatory Notes on the Patent Act (2nd Edition) Vol. 1] Seirin-Shoin (1989) p. 290)

(9) On the orders of the Tokugawa shogunate, Fukuzawa Yukichi traveled to the USA in 1860 and to Europe in 1862. He published an account of the information he gathered on those travels under the title "*Seiyō Jijō Shohen*" [Conditions in the West, vol. 1] in 1866. The following year, in 1867, he returned to the USA and in 1868 he published an account of his experiences on that trip as "*Seiyō Jijō Gaihen*" [Conditions in the West, vol. 2] (in three parts). These works covered society in general, including politics and the economy, science and technology, and the education system, introducing each one by one, and they greatly influenced the new Meiji government. Incidentally, Fukuzawa explains the "invention license" (patent) system as follows. "This law is a kind of contract concluded between the public and an inventor, dealing with the right of monopoly under which, when some man of learning invents something new and useful, the profits from the invention are granted exclusively to its inventor for a certain period, in return for his enabling the public to enjoy those benefits, rather than keeping it a secret, because it is of benefit to society as a whole. ...The ultimate aim of the government is to allow inventors to benefit substantially from their monopoly in order to benefit the public, and to inspire people to bring forth a large number of inventions that will be of use to society."

(10) Takahashi Korekiyo learned English through an apprenticeship at the home of a British merchant in his youth, as well as by studying at the Hepburn Academy and in the USA. He subsequently joined the Ministry of Education and started his career as a bureaucrat as the interpreter and secretary to an American who had been invited to Japan as a scholar on a salary from the Japanese government. Under the tutelage of this American, he gradually came to understand the importance of protecting industrial property rights. It is said that the first IP issue that he dealt with was an issue concerning the copyright for Dr. Hepburn's dictionary.

(11) Posthumous writings of Takahashi Korekiyo "*Meiji 41 Hatsumei Kyōkai ni okeru Kōen 'Wagakuni Tokkyo Seido no Kiin'*" [1908 Lecture at the Japan Institute of Invention and Innovation: The Origins of our Nation's Patent System] (Posthumous

Writings, vol. 4, 29), pp. 4-5 (http://www.iip.or.jp/chizaishi/korekiyo_ikosyu.html)

(12) The 1888 Patent Act defined the inventions that could be patented as follows: "Inventions of new and useful techniques, machines, manufactured goods, and compounds, or inventions of new and useful improvements to techniques, machines, manufactured goods, and compounds may be patented under this Act." This is virtually identical to the following provision in the U.S. Patent Act in force at that time (the 1836 Act): any person who "invents or discovers any new and useful process, machine, manufacture, or composition of matter, or any new and useful improvement thereof, may obtain a patent," subject to the conditions and requirements of the law.

(13) During the debate on the reform bill by a special committee in the House of Peers, in the Imperial Diet, it was remarked that "...this law also relates to treaty revisions, so we have carefully considered it on the basis of our desire to formally adopt the clauses in the original draft as they are if they pose no problem, wherever possible, but there appear to be many parts of the text that are difficult to understand without making a number of revisions, while retaining the spirit of the text..." (13th Imperial Diet House of Peers Stenographic Record No. 1 of the Proceedings of the Special Committee for Two Matters Outwith the Patent Bill, p. 1 lower)

(14) Article 3 of the 1909 Patent Act stipulated, "the right to a patent for an invention devised in the course of a worker's duties or while working under contract shall be attributed to the individual who caused the worker to perform those duties or their employer, unless otherwise specified in the rules of employment or contract...."

(15) At a meeting of the special committee of the Imperial Diet's House of Peers, a government representative (Morio Nakamatsu) explained the reason for introducing the employee invention system as follows. "...under the current Patent Act [author's note: the 1899 Patent Act], there are many disputes between companies and their workers concerning inventions, and even disputes between government agencies and the officials who work for them.... Accordingly, the revised Act stipulates that even if a company worker or a government official has devised an invention, the patent right to the invention will be attributed to the government agency or employing company if the invention is one that the worker or official should necessarily devise under a contract or rules of employment...." (25th Imperial Diet House of Peers Stenographic Record No. 1 of the Proceedings of the Special Committee for Three Matters Outwith the Patent Act Reform Bill, p. 2 lower)

(16) In 1904 and 1905, the government issued war bonds worth approximately 1.3 billion yen to finance the cost of the Russo-Japanese War. Income to the General Account immediately before the Russo-Japanese War (1903) was 260 million yen,

so the debt resulting from the war was five times the level of government revenue. The bonds were underwritten by British and American bankers and businessman, and the negotiations were handled by Takahashi Korekiyo, who was Vice-President of the Bank of Japan at the time. (See Toshihiko ITAYA "*Nichiro Sensō, Shikin Chōtatsu no Tatakai — Takahashi Korekiyo to Ōbei Bankā-tachi*" [The Russo-Japanese War: A Battle for Financing — Takahashi Korekiyo and the Western Bankers], Shincho Sensho (2012))

(17) Article 14 of the 1921 Act stipulates the following. "An employee, officer of a corporation, or civil servant has the right to receive appropriate monetary compensation in the event that he has vested his employer, corporation, or other person causing him to carry out duties with the right to an invention described in the preceding paragraph or patent rights to said invention as provided in a contract or rules of employment" (Paragraph 3); "In the event that an employer, corporation, or other person causing duties to be carried out has already paid remuneration, this may be taken into consideration by the court when stipulating the monetary compensation referred to in the preceding paragraph" (Paragraph 4)

(18) Nobuhiro NAKAYAMA (ed.) "*Chūkai Tokkyohō (Dainihan) Jōkan*" [Explanatory Notes on the Patent Act (2nd Edition) Vol. 1] Seirin-Shoin (1989) p. 291

(19) At a meeting of the special committee to debate the 1921 bill, the government representative explained its basic principle as follows. "Woven throughout this legislation is the principle that in any circumstances, rights are attributed to the person who devised the invention, such as an engineer or a worker, and that this person is the patent rights holder.... The legal system has been designed so as to ensure that, in principle, the person who devised the invention will receive recompense for his labors in the form of patent rights." (44th Imperial Diet House of Peers Stenographic Record No. 1 of the Proceedings of the Special Committee for Four Matters Outwith the Patent Act Reform Bill, p. 1 lower) Takino (1966) offers a useful suggestion in this regard. Takino's analysis is as follows. "The issue of employee inventions is closely related to the industrial structure, due to the nature of their origin. Consequently, in countries where industry is not yet fully developed, employee inventions are not an issue and they do not have legislation to deal with such problems, but at the very least, industrially developed nations have some form of legislation." (Bunzo TAKINO "*Shiyōjin Hatsumeiken-ron*" [Theory of Employee Inventions], Chuo University Press (1966), p. 197)

(20) Kiyose, supra note 9, at 54.

(21) Inspiration for the perspective in this paragraph (the wage system for workers at the time) was provided by Ken MITSUDA "Shokumu Hatsumei Seido no Hatsumei Shōrei Insenteibu ni kansuru Ichikōsatsu" [A Consideration of Incentives in the Employee Invention System to Encourage Invention], "*Nihon Daigaku Hōgakubu Chizai Jānaru*" [Nihon University Journal of Intellectual Property],

(2011).

(22) This method of synthesis is a basic invention and was invented and put to practical use by Haber and Bosch, so it is called the Haber-Bosch process or the Haber process.

(23) Hailing from the feudal domain ruled by the Nanbu clan, Hara Takashi rose to the office of prime minister from outside the Meiji oligarchy, so he came to be called "the commoner prime minister." He was a politician who could trace his political lineage back to Ito Hirobumi (from the Choshu domain), having risen to the office of prime minister after being appointed by Mutsu Munemitsu, who held an important post in Ito's Cabinet. Basically, Hara was a conservative politician; a detailed picture of him can be found in Toru Miyoshi "*Taishō Roman no Shinjitsu*" [The Truth about Taisho Romanticism], Hara Shobo (2014), p. 88.

(24) Takahashi Korekiyo advocated fiscal restraint to rebuild the country's economy, bringing him into sharp conflict with the military, which argued in favor of military expansion. This was one of the reasons why the military detested Takahashi, calling him a "treacherous official." He ended up being assassinated by young army officers in the February 26 Incident.

(25) The 1918 Munitions Industries Mobilization Act probably suffices to illustrate the tendency toward military expansion in society at the time. This law made it possible to switch private sector factories to munitions production in a time of war, laying the foundations for the national mobilization system introduced in the 1930s. The catalyst for the enactment of the Munitions Industries Mobilization Act was the acknowledgement that reinforcing industrial capability as the very cornerstone of the country's strength and establishing the ability to make citizens cooperate in the event of war were a matter of urgency, as the Japanese Army was fully aware that World War I was a total war among the Great Powers of Europe.

(26) Nakayama (1989) analyzes the situation as follows: "...by the start of the 1920s, Japanese industry had developed to some extent, technology was growing in importance and, due in part to the impact of Taisho democracy, there was increasing awareness of employees' rights; it would seem that this legislation was enacted as a result of this historical backdrop." (supra note 18) Moreover, in a front-page article entitled "*Tokkyoken, Kaisha ni Ikō he — 'Chizai Senryaku' ni Kentō Meiki*" [IP Strategy: Patent Rights to Shift to Companies?] carried in the morning edition of the Asahi Shimbun on June 7, 2013, he explains, "Patent rights for employee inventions were originally attributed to companies, but with the emergence of Taisho democracy, moves to protect workers strengthened and it was decided in the 1921 revision of the Patent Act to assign them to employees." Thus, the "Taisho democracy theory" has become firmly established not only as an academic theory, but also in the media.

(27) Japan Patent Office, Division for the Encouragement of Technological

Innovation "*Hiyōsha Hatsumei ni kansuru Mondaiten*" [Issues Concerning Employee Inventions] (October 13, 1952)

(28) The draft guideline submitted by the Scientific Administration Committee included a proposal that the monetary compensation for employee inventions by national civil servants should be set at 5-30% and that the registration fee in the event of patent registration should be set at 1,000 yen per patent registered.

(29) The government representative explained that "Although there is a fundamental question in terms of whether it is appropriate to consider specific urgent issues while dealing with a more general issue, we have included for reference the matters raised with the JPO Commissioner by the Secretary-General of the Scientific Administration Committee regarding employee inventions by civil servants." (Record of the Proceedings of the Patents Subcommittee of the Council on Reform of the Industrial Property Rights System (1st reading), p. 12)

(30) "This is a matter of serious concern to companies in the private sector as well, because the decision will also affect the private sector. The sum paid by companies for employee inventions has conventionally been quite high." "Article 14 (of the 1921 Act) is excessive as a regulation, so is it perhaps necessary to revise Article 14 now, while we have the opportunity, to ensure that business is not hindered even if worker awareness grows in the future and workers assert their rights on the basis of this provision?" (ibid. Record of the Proceedings of the Patents Subcommittee, supra note 27)

(31) "Matters for Consideration in the Revision of the Patent Act (Reference)" b. i. 4 (December 14, 1950)

(32) Japan Patent Office, Legislative Affairs Office "Matters for Consideration in the Revision of the Substantive Provisions of the Patent Act" (September 1951)

(33) Source: The Aratama Collection 508, Record of the Proceedings of the Patents Subcommittee of the Council on Reform of the Industrial Property Rights System (2nd meeting), p. 078

(34) The records of the proceedings of the Patents Subcommittee of the Council on Reform of the Industrial Property Rights System at that time can be found in the Yoshito Aratama Collection. The discussions by the Council's Patents Subcommittee quoted in this paper are all citations from the Yoshito Aratama Collection.

(35) Japan Patent Office "*Kōgyō Shoyūken Seido Hyakunenshi Gekan*" [A Century of the Industrial Property Rights System, vol. 2], p. 254.

(36) Japan Patent Office "*Kōgyō Shoyūken Seido Kaisei Shingikai Tōshin Setsumeisho*" [Draft Report to the Council on Reform of the Industrial Property Rights System], Japan Institute of Invention and Innovation (1957), p. 20.

(37) Strictly speaking, trials centered on the interpretation of the current Act have occasionally been brought, even since 1959 (for example, Tokyo District Court

Judgment of First Instance, July 14, 1959 (the Taihei Paper Manufacturing dismissal case)). The April 22, 2003 Supreme Court ruling in the Olympus case triggered interest among IP practitioners in the issue of employee inventions, while public interest was aroused by the Tokyo District Court's ruling in the Nichia Corporation case (January 30, 2004).

(38) Kazuhiko Takeda (2002) asks, "Why is it that, even though the term 'monetary compensation' was changed to 'remuneration' in the Act, both the public and private sectors persisted in using the term 'monetary compensation' for so long? Simply put, remuneration is the 'price' of a transaction. Perhaps it was because both companies and government offices are inclined to vacillate when it comes to putting a price on the right to acquire a patent in a businesslike way that they continued to use the terms 'compensation' and 'reward,' which have connotations of conferring some kind of benefit. Both companies and government offices have avoided tackling the issue of 'remuneration' head-on." (*"Tokkyo ha Dare no Mono ka"* [To Whom Do Patents Belong?], Diamond (2002), p. 43)

(39) According to materials dated November 21, 2013 that were prepared by the Cabinet Secretariat's Intellectual Property Strategy Promotion Bureau, an Employee Invention System Study Group was to be established to explore the ideal shape of the employee invention system. The group was due to meet twice a month, with 15 meetings taking place in total. As well as studying how employee invention systems at home and abroad are actually run, the group was to engage in multifaceted deliberations concerning approaches to the employee invention system, taking into account the views of academics and representatives of industry and labor organizations. (The results of the study were published in 2014 under the title Report on the FY2013 Japan Patent Office Study of Issues Concerning the Industrial Property Rights System.) Moreover, the minister with responsibility for science and technology policy will set up the Working Group on Intellectual Property Policy to Promote Innovation, which will gather opinions from experts concerning approaches to the employee invention system. It will also conduct questionnaire- and interview-based surveys and will publish a report on these early in 2014. A conclusion regarding the revision of the employee invention system will apparently then be reached at a council meeting to be held thereafter.

(40) Japan issued war bonds on six occasions to finance the cost of prosecuting the Russo-Japanese War. Takahashi Korekiyo worked furiously to procure these funds, making full use of his connections in London and New York. (See Toshihiko ITAYA *"Nichiro Sensō, Shikin Chōtatsu no Tatakai — Takahashi Korekiyo to Ōbei Bankā-tachi"* [The Russo-Japanese War: A Battle for Financing — Takahashi Korekiyo and the Western Bankers], Shincho Sensho (2012))

(41) In his memoirs, Takahashi Korekiyo writes, "...in the future, with a view to ensuring truly great inventions, it will perhaps be necessary not merely to grant

concessions to secure a monopoly, but also to confer some kind of medal to the creator to ensure that his renown continues, in view of the fact that the invention could be useful and beneficial to society." (Source: Posthumous writings of Takahashi Korekiyo "*Tokkyokyoku Shōrai no Hōshin ni kansuru Iken no Taiyō*" [Summary of Opinions Concerning the Future Policies of the Bureau of Patents], p. 14 http://www.iip.or.jp/chizaishi/korekiyo_ikosyu.html)

(42)　In the introduction to his work, Kiyose writes, "This spring, when the biggest reform was to be made to our country's patent legislation, I was unexpectedly elected and in government; moreover, I was chosen as a member of the special committee for this bill and took on the heavy responsibility of examining it. Fortunately, my original draft was adopted, but more than a few revisions were made to it. I feel that it is appropriate to express my views on the patent system herein, for reference by others." (Introduction, p. 3.) The original purpose of the legislation was not achieved, because of the revisions by the Diet, so one can interpret this to mean that his motivation for writing "*Tokkyo-hō Genri*" [Principles of Patent Law] was to hand down his thoughts on the bill to future generations.

(43)　The theory of the right to property was postulated in the 17th century and is grounded in the doctrine of natural law. Just as a worker who has produced a tangible object has the right of ownership over that tangible object, an inventor who has brought forth an invention as a result of mental exertion should be recognized as having the right of ownership over that invention. (Kosaku YOSHIFUJI "*Tokkyohō Gaisetsu* (Dai 10 Han)" [Overview of Patent Law (10th Edition)], Yuhikaku, p. 347)

(44)　In a theory presented in 1875, Kohler asserted that the conventional theory that regarded the rights inherent in an intangible entity as being a type of property right was erroneous, arguing that they should be regarded as an entirely new type of right, namely intangible property rights. This theory swept across the continent after its presentation and is now the prevailing view. (Kosaku YOSHIFUJI "*Tokkyohō Gaisetsu* (Dai 10 Han)" [Overview of Patent Law (10th Edition)], Yuhikaku, p. 347)

(45)　Toru MIYOSHI "*Taishō Roman no Shinjitsu*" [The Truth about Taisho Romanticism], Hara Shobo (2014) p. 88.

II Legal Theories to Combat Patent Holdup in Japan

1. Introduction

Inventions promote technical innovation and technical innovation enhances international competitiveness of businesses. As a result, this enables a nation to sustain its economic growth. Such a common belief is based on a premise that there is continuity and linkage between individual inventions and technical innovation. Japan's intellectual property policies are based on such belief.[1]

Standard-setting aims at increasing convenience and benefits of manufacturers and users by way of laying technical information open, which is believed to be an effective means for promoting technical innovation. To witness this, a number of reports and literatures have been released, in which discussed are the influences of standard-setting activities on technical innovation and economic growth.[2]

The premise that standard-setting promotes technical innovation inevitably leads to a conclusion that any conduct hindering standard-setting activities would result in disturbing the progress of technical innovation. If any patent were the cause of such hindrance, arguments for a limited enforcement of hindering patents would inevitably arise. Such arguments are already seen in courts' decisions and policy statements.[3][4]

This paper discusses legal theories in Japan which seem to be a basis for limitations or restrictions of patent rights, using hypothetical cases in which patent holdup is taking place to hamper standard-setting activities.

2. Exemplary Cases – Actual and Hypothetical

2.1 Overview of actual cases

There are a number of reported cases involving various forms of patent holdup. Court cases are active in the United States of America, in which a variety of legal theories have been applied against bad conducts involving patent holdup. Among others, most common legal theories are equity and anti-trust law. To be more specific, issues argued in actual cases are: *latches* and *estoppels*,[5] patent misuse,[6] a violation of the FTC Act,[7] and even *fraud* under state law.[8]

Unlike in the United States, cases reported in Japan are not many and they have not developed yet to form case law on patent holdup. Issues argued are patentees' bad conducts by way of discriminating licensing policies and abusing a superior position as licensor. One notable example of such case is a patent pool arrangement relating to *pachinko* machines in which the licensors, major 9 manufacturers of the pachinko devices industry, were questioned a violation of the antimonopoly law. In this case which was settled amicably without substantial hearing, the licensors were alleged to have discriminated new comers to prevent them from entering into the market. Under an advisory order from the Japan's Fair Trade Commission, the licensors of the patent pool eventually agreed to dissolve the patent pool arrangement.[9]

Another example is *Mutsumi Sangyo K.K. v. Hinode Suido Kiki K.K. and License & Property Control Co., Ltd.*, in which argued was patentee's violation of the anti-monopoly law by way of allocating production volume to licensees under the licensed intellectual property rights (IPRs). Interestingly, these IPRs were licensed to a local government and local manufacturers because they are essential to local standards for civil engineering.[10]

In Japan, patent holdup or similar issues have so far been argued under the anti-monopoly act. Although they are not necessarily major issues under anti-monopoly law, patent misuse in the context of standardization seems to be a growing concern under the anti-monopoly law in Japan.[11]

For the purpose of this paper, the author would like to discuss two hypothetical cases involving other legal issues than the anti-monopoly law violation.

2.2 Hypothetical Case 1 (Patent enforcement by a third party)

Three major consumer-electronics manufacturers, Companies A, B and C, established, as a standard in their industry, a technology that enabled efficient data transfer between their products. The three companies agreed to pool their patents which cover the technical features of the industrial standard in question (essential patents). Anyone who wants to enter into the market could get permission to use the pooled patents. An increasing number of products adopted this standard, eventually accounting for 80% of the related markets.

Each of the three companies independently developed advanced technologies that could realize higher resolution of transferred data, and obtained related patents. The three companies are agreeable to adding these patents to the patent pool, which currently consists of patents used for the data transfer standard.

Company D, an R&D venture, initially joined an industrial standard-setting organization (the SSO) on data transfer standards. However, it had left the industrial SSO before the standard at issue was drafted. After its departure from the SSO, Company D was no longer concerned with the standard-setting process.

Company D took its own path and proceeded with R&D on data transfer technology. It finally developed data transfer technology (α), which is based on a different concept and which employs a completely different process from those of the technology jointly developed by Companies A, B and C. The function and effect achieved by technology (α) were substantially equal to those of the industry standard. Company D obtained a patent (α) for its technology.

Companies A, B and C solicited Company D to join the patent pool with technology (α). However, the parties were unable to reach an agreement, and their negotiation finally failed.

Later, Company D began to approach standard users with its offer to license patent (α). However, most of them refused to obtain an additional license from Company D. For them, the pool license was sufficient. Company D then sent patent infringement notices to the standard users, informing them of patent infringement and seeking possible legal remedies.

2.2 Hypothetical Case 2 (Patent enforcement by the assignee)

A national standard-setting organization in Japan (the SSO) launched a project to set a national standard for a technology for transmitting data to personal computers connected to the LAN. Company X was one of the members of the working group of the standard-setting project. The new standard was expected to perform data transmission at a speed of 100 megabytes per second. In view of effective marketing, it was important to make the new standard interoperable with the conventional one, and a technology that could connect between the old and new standard technologies was absolutely necessary. For this reason, Company X developed connection technology (β). Company X eventually obtained patent (β) for it.

At the working group of the SSO, Company X proposed that it would offer a license for patent (β) on reasonable and nondiscriminatory (RAND) conditions if patent (β) was accepted as an essential patent. Company X submitted a letter specifying the proposed terms to the SSO, which eventually accepted to include patent (β) into the essential patents for the standard. The new standard gained the status of an industry norm, and was installed on almost all personal computers sold in Japan.

Later, Company X assigned patent (β) to Company Y. During assignment negotiations, assignor (X) informed assignee (Y) of the RAND conditions which had been proposed to the SSO. However, Company Y was not involved in any standard-setting activities led by the SSO and was not aware of details of the standard.

Having acquired patent (β), Company Y sent a notice of patent infringement to users of the data transmission standard. In the notice, Company Y announced that it was willing to license patent (β) and other patents somewhat relating to the data transmission technology. At the same time, Company Y also sent a written notice to the SSO, declaring that the RAND conditions initially offered to the SSO by Company X were no longer in effect, and that Company Y's licensing policy was to issue a blanket license covering its own patent portfolio including patent (β). The Company Y's patent portfolio was, except for patent (β), different from that of Company X's.

3. Competition Law

3.1 Scope of its application

Major developed countries have enacted laws to regulate the order of competition on the market. They are commonly called competition law.[12] Conducts to be regulated under the competition law are roughly divided into two types: concerted practices (taking cooperative measures to avoid competition) and exclusionary practices (excluding competitors from the market).

Standard-setting activities fall within the category of concerted practices and shall be subject to the competition law.[13] In order to help companies who are participating in the standard-setting activities understand the risk of competition law violation, the competition authorities in the industrially advanced nations and region provide competition law guidelines.[14]

3.2 Analysis of Case 1 (outsider's patent enforcement)

A question here is whether patent enforcement by Company D constitutes a violation under the antimonopoly law in Japan, and if so, on what basis. An answer to this question should be probably "No" because Company D is not a pool member but an outsider in this case. As the Japan's Antimonopoly Act explicitly exempts enforcement of intellectual property rights from its application to the extent it is legitimate,[15] there is nothing wrong for Company D to send an infringement notice and charge royalty payments under its own patent. Such conducts are legitimate under the patent law, and therefore the application of the antimonopoly law would be statutorily exempted.

In this scenario, the approach taken in concert by Companies A, B and C seems questionable under the antimonopoly law. According to the patent pool guidelines published by the Japan Fair Trade Commission in 2005 (2005 Guideline), the patent pool licensors are required not to bind non-essential patents with essential patents for a patent pool scheme. If a patent pool includes non-essential patents, it might arguably constitute a violation of the antimonopoly law. If those non-essential patents are worth pooling for a standard purpose, they should consider the establishment of another patent pool scheme.[16]

To sum up, it seems unlikely that Company D would be questioned a violation under the antimonopoly law.

3.3 Analysis of Case 2 (assignee's patent enforcement)

In Case 2, an essential patent in question was assigned from Company X to Company Y. A likely concern may be whether contractual obligations should be succeeded by Company Y, assignee. In other words, a legal question is whether the assignee Company Y is bound by the RAND conditions which the assignor, Company X committed to the SSO. This question is an interesting legal issue, but is beyond the scope of this paper which focuses on the applicability of special provisions, but not contract law, to patent holdup.

If Company Y's conduct were something wrong in view of the antimonopoly law, what would be the likely reasons for arguments? In general, the following rationale could be conceivable.

(i) Standard-setting drives economy. Company Y's conduct has a chilling-water effect against standard-setting activities and development of standards. If such obstructive action were left unaddressed, it would be a significant hindrance to standard-setting activities.

(ii) The antimonopoly act finds problematic in such acts that cause harm to standard users and general consumers. Company Y's conduct is against the interest of the public.

(iii) If Company Y's conduct were considered to be legally permissible, the patent statements which are commonly and systematically submitted by the companies participating in the standard-setting process would no longer be trusted.

However, these reasons would be insufficient to support arguments of violation of the law. The most critical point is that Company Y is not involved in the standard-setting in question. Also, its patent portfolio is different from that of the standard. Under the circumstance, Company Y's enforcement of its patent should be exempted from the restriction under the antimonopoly act.

This case is modeled from a recent U.S. antitrust case which was heard before the Federal Trade Commission.[17]

4. Patent Law

4.1 Nature of patent right

A patent right is a *zaisanken* (or proprietary right), to exclusively use a patented invention. Patentee is entitled to work, dispose of, and profit from the patented invention, while excluding others from conducting these acts. In this respect, a patent right is equal to a *shoyuken* (or property right), but there is a subtle yet important difference between the two.

Simply stated, the difference is a level of strength of exclusivity. A *shoyuken* is a right with absolute exclusivity while a *zaisanken* is a right whose scope is narrower compared with the former. A *shoyuken* generally exists over a tangible thing while a *zaisanken* exists over an intangible thing.[18] A patent right as an important component of a *zaisanken* is subject to limitations which are not necessarily applicable to a *shoyuken*.

A first limitation is a statutorily limited term.[19] When the term of a patent expires, an exclusive right to the patented invention is to be extinguished and anybody can freely use the invention. In addition, a patent application is laid open to the public after 18 months have passed after its filing. At this juncture, technical information contained in the patent application loses its value as proprietary information when it is open to public. This system is called a *kokai* (or laid-open) system which helps third parties be aware of the earlier inventions and avoid making overlapping investments for the same invention.[20]

A patent right could also be subject to limitations in its enforcement. For example, under the antimonopoly act, the rescission of a patent may be ordered when and if enforcement of a patent right is unjustifiable.[21] Under the patent law, a so-called compulsory (or mandatory) license system is available, when and if a patented invention has not been worked for a certain period or it should be worked for the purpose of public interest. In these instances, an order for a non-exclusive license would be given by governmental authorities in favor of a compulsory-licensee. The following section discusses it more in detal.

4.2 Compulsory Licenses

The patent law requires that a patented invention is worked or exploited. Therefore, if a patented invention is not worked at all or is only worked to an insufficient extent, legal measures can be sought to ensure that it should be worked to the extent statutorily required.

The Patent Act provides in Sections 83, 92 and 93 cases for which an order for compulsory license can be sought for a non-exclusive license: (1) where the patented invention has not been worked for a certain period; (2) where another person needs to use the patented invention in order to work his/her own patented invention; and/or (3) where the working of the patented invention is necessary for the public interest. If any of these cases is applied, patentee of a patent in question is required to either work his/her patent to the extent which law requires or grant a non-exclusive license to another person who desires a license to use such patent.[22]

Among these three cases in which compulsory license may be granted by an order, the third one associated with public interest is most relevant to the main theme of this paper. In the following section, this topic is elaborated on further.

4.3 Public interest

The Patent Act, Section 93, provides for compulsory license. It can be granted as a non-exclusive license when and if a patented invention is particularly necessary for the purpose of public interest. A person desiring to use a patent may request the owner of the patent for a non-exclusive license under this provision. If negotiations with the patent owner fail, then the requesting person may seek an order for a non-exclusive license by the Minister of the Ministry of Economy, Trade and Industry.[23]

Then, in what situation is the working of a patented invention "particularly necessary for public interest"? The Japan Patent Office (JPO) assumes that such necessity should arise in cases where the working of a patented invention has a direct impact on citizens' lifeline or safety, such as where the invention relates to a power generation and the working thereof is expected to considerably reduce its costs and cut by half the electricity expenses charged to consumers, or where the invention relates to gas supply and the working thereof is expected to prevent gas leakage and reduce gas inhalation accidents to a considerable degree.[24] Furthermore, according to the report of the Industrial Property Council,[25] an order for compulsory license for the purpose of public interest shall be given when (i) a patented invention is needed in order to protect citizens' lives and properties, and (ii) when sound developments of the industry as a whole would be hindered, causing substantial detriment to citizens' lives, if a patented invention is not worked.

The patents in the hypothetical examples in this paper, namely, patent (α) and patent (β), are not directly related to citizens' lifeline. Even if enforcement of these patents were to "hinder the sound development of the industry as a whole" (Industrial Property Council), it would be difficult to justify the issue of an order for compulsory license because there is no precedent of such order for the sake of public interest.

In addition, an order for compulsory license has been restrained under central government's diplomatic consideration. In August 1994, the JPO and the United States Patent and Trademark Office (USPTO) agreed that no compulsory license should be granted for the purpose of allowing a patented invention under Section 92 for the use of a patented invention in the working of another person's patented invention.[26] Given its scope applicable to Section 92, this bilateral agreement might have influenced to depress the wishes for other types of compulsory licenses at least psychologically.[27]

5. Civil Code

5.1 Why Civil Code?

From the foregoing discussion, it is now clear that the Japan's antimonopoly act is not an absolute authority to address the issue of patent holdup. It is also clear that although an order for compulsory license is institutionally available under the patent law, in reality, it would be difficult for a third party to obtain it for various reasons. If both the antimonopoly law and the patent law are powerless against patent holdup, what is left is general provisions of the Civil Code (or *minpo*).

Here, let's assume again that standard-setting is indispensable for promoting technical innovation and benefitting public interest. If patent enforcement prevents standardization from developing thereby to harm public interest, there should be some room for justifying limited use of a patent right. In that case, an applicable legal theory would be the statutory principle of prohibition of patent abuse (or *kenri ranyo*).[28]

The Civil Code of Japan, Section 1 prescribes a principle of prohibition of abuse of rights and a principle of candor and good faith (or *shingi-soku*). These principles can serve as an effective legal basis in order to justify limitations of patents which hinder diffusion of standards or hamper efficient standard-setting activities.[29]

5.2 *Kenri ranyo*

There are no statutory provisions in the Japanese patent law to prohibit abusive use of patent rights. Absent the statutory provision in the patent law, the provisions of the Civil Code might be relied, if necessary, as a legal basis to challenge the abusive use of a patent right. In this context, the Civil Code may supersede the patent law as the latter is enacted as a special law to the former.

The Civil Code simply provides that "no abuse of rights is permitted" (Section 1, para. (3)). While the phrase "[no] abuse of rights" formally refers to abusive exercise by a right holder, its intended meaning is that the exercise of a right should not be contrary to the purpose of the right or should not be anti-social in nature.

Historically, the *kenri ranyo* principle has been developed through disputes over ownership right to lands and houses, especially over the landlord's exercise of its right to cancel land or house leases.

In patent context, abusive use of a patent right is often alleged as a defense by a defendant against a plantiff's claim for patent infringement. In this case, defendant alleges that plaintiff's infringement claim is overly abusive because its patent including publicly known art in its technical scope has obvious reason to render it invalid.

This rationale has been established as a case law by the Supreme Court in the case of *Texas Instruments v. Fujitsu* (the *Kilby Case*).[30] In this case, the Supreme Court judged that enforcement of a patent which embraced an obvious ground for invalidity constituted an abuse of a right. Determination of validity or invalidity of a patent had conventionally been subject to exclusive jurisdiction of the JPO. However, since the Supreme Court's judgment, lower courts have acquired legal authority to declare invalidity of patents when and if appropriate.

It should be noted, however, that the Supreme Court's decision in the *Kilby Case* should not be construed to have wide implications to other types of patent issues. It is directed to a specific issue of patent misuse involving a patent which embraces defects to surrender its validity. Because this case law has been precedent in limited context, due consideration is required in determining whether to apply to patent holdup which is out of the validity issue.

Technically, *Kenri ranyo* under the Civil Code has four functions: (i) to persuade the person who has exercised the right that his/her exercise of the right, although it is legitimate, could be a tort if it were to inflict any damage on others; (ii) to clearly define the content and scope of the right when the applicable provision in the statutory law are abstractive or defective; (iii) to narrow the scope of the right in order to satisfy the needs of the society so far as such rights have exceeded the level initially anticipated by the lawmakers along with the passage of the times; (iv) to serve as a kind of compulsory mediation in order to realize equity in concrete form against the exercise of the right that is originally legitimate.[31]

Seemingly, function (iii) (narrowing the scope of the right) appears to be most related to the subject of this paper. However, this function may not be adopted, because a patent whose grant is determined through the legitimate examination process should be presumed to be valid, and the technical scope of the patent right is determined under the provision of the Patent Act (Section 70).[32] It is the role of the patent law, but not the Civil Code, to address this kind of technical issues.

5.3 *Shingi-soku*

The Civil Code provides in Section 1, Paragraph (2), a principle that the exercise of a right and performance of a duty carries candor and good faith. This principle was codified in the Civil Code in 1947, based on the same principle which had been accepted as case law among law scholars and court judges.

This principle called *Shingi-soku* requires judicial dispositions to be in compliance with ethical or moral obligations. Parties are required to exercise their rights or perform their duties in the manner not to be contrary to such obligations. *Shingi-soku* also has a function to make up for defects or insufficiencies in the provisions of the patent law, or make abstractive provisions more concrete.

There are two requirements that must be met when applying *Shingi-soku* in an actual case. First, it must not lead to a conclusion that is the same as that reached by applying a special law or case law in the same case. Such application is referred to as "an escape into the general provision" and is generally prohibited. If resort to the general provisions under the Civil Code is permitted in a situation where an applicable special law can be applied, it would undermine the authority of the special law, and undermine the value of judgment process under the special law.[33]

Secondly, the application of *Shingi-soku* must not lead to a conclusion that is opposite to that reached by applying a special law or case law when they are applied to the same case. This is called "a jeopardy of law." If this were permitted, any person would be able to interpret the law as he/she wished in an attempt to avoid an interpretation that is disadvantageous thereto.[34]

5.4 *Shingi-soku* vs. equity

Once a system of law is established, it cannot be modified easily. The subject of the patent law is technology which advances at a high speed. The law always falls behind, and the gap between the law and technology expands with time. Although the patent law, unlike other types of law, is often revised to update, it is still hard to catch up with the advancement of technology. As a consequence, the law is apt to hinder the progress of society. An Anglo-American notion of equity serves to cover and correct such imperfection of the law.

In Japan, *shingi-soku* was first introduced in the late Meiji era (early 20th century). After the Showa era began in 1925, courts applied it to actual cases to form judicial precedents to solve disputes over land and houses, and their ownership. Its concept was somewhat similar to that of equity in Anglo-American law. In those past cases, the doctrines of *estoppel* and *unclean hand* were already introduced into Japan. In other words, *shingi-soku* in Japan can reasonably be regarded as a counterpart of equity.[35]

6. Applicability to the Examples

This chapter examines whether general provisions under the Civil Code, more particularly, *shingi-soku* and *kenri ranyo*, are applicable to the hypothetical examples of this paper. Our focus should be placed on enforcement of a patent by Company D (venture company) in Case 1 and enforcement of the patent right by Company Y (assignee) in Case 2.

6.1 Analysis of Case 1

Company D left the SSO in which it had once been a member. Since then, it has not participated in the standard-setting activities in question. Technology (α) was developed based on a different technological concept, and was different from one adopted as an industrial standard. This means that patent (α), which covers technology (α), is irrelevant to the industry standard.

Given expectations for limiting enforcement of patent (α), this matter should be addressed under the patent law. For example, if patent (α) is defective in view of its patentability, whether to determine it to be invalid would be a matter of the patent law. There are no rooms for the courts to apply general provisions of the Civil Code to this type of issues. If applied, the patent system would easily be undermined.[36]

6.2 Analysis of Case 2

In Case 2, the ownership to patent (β) was assigned from Company X to Company Y. Before the assignment, Company X proposed the terms and conditions for its license under patent (β) to the SSO. The SSO accepted the proposal and set the standard whose essential patents include patent (β). In view of the fact that Company Y was informed of the RAND conditions which had been proposed to the

SSO by Company X, the dispute in this case is contractual in nature. As this paper aims at discussing general provisions under the Civil Code, a contractual issue is a beyond the scope of this paper.

(1) Original value and added value

First of all, we should note that a data transmission standard in question has been installed on almost all personal computers available in the market, and it has also been adopted as a national standard. In short, it is a *de facto* standard, and it would be difficult for PC manufacturers to enter into the market without using the standard.

In this scenario, patent (β) is an essential patent for the data transmission standard. Being an essential patent was agreed upon by the parties concerned on conditions that Company X granted an open license under RAND conditions. In other words, Company X acquired the status of the owner of an essential patent in exchange for the open license.

Based on the facts summarized above, the economic value of patent (β) is the aggregation of its original value derived from its nature as an exclusive right under the patent law (the "original value"), and its value derived from the fact being adopted as an essential patent for the standard (the "added value"). Being the current owner, Company Y is entitled to enjoy the original value of patent (β). The original value is materialized in the form of royalties from patent license. Since the original value is derived from the patent law, the legal issues, if any, concerning this value should be governed by the patent law. It is not the matter for the general provisions under the Civil Code.[37]

On the other hand, the added value should be treated differently. The added value is created under the framework of standarrdization, and it is not derived from the patent law. Disputes over such value which derived from the non-patent law scheme might be addressed under other law than the patent law, general provisions of the Civil Code, in this case.

A question may arise: what would be reasons for limiting patent enforcement? To answer this question, we have to quickly review the factual background of the case again. In Case 2, the standard users would face a risk of being sued and ordered damages by courts, if they refuse Company Y's license offer for patent (β). In order to avoid such risk, they have no choice except for obtaining license from Company Y.

In the market where interoperability is inevitable, manufacturers have to use the standard technology for interoperability. If there are essential patents for it, manufacturers have to pay for license. In this case, therefore, manufacturers would have no other way than buying a license under patent (β). This would not happen if patent (β) is not essential.

(2) What is the added value?

Then, what are the basis for the added value? First of all, patent (β) is adopted as an essential patent. In industrial fields where the economic effect of network is strong, information technology industry, for example, nobody can participate in competition without using the standard. The number of standard users would be huge, so patent owners would be inclined to target standard users for their patent licensing campaigns. Because such approach would no doubt result in reducing costs for patent enforcement.

Patent owner must identify an infringer at its own expenses before it seeks remedy from courts for patent infringement. If patent owner sues standard users without taking reasonable efforts to identify infringers and if the court finds no reasonable grounds for accusing the defendant of infringement, there might be a possibility that the patentee be in turn accused of misusing its patent. In some cases, patentee would be sued for a violation of the unfair competition prevention law.[38]

When there is more than one infringer, the patentee has to prepare for suit with labors and costs corresponding to the number of infringers. An owner of an essential patent therefore can avoid or reduce such labors and costs, as he/she can easily assume that almost all of the standard users infringe his/her patent. As a consequence, the patent owner can spread a net of its patent over the standard users without using resources to identify the infringers.[39] This is not applicable to the owners of non-essential patents.

7. Conclusion

Under the foregoing discussion, *Shingi-soku* seems to be applicable to patent holdup. However, it inherently embraces limitations in applying for an actual case. So far as it stands on a dichotomy of "original value" and "added value" theories, each value has to be determined under controlling law. As discussed above, the original value is subject to the patent law, while the added value to other laws, the

Civil Code, in this paper. A practical issue is how to determine the size of each value and by whom.

In a typical patent infringement case, patent royalty is a reliable benchmark to determine the economic value of a disputed patent. But, this approach might not be appropriate for a case where a disputed patent is an essential for a standard. As discussed in Section 6.2, in the standard context, the value of a patent is many times as much as one in the non-standard context. Evaluation of a patent has traditionally been handled by patent courts. Civil courts would be reluctant to hear such case which is originated from a patent issue.

Patent holdup should desirably be addressed under the patent law. Fortunately, the Japanese patent system has explicit provisions for compulsory license which can be, among others, a most appropriate theory to combat patent holdup. However, this convenient legal tool has never been used in the past. Why?

There are several reasons. Some may say a high level of threshold which resulted in refusing the issue of compulsory license. Some may say that in view of international sentiments against the compulsory license system, Japan was obliged to withhold the actual use of compulsory license which is provocative in nature espetially under the WIPO/TRIPS scheme.

Regarding the level of threshold, it is a domestic reason. If necessary, it could be adjusted in whatever form it might work. This reason is manageable as a matter of domestic law and not substantial.

With regard to diplomatic consideration, it was in fact a bottleneck in the 1990s. At that juncture, the United States, among other nations, strongly opposed the introduction or exploitation of the compulsory license system allegedly from the standpoint of the WTO/TRIPs scheme.[40] With time passage, however, negative attitude toward the compulsory license system has been softened along with the downturn of world economy. Even global companies that used to be advocates for the pro-patent policy, now seem to have changed their attitude to insist "soft intellectual property right." The license-of-right (LOR) is a good example and IPR without injunction is another. The European Patent Office sees them as important components of the future intellectual property framework.[41]

In the U.S., anti-compulsory license sentiments have been remarkably lessened. This is witnessed in court decisions. Arguments in courts often refer to "compulsory license" which were prohibited a decade ago.[42] In a recent case, an appeal court held that a post infringement reasonable royalty should be a bit higher than one before the finding of infringement for the price of "compulsory license." It is apparent that this reflects the Supreme Court's decision in *eBay v. MercExchange, 43* in which the court rejected an automatic finding of injunction in a patent infringement case.

It is the right time for Japan to contemplate reviving the statutory compulsory license system. Among the reasons for keeping it powerless, diplomatic consideration has apparently lost its rationale under the tumbling economic circumstances.

(This article was first read at the 6th International Conference on STANDARD and INNOVATION in INFORMATION TECHNOLOGY (SIIT 2009) sponsored by the IEICE Communications Society.)

(1) The Japan's intellectual property policy is represented by the notion of an "intellectual creation cycle," which was officially launched in 2003 in the central government's policy statement: "The Intellectual Property Promotion Plan." Since then, political emphasis has been placed to make this cycle move speedily and dynamically. This notion is based on the understanding that the positive spiral movement of the cycle is the process of technical innovation.
(2) *See*, for examples: "Standards, 'Offshoring' and Air Transport" (World Trade Report 2005), "Empirical Economics of Standards" (BSI, 2005), "Economic Benefits of Standardization" (DIN, 2000), "The Economics of Standards: Theory, Evidence, Policy" (Blind, Knut, 2004), "The Impact of Standards and Patents on Macroeconomic Growth: A panel Approach Covering Four Countries and Twelve Sectors" (Blind, Knut/Jungmittag, A)
(3) *See*, the unanimous opinion in the case of *Qualcomm Corp. v. Broadcom Corp.*, 548 F.3d 1004 (2008)(Court of Appeals for the Federal Circuit). Also see, Japan's central government's policy statement "the Intellectual Property Promotion Plan 2008" (at 67) in which appropriate measures are sought to hamper excessive enforcement of patent, although its coverage is general and not necessarily limited to standard-setting contexts. (Policy statement in Japanese is available at: http://www.ipr.go.jp/sokuhou/2008keikaku.pdf)
(4) This issue is actively discussed in the United States. *See*, for example, *Kobayashi & Wright* "Federalism, Substantive Preemption, and Limits on Antitrust: An Application to Patent Holdup," George Mason University Law and Economics Research Paper Series, 08-32, June 2008

(5) See, for example, *Potter Instrument Company, Inc. v. Storage Technology Corp., et al,* 207 U.S.P.Q. 763 (E.D. Va. 1980); *Leon Stambler v. Diebold, Inc., et al,* 11 U.S.P.Q.2d 1709 (E.D.N.Y.1988) and *Stryker Corporation v. Zimmer, Inc.,* 741 F. supp. 509 (D.N.J. 1990)

(6) *Wang Laboratories Inc. v. Mitsubishi Electronics America Inc.,* 29 U.S.P.Q.2d 1481, 1495 (C.D. Cal. 1993)

(7) *In re Dell Computer Corporation,* FTC File No. 931-0097

(8) *Infinion v. RAMBUS,* 318 F.3d 1081; 65 U.S.P.Q.2d 1705 (Fed. Cir. 2003)

(9) JFTC's consent order in the matter of *Pachinko* machine patent pool, 1998

(10) English summary of this case by the author is available from the *AIPPI Journal,* March 2007. A copy is downloadable from the author's personal website: www.jinzo.fujino.net

(11) Recent Japan Fair Trade Commission (JFTC)'s guidelines cite many hypothetical cases in which interaction between patent and standardization is discussed for legal clarity. See *infra* footnote 14.

(12) In Japan, competition law is codified in the *Dokusen Kinshi Ho* (The Antimonopoly Act). In USA, antitrust law is a body of law, in which major components are the Sherman Act, the Clayton Act, the Federal Trade Commission (FTC) Act, and accumulated case law. In Europe, unlike the former two, competition law is formed based on Sections 101 and 102 of the treaty establishing European Community.

(13) Toshiaki Takigawa, *Hyōjunka to Kyōsōhō* (Standardization and competition law), *Nihon Chizai Gakkai Shi* (Journal of Intellectual Property Association of Japan, 2007), Vol. 4, No. 1 at 36

(14) For example, "Guidelines on Standardization and Patent Pool Arrangements" (Japan Fair Trade Commission (JFTC), June 29, 2005), and "Guidelines for the Use of Intellectual Property under the Antimonopoly Act" (JFTC, September 28, 2007) [http://www.jftc.go.jp/e-page/legislation/]; "Antitrust Guidelines for the Licensing of Intellectual Property" (US Department of Justice/FTC, April 1995).

(15) The Japan's Antimonopoly act, Section 21 sets forth as follows: "The provision of this act shall not be applied to conducts which are deemed as exploitation of rights under the Copyright Act, the Patent Act, the Utility Model Act, the Design Act or the Trademark Act." (Translated for this article. Not official translation.)

(16) The 2005 Patent Pool Guideline. See *supra* footnote 14.

(17) In the matter of *Negotiated Data Solutions LLC.,* Sept. 22, 2008

(18) Ryuichiro Sengen, "Tokkyoken no Hōteki Seikaku" (Legal nature of patent right), Nobuo Mon'ya, ed. *Tokkyohō 50 Kō* (50 lectures on patent law) (Yuhikaku, 1990), at 21-29

(19) The Japan's Patent Act stipulates that the term of the patent right shall be 20 years from the filing date of the patent application. (Section 67, Para. (1))

⑳　The Patent Act stipulates that after one year and six month from the filing date of an application, the Commissioner of the Patent Office shall lay the patent application open for public inspection. (Section 64, Para. (1))

㉑　The Antimonopoly Act, Section 100.

㉒　Japan Patent Office, ed., *Kōgyshōyūkenhō Chikujō Kaisetsu, Dai 16 Han* (Clause-by-clause commentary on industrial property laws, 16th edition) (*Japan Institute of Invention and Innovation*, 2001), at 248-249

㉓　Below cited are whole provisions of Section 93: (1) Where the working of a patented invention is particularly necessary for the public interest, a person(s) intending to work the patented invention may request that the patentee or the exclusive licensee hold consultations to discuss granting a non-exclusive license. (2)If no agreement is reached or consultation is possible under the preceding subsection, a person who intends to work the patented invention may request the Minister of Economy, Trade and Industry for an arbitration decision. (3) Sections 84, 85(1) and 86 to 91bis(91-2) shall apply *mutanis mutandis* to the arbitration under the preceding subsection.

㉔　See, http://www.meti.go.jp/intro/data/a250002j.html

㉕　Industrial Property Council, *Saitei Seido no Unyō Yōryō* (Implementation guidelines for the award system) (1975)

㉖　Below cited are excerpts of the Patent Act, Section 92: Paragraph (1): Where a patented invention falls under any of the cases provided for in Section 72, the patentee or exclusive licensee may request the other person referred to in that section to hold consultation on the grant of a non-exclusive license to work the patented invention or of a non-exclusive license on the utility model right or the design right. Paragraph (2): -not recited here-. Paragraph (3): If no agreement is reached or no consultation is possible under subsection (1), the patentee or exclusive licensee may request the Commissioner of the Patent Office for an arbitration decision. Paragraphs (4)~(7): -not recited here-

㉗　The gist of the agreement was as follows: On and after July 1, 1995, the IPO will not give an award to grant a non exclusive license for the use of a patented invention in the working of another person's patented invention, except when the JPO intends to correct any practices that have been determined as anti-competitive through judicial or administrative proceedings or to permit the use of the patented invention for public or non-commercial purposes." (Matsumoto, *Tokkyoken no Honshitsu to Sono Genkai* (The essence and limit of patent right), *Yuhikaku* 2005, at 80.)

㉘　For example: Hisashi Kato, *Patento Pūru Gaisetsu* (Overview of patent pool), Japan Institute of Invention and Innovation (2006), at 169-171. Similar expectations for *kenri ranyo* was expressed at the sixth annual meeting of the Intellectual Property Association of Japan (2008), at the subcommittee session (standard-setting, C-2) and the presentation session (1I8), etc.

(29) Below is a translation of the entire text of Section 1 of the civil code: Public welfare preempts private rights (Paragraph (1)); Exercise of rights and performance of duties carries good faith and sincerity (Paragraph (2)); and No abuse of rights is permitted (Paragraph (3)). (translation by the author. Not official one)

(30) Judgment of the Supreme Court of April 11, 2000, third petit bench(1998 (wo) No. 364), (*Minshu* Vol. 54, No. 4, at 1368)

(31) *See*, Koki Kanno, *Shingisoku oyobi Kenri Ranyō no Rekishi* (History of the principles of good faith and prohibition of abuse of rights) (*Shinzansha*, 1994), at 10

(32) Section 70 (Technical scope of patented inventions): (1) The technical scope of a patented invention shall be determined on the basis of the statements of the patent claim(s) attached to the request. (2) In the case of the preceding subsection, the meaning of a term or terms of the patent claim(s) shall be interpreted in the light of the description and drawing(s). (3) In the case of subsections (1) and (2), no statements of the abstract attached to the request shall be taken into account for such purpose.

(33) This is the area in which a legal principle *"Specialia generalibus derigant"* governs.

(34) Junichi Aomi, *Hō to Shakai* (Law and society) (*Chuo-koron-sha*, 1996)

(35) Kanno, at 77 and 79

(36) *See, infra*, footnote 25.

(37) *See, supra* footnote 33

(38) Law for the Repression of Unfair Competition, Law No. 47, Amended 2006

(39) Jinzo Fujino, *Tokkyo to Gijutsu Hyōjun* (Intersection of Patent and Industrial Standard), (*Hassakusha*, 1998), at 114-115

(40) This is witnessed by negotiations for the WTO/TRIPS. Another good example is the then-strong objection to the revision of the patent policy of the European Telecommunications Standards Institute (ETSI) in early 1990s.

(41) *See*, EPO report *"Future of 2025"* April 2007

(42) *Paice LLC, v. Toyta Motor Corp.*, Court of Appeals for Federal Circuit, decided April 17, 2009

(43) *eBay Inc., et al., v. MercExchnage, LLC.*, 547 U.S. 388 (2006).

III Compulsory License: Potential Interface between Patents and Technology Standards

1. Introduction

In the modern society, technology standards play an important role to assure interoperability and interconnectivity between devices and equipment. Technology standards are indispensable, for example, for the development of the industry in the information and communication technology (ICT) industry. Technology standards are in the public domain and considered to form a basis for technological innovation. Therefore, unless they are diffused and widely used, technology standards are of less value.

Since the essence of technology standards is diffusion, a technology adopted in a standard is an area where many companies are interested in protecting with their patents. This is the reason why a flood of patent applications take place in and around a technology standard and why many patent holders want to enforce their patents against users of a standard technology. When such patents are enforced, many standard users are inclined to use alternative technologies which are free from or less covered by patents. As result, the diffusion of a technology standard will be blocked. These patents are commonly called blocking patents or holdup patents.

When patents are indispensable for a technology standard, they are called "essential patents." When essential patents are enforced, they may cause conflicts with the standard concerned. In order to address these conflicts, many proposals have been made, including a formulation of patent pools and an establishment of a "soft" intellectual property system. In fact, patent pools are effective ways to reduce the risk of patent holdup and currently many patent pool schemes are on operation.[1] The soft IP scheme, which is now under review for legislation, aims at limiting remedies to patent holders by way of removing a right to injunction.[2]

With regard to the issue of patent holdup, many courts have so far issued decisions.[3] In addition to case law, administrative guidelines have been published to streamline the conflicts between the patent and competition laws.[4] In these court decisions and administrative guidelines, legal analysis is made centering around the issue of how a patent enforcement can be limited in its exclusivity when it blocks the diffusion of technology standards, and on what basis.

Under these circumstances, this paper focuses on the statutory award system in Japan, which is commonly known as a compulsory license system. The author believes that it would function as an interface to resolve the issue of patent holdup. There are several reasons for choosing the compulsory license for discussion here. First, it has long been in the current Japanese law. There is no need to newly legislate or amend the law. Second, international sentiments against the compulsory license system have been mitigated notably in the United States of America.[5] Third, availability of other laws, such as the competition law and other legal doctrines are not justifiable in the context of addressing patent holdup. Under these circumstances, an award of a non-exclusive license is the most likely legal basis for practical application.[6]

Before entering into the discussion on the substance of the award system, the author would like to overview its framework with emphasis on its legislative history.

2. Legal Framework

2.1 Purpose of Law

The purpose of the patent law in Japan is to encourage inventions by promoting their protection and utilization so as to contribute to the development of industry. This is declared in Section 1 of the patent law.

In order to help such purpose be realized, a person who makes a new invention may be granted a patent for a limited period, in exchange for the publication of such invention. Through publication in the Official Gazette, details of the invention become publicly known. This public disclosure allows those who are interested in to design around it or improve it. Thus, the patent system contributes the development of industry and the promotion of technical innovation. After the expiration of patents, patented inventions are no longer proprietary. They are in the public domain.

In this way, the patent system is designed to help promote the development of technologies and industry. For this reason, the patent law requires that a patentable invention has to be new, usable and inventive (Section 29, Para. (1))[7].

2.2 Award System

A patent holder has an exclusive right to use its patented invention commercially. To enjoy such exclusivity, a patent holder is obliged to carry four obligations: (i) payment of patent maintenance fees, (ii) exploitation of patented inventions, (iii) due exercise of its right, and (iv) marking of its patent number concerned. If exploitation of a patented invention has not taken place at all or if it is still insufficient, a statutory measure can be taken to ensure the use of a patented invention to a sufficient extent.

The Japanese patent law prescribes occasions where an award of a non-exclusive license under certain patent could be issued to a requesting party. Such award can be issued even without the consent of patentee. In this respect, the award system in Japan could be regarded as a compulsory license system. More specifically, following three occasions are specified in the law: (1) non-use of a concerned patent; (2) use for its own patent; and (3) use for the public interest. These three types of occasions are elaborated on further in the following sections.[8]

3. Overview

3.1 Non-Use

When a patented invention is not worked for 3 years or longer in Japan, a person who wants to use the patented invention may contact its patentee to ask for a non-exclusive license (Section 83). Where the patentee refuses to meet a contacting person or no agreement is reached between them, the contacting person may file a request to the Commissioner of the Patent Office for an award of a non-exclusive license under the patent. The contacting person is not allowed to skip the initial contact to the patentee and run to the Commission of the Patent Office under this system.

Nine applications have so far been filed for an award for the reason of no-use of a concerned patent. They did not proceed to the stage of issuing an award. They were dropped or withdrawn sometime before the final stage of award.

3.2 Use for Own Patent

The patent law assures that a holder of a late patent may ask the patentee of an early patent to grant a non-exclusive license under its patent that could otherwise be infringed (Section 92, Para. 1) when and if the two patents are in special relationship set forth in law.[9] When the patentee of the early patent disagrees to license, then, the holder of the late patent can request the Commissioner of the Patent Office for an award of a non-exclusive license under the early patent.[10] This type of award is called a license for a patent of dependent utility (Section 92, Para. 3).[11]

In actuality, however, this type of compulsory license has not been utilized. Seven applications have so far been filed for an award under Section 92. However, they were eventually withdrawn, like in the case of Section 83 award, and none of them proceeded to the final stage of issuing an award.

3.3 Public Interest

Where an exploitation of a patented invention is particularly necessary for the public interest, a person who wants to use the patented invention may ask its patentee for a non-exclusive license under its patent. Where the patentee refuses negotiation for such a license or no agreement is reached through negotiations with the patentee, the contacting person may further request the Minister of Economy, Trade and Industry (METI) for an award of non-exclusive license (Section 93).[12]

A patent carries with exclusive effects. Therefore, a patent, when exploited, may theoretically interfere with the interest of the public. The provisions of Section 93 assume such circumstances and provide for legal measures to deal with them. Section 93 of the Japanese patent law, however, does not describe the definition of the public interest. According to guidelines or legislative history, the public interest would be interfered, if an epidemic disease spreads but a pharmaceutical company does not grant a license under its patent to cure the disease. Obviously, this scenario assumes that other companies might not engage in the manufacture of the specific medicine due to the existence of the patent.

Among the three types of awards statutorily available under the patent law, this paper analyses the award system under Section 93 and one under 92 in the following sections.

4. Section 93 Award

4.1 Legislative History

The origin of Section 93 in the present patent law dates back to the first patent law of Japan which was legislated in 1909. At the time, reasons for limitation of a right or even taking by the government included military interest in addition to public interest. The amendment of the patent law in 1959 removed from the provisions phrases relating to the notion of "taking." Law makers felt that a limitation of a proprietary right should be of minimum.

On March 15, 1968, an expert group called the "Foreign Capital Council"[13] announced its report on legal issues arising from the liberalization of technology transfer. This council, commissioned by the Ministry of Finance, discussed patent law issues arising out of the liberalization of technology transfer. Discussions were summarized in the report which elaborated on the issues of (a) criteria for an award for a compulsory license under Section 93 of the Patent law and (b) technology transfer agreements containing provisions falling under the scope of the unfair trade practices.

The council was initially formed with a concern that the liberalization of technology transfer would result in harms against the national economy due to the monopolistic use of patents. In the report, the council included examples to which Section 93 was seemingly applicable. One of the examples was a drug patent. It concluded that a Section 93 award would be justified when a patent was so important as to directly relate to the life or health of people. Another example implied that when a patent related to a process or method which was essential for the production of certain products in view of people's life and health, a Section 93 award might be justified.

In these examples, a rationale for justification was that national economy would be significantly harmed by the monopolistic use of patent rights. In this context, the report stated more specifically as follows:

A Section 93 award would be justifiable when and if:

(a) serious unemployment would increase due to bankruptcy or other confusion of companies in the industry;

(b) present facilities of large value could be destroyed due to bankruptcy or other confusion of companies in the industry; or

(c) economic or technological development of a key/basic industry would be disturbed. Or, a key export industry or industries in the field of high technology would be significantly harmed by bankruptcy or other confusion of companies in those industries.

The council noted in the report that the provisions of Section 93 were to limit the enforcement of patent rights so that their application should be determined very carefully. It noted further that a Section 93 award should not be issued in a case where Section 92 might be available. According to the report, it was difficult to articulate adverse influences by a patent concerned against public interest.[14]

4.2 No Achievements

The report in 1968 by the Foreign Capital Council was prepared in an assumption that the adverse influence would be caused against national economy by the liberalization of technology transfer in the late 1960s. The council shared a view that after the liberalization of technology transfer, refusal by foreign patentees of license to Japanese companies would be increasing. Based on this idea, Section 93 was introduced as a means of countermeasures against unreasonable refusal of licenses by foreign patent holders. In actuality, however, no award has so far been issued under Section 93. Eleven applications for an award were filed but none of them ever proceeded to the final stage of administrative processes.

There are several matters conceivable as reasons for the absence of Section 93 awards. First, the award system under Section 93 was originally proposed as one of measures against foreign patent holders. But there were no serious problems observed after the liberalization of technology transfer. The second reason was the diplomatic considerations. A utilization of the compulsory license system in Japan embraced a risk of leading to a tensed diplomatic relationship with the United States of America in particular. Concerns in Japan were witnessed by negotiations for the GATT/TRIPS in which the USA expressed a strong objection to the introduction of the compulsory license into the agreement.[15] Even if requirements for a compulsory license were met under a domestic law, the Japanese government would have hesitated to issue an award under Section 93 because it would have lead to a sensitive issue, political and diplomatic, but not legal.[16]

5. Section 92 Award

5.1 Legislative History

The root of Section 92 dates back to the 1909 patent law. In the old law made a hundred years ago, a non-exclusive license was available when a patent could not be exploited without using other person's patent, provided that such other person refused to license its own patent. Upon receipt of a request for the license, a board of examiners at the Japan Patent Office reviewed the request.

By the amendment of the patent law in 1959, however, the authority to review and issue an award for a non-exclusive license was changed from the examiners' board to the commissioner of the patent office. This change was made in view of necessities of economic analysis as well as technical analysis. Any award under this section needed to determine or at least consider factors of appropriate royalty rates for the non-exclusive license.

In 1971, a minor change was made so as to remove an approval of the JPO commissioner for a prior negotiation with the patentee.

5.2 Why Section 92 Award Now

In the contemporary ICT industry, technology standards call for a flood of patent applications. A good example is a wireless standard, such as a CDMA (code division multiple access) technology. This is well known as a three generation (3G) technology essential for modern mobile telephone communications.

The CDMA technology was pioneered by a US venture company, Qualcomm Inc. Qualcomm has obtained thousands of patents for the technology worldwide. Other companies such as Nokia and Broadcom have also accumulated their technologies and obtained many patents relating to the CDMA technology. For example, Qualcomm filed 2026 PCT applications for 20 years from 1989 through 2008, while Nokia filed 973 and Broadcom 334. Their patent applications total 3333.[17]

Needless to say, there are other patents relating to the CDMA technology which are owned by other companies. For simplicity, let's focus on the above mentioned three companies and assume that half of their applications would be granted a patent right. With this 50% grant ratio, their patents would be about 1665 which are more or less relating to the CDMA technology. Even if all of them may not be "essential" patents for the CDMA technology, they are serious concerns for companies doing business with the CDMA technology in the wireless communications market. They have to clear potential patent infringements. Otherwise, they would face a serious legal risk. Such clearance would be a big burden for communications venders and mobile phone manufacturers worldwide.[18]

Again, let's assume that a company who has an important patent relating to the CDMA technology and that the patent was for some reason adopted as an essential patent for the 3G wireless standard. What would happen if that company insisted its own license policy while the rest of the patentees of other essential patents agreed to license on the reasonable and non-discriminatory (RAND) conditions. This may appear somewhat extreme, but this type of patent holdup is a serious concern for standard-developing organizations.

5.3 Scenarios

In the case of the CDMA wireless standard, QUALCOMM, Nokia and Broadcom are major players in the world. In a hypothetical calculation, they would have accumulated more than 1600 patents in total. Their patents must be directed to various key components and features of the CDMA technology. Strictly speaking, their patent coverage should be physically duplicative or overlapped, to some extent, though not in entirety.

A fairly good number of these patents may interfere with others. This can be partly explained by the fact that defendant, when sued for patent infringement, promptly sue back alleging patent infringement by plaintiff. In fact, in the business of wireless communications in the USA, fierce patent litigations were raised against to each other. Main issues before the courts were the invalidity or unenforceability of opponent's patents.[19]

What happens if similar situation takes place in Japan. Is a Section 92 award available? Although, a later-filed conflicting patent cannot be exploited when an earlier-filed patent exists,[20] an award under Section 92 might be available when legal requirements are met. Section 92 is a provision that patents under restrictions in view of the existence of prior patents can be utilized in view of the purpose of the patent law: development of industry and technology.

5.4 Existing Barriers

Theoretically, literal interpretation may allow the application of Section 92 to a group of patents in the context of technology standards in the ICT industry. However, there is an existing barrier to prevent it. That is a package bilateral agreement between Japan and US which was signed by the commissioner of the Japanese Patent Office and that of the US Patent and Trademark Office in August 1994.

The agreement itself was intended to cover a wide variety of issues to resolve the trade issues emerging in early 1990s. One of areas for which specific measures was sought was the system to award a non-exclusive license under Section 92. Both parties agreed that on and after July 1, 1995, each country should not allow an award to grant a non-exclusive license for the use of a patent invention in using another person's patented invention. In view of the fact that no counterpart of the award system exists in the USA, this obligation not to issue a statutory award is in actuality imposed one-sidedly on Japan.

Legally stated, the binding effect of the 1994 bilateral agreement seems to be questionable because any agreement by a representative of governmental agencies cannot cancel a right and duty under a statutory law.[21] However, there are no records of court actions on this issue.

6. Conclusion

In Japan, cases involving the issues of patent holdup are not many. One notable case, however, is a patent licensing campaign exercised by the patentee of a patent relating to a JPEG (joint photographic experts group) technology. The JPEG technology was standardized by the ISO (International Standard Organization) in 1992 and commonly used by manufacturers, especially, digital camera manufacturers worldwide.

Patentee started licensing campaigns in 2001 when the JPEG standard became indispensable in the industry. Many Japanese digital camera producers agreed to settle the dispute after lengthy negotiations. This was commonly called the "JPEG standard" issue.[22] Since then, many Japanese manufacturing companies have realized serious implications of patent holdup and their concerns have grown year by year.

The JPEG issue is not the matter for which a compulsory license would be applicable. Parties involved finally agreed to settle the dispute under license agreements. The patentee was willing to license its patent so that it was generally a matter of whether the conduct of the patentee was admissible in view of justice.[23]

In China, an anti-monopoly law is already in effect. Its Article 55 provides for that intellectual property rights (IPRs) are exempted from the application of the anti-monopoly law. There is a proviso clause in this article to the effect that if any IPR is abused or misused to exclude or limit competition, the law (anti-monopoly) shall be applicable. It is still uncertain, to what extent this proviso of Article 55 will be extended. We have to wait and see the development of the law in this respect.

An issue of patent misuse is a legal theory to limit the exclusivity of a patent right. Generally governing law is competition law. In industrially advanced countries, anti-trust authorities may issue an order to a violating party to cure its bad conduct against the order of competition. Such conduct includes patent misuse.

The award system in Japan, which is the theme of this paper, rests on a different legal theory from one under the competition law. Nevertheless, the author hopes that detailed discussion of legislative history of the compulsory license in Japan would give some insights to those who implement the anti-monopoly law in China, especially, Article 55.

(This article was first submitted to the 5th International Conference on Intellectual Property Protection of High Technology: Knowledge Sharing and Balanced IP Protection. organized by SCHOOL OF LAW TSINGHUA UNIVERSITY in 2009)

> (1) In the ICT industry, there are 12 patent pool schemes worldwide. A representative example is the MPEG2 data-compression technologies. *See* Hisashi Kato "*Patent Pool Gaisetsu*" (Overview of Patent Pool Arrangements), *Hatsumei Kyokai*, 2006
> (2) The idea of the soft IP scheme is mirrored from the US Supreme Court decision in *eBay Inc v. MercExchange, L.L.C.,* 547 U.S. 388 (2006).
> (3) Analysis of case law is withheld here because it is not a main theme of this paper. The author has researched US patent cases in which patent holdup issues are argued. A paper on that issue was published in the "*Chizai Kanri*" (Management of Intellectual Property), Japan Intellectual Property Association, Vol. 59, No. 3, 2009, pp 297-307. *See* also, Jinzo Fujino "*Hyojunka Bijinesu*" (Standardization Business), *Hakuto Shobo*, 2009.

(4) See, for example, a Japan Fair Trade Commission's guideline (Guidelines on Standardization and Patent Pool Arrangements) (June 29, 2005), and another guideline (Guidelines for the Use of Intellectual Property under the Antimonopoly Act). See, "Antitrust Guidelines for the Licensing of Intellectual Property" (US Department of Justice/Federal Trade Commission, April 1995).

(5) Mitigation of anti-compulsory license atmosphere is seen in decisions of the Court of Appeals for the Federal Circuit. In *Paice LLC v. Toyota Mortor Corp., et al*, the Federal Circuit stated: "Under some circumstances, awarding an ongoing royalty for patent infringement in lieu of an injunction may be appropriate. In *Shatterproof Glass Corp. v. Libbey-Owens Ford Co.*,.... this court upheld a 5% court-ordered royalty, based on sales, 'for continuing operations.' Although parties in that case contested the amount of the royalty, styled a 'compulsory license' by the court, there was no dispute as to the district court's authority to craft such a remedy." (decided October 18, 2007, 2006-1610, -1631, p.34)

(6) The author has researched whether other statutory law and legal theories in Japan are applicable to the issue of patent hold up. Results of his researches were summarized in this book. See "Legal Theories To Combat Patent Holdup in Japan" section 6II, pp.306-324.

(7) Section 29 of the Patent Act sets forth as follows.
  (1) Any person who has made an invention which is industrially applicable may obtain a patent for its invention, except in the case of the following inventions: (i) inventions which were publicly known in Japan or elsewhere prior to the filing of the patent applications; (ii) inventions which were publicly worked in Japan or elsewhere prior to the filing of the patent application; (iii) inventions which were described in a distributed publication or made available to the public through electric telecommunication lines in Japan or elsewhere prior to the filing of the patent application.
  (2) Where an invention could easily have been made, prior to the filing of the patent application, by a person with ordinary skill in the art to which the invention pertains, on the basis of an invention or inventions referred to in any of the paragraphs of subsection (1), a patent shall not be granted for such an invention notwithstanding subsection (1).

(8) Three types of compulsory licenses are provided for in Sections 82, 92 and 93 of the Japanese Patent Act respectively.

(9) Section 92, Para. (1), provides for as follows.
Where a patented invention falls under any of the cases provided for in Section 72, the patentee or exclusive licensee may request the other person referred to in that section to hold consultations on the grant of a non-exclusive license to work the patented invention or of a non-exclusive license on the utility model right or the design right.

(10) Section 92, Para. (3), provides for as follows.

If no agreement is reached or no consultation is possible under subsection (1), the patentee or exclusive licensee may request the Commissioner of the Patent Office for an arbitration decision.

(11) The purpose of Section 92 is to provide the opportunity for the use of later patents under such conflicting situations. *See*, Nobuhiro Nakayama, "*Chuukai Tokkyohou*" (Notes of Patent Law) Vol. 1, Ver. 2, *Seirin Shoin* (1989), pp.711.

(12) Section 93 sets forth as follows.

(1) Where the working of a patent invention is particularly necessary in the public interest, a person who intends to work the invention may request the patentee or exclusive licensee to hold consultations on the grant of a non-exclusive license.

(2) If no agreement is reached or no consultation is possible under the preceding subsection, a person who has interests in working the patented invention may request the Ministry of Economy, Trade and Industry for an arbitration decision.

(3) – omitted here –

(13) Initial item this council discussed was how to cope with the liberalization of foreign capitals. The council was named after its initial assignment.

(14) In 1975, the METI, a central government ministry governing trade issues, announced another guideline to help businesses understand how the Section 93 award system should be operated. The guideline, basically elaborating on procedures of and requirements for the award, rephrased the occasions where a Section 93 award might be available when (i) it was particularly necessary in the field directly related to people's life, preservation of people's properties, and construction of public facilities, or (ii) failure in obtaining an award would significantly harm the sound development of relevant industry. It remarked, however, that any award shall be subject to the TRIPS Agreements and other international commitments.

(15) *See*, Mitsuo Matsushita "WTO *Taisei no Hoteki Kento*" (Legal Study on the WTO Framework – Intellectual Properties and International Trade (Part 2)" *Kokusai Shoji Homu*, Vol. 11, 1995, pp. 1180–

(16) Another factor which made Japan refrained was vigorous campaigns by US companies against the revision of the patent policy of the European Telecommunications Standard Institute (ETSI). ETSI's draft patent policy included a limitation of holdup patents by requiring each holder of essential patents to give a 180 day notice. If notice failed, failing patentees were required to grant an open license. US companies strongly objected the introduction of the compulsory license-type of concept into the ETSI's patent policy. As results, in 1993, the ETSI gave up the inclusion of the controversial provision into its patent policy.

(17) The source of these data is a patent database called "DWPI."
(18) QUALCOMM, for example, announces a package license scheme under which payment of 5% royalty would allow licensees to use the entire patents which QUALCOMM holds. QUALCOMM settled its patent disputes with Nokia in 2008 and with Broadcom in 2009 and the settlement agreements do not affect, according to its press release, the royalty arrangements between these three and their licensees. Each licensee has to seek, whenever necessary, a license from each licensor.
(19) In fact, there were 11 patent litigations pending between QUALCOMM and Nokia in the world. Also there were 7 patent litigations between QUALCOM and Broadcom worldwide. They started in 2005 and were settled in 2008 and 2009 respectively.
(20) Section 72 sets forth as follows: When a patent invention would utilize another person's patented invention, registered utility model or registered design or design similar thereto under an application filed prior to the filing date of the patent application concerned, or when the patent right conflict with another person's design right or trademark right under an application for registration of a design filed prior to the filing date of the patent application concerned, the patentee, exclusive licensee or non-exclusive licensee shall not commercially work the patented invention.
(21) For example, *see* Shigetoshi Matsumoto "*Tokkyoken no Honshitsu to Sono Genkai*" (The essence and limit of patent right), *Yuhikaku* 2005, at 80.
(22) See, Jinzo Fujino "*JPEG kikaku no tokkyo mondai*"(JPEG and Patent Issues), CIAJ (Communications and Information Network Association of Japan) Journal, 2003, March, pp. 14-19.
(23) In this case, the patentee purchased a group of patents from a company which had gone into bankruptcy. The patent at issue was one of the purchased patents which were reportedly purchased with an intention for a licensing business.

IV Case Note:
Higashi Murayama Tax Bureau v. Silver Seiko K.K.

Decision of the Japan Supreme Court (Small Bench)
June 24, 2004 – Case No. 44/1999 (gyo-hi)

Where a Japanese company in the course of a dispute settlement on a possible patent infringement licenses a U.S. patent from a U.S. patentee, the royalties accruing under the agreement are not taxable in Japan.

Higashi Murayama Tax Bureau was the appellant before the Tokyo High Court and is the petitioner before the Supreme Court ("Petitioner"). Silver Seiko K.K. is a Japanese company engaging in the manufacture and sale of business machines and equipment ("Respondent").

The Respondent developed new technologies and installed them in its rotary wheel impact printers and electronic typewriters. Since around 1982, these printers and typewriters had been imported into the United States of America through the Respondent's U.S. subsidiary. Thus imported products were distributed in North, Central and South America.

Qume Corporation, a third party to this case, was a California-based company engaging in the manufacture of printers for office use. Qume made an invention relating to a daisy wheel type printer and filed a patent application in the U.S., Japan and other countries. The patent application was granted in the U.S. in 1976 (U.S. Patent 4,118,129 or "129 patent ")and in Japan in 1988. Corresponding patents were granted in other countries.

In June 1983, Qume filed a series of Section 337 complaints under the Tariff Act of 1930 with the U.S. International Trade Commission. The complaints were filed against several Japanese printer manufacturers including the Respondent. Qume alleged, *inter alia*, unfair practices in connection with the importation of printer related products and sought investigations under the 1930 Tariff Act.

The Respondent decided to settle the patent dispute in connection with the 129 patent and entered into a settlement agreement with Qume in November 1983. In return for the payment of settlement fees, Qume agreed to withdraw the Section 337 complaint against the Respondent and agreed not to enforce the 129 patent against the Respondent. Qume's major concern was to keep the market share of its printers on the market and to assure profits under the 129 patent. During negotiations for the settlement agreement, no specific reference was made with regard to the treatment of the corresponding patents abroad, including the Japanese patent.

The settlement agreement included the following provisions:

i) A covenant not to sue the Respondent.

ii) A world-wide non-exclusive licence for the Respondent to make and have (licensed products) made under the 129 patent and to use or sell them in the U.S. Sales volume was limited to half a million units for printers, but there was no limitation on typewriters.

iii) The Respondent was to pay Qume US$190,000 as royalties for past infringement and US$570,000 for future sales.

iv) These payments were defined as "settlement fees" to be paid in advance. The payments should be made in the full amount without deducting the withholding tax.

v) Under the agreement, the Respondent paid US$400,000 in December 1983 and US$360,000 in April 1984 without deducting any withholding tax.

In June 1985, Petitioner Higashi Murayama Tax Bureau sent an official notice and decision to the Respondent that the latter had failed to deduct the withholding tax with respect to its royalty payment (*i.e* US$760,000 in total) and that the Respondent should pay the national income tax in addition to overdue penalties. Although the recipient of the royalties was the licensor Qume, Japanese law obliges the licensee in such cases to deduct the withholding tax from payments and submit the deducted amount to the tax authorities.

In 1988, the Respondent filed a complaint with the Tokyo District Court seeking a declaratory judgment that the Tax Bureau's decision was void on the ground that the national tax law was inapplicable to the settlement fees in this case.

In 1992, the Tokyo District Court decided in favour of the Respondent, concluding that the payments made by the Respondent were exempted from the application of withholding tax under the Income Tax Act because they related to a U.S. patent. In determining the U.S. as the source country where the taxable income was generated, the Tokyo District Court emphasised the territorial nature of the 129 patent (Tokyo District Court, 27 October 1992, 1058 Jurist 124, German summary in 1995 GRUR Int. 988).

The Tax Bureau appealed the district court's decision to the Tokyo High Court. On appeal, the appeal court affirmed the district court's decision in 1999 (unreported). The Tax Bureau further appealed to the Supreme Court.

The Supreme Court dismissed the appeal.

Findings:

[Majority Opinion]

The Income Tax Act defines, as domestic source income, royalties payable by a person doing business in Japan in connection with intellectual property rights and other technology-related rights (Income Tax Act, Section 161(7-1)). It sets forth that a foreign legal institution that receives such royalties has a duty to pay income under the law (Sec. 5(4) prior to the amendment by Law No. 96 of 1987).

According to the facts discussed above the purpose of this agreement was to enable the Respondent to resolve disputes under the U.S. patent at issue (which is valid only in the U.S.) and to ensure that it would be able to continue the exportation of its products to the U.S. The agreement includes provisions that:

i) Company B [the name "Qume" was withheld in the court decision] grants to the Respondent and its related company (the Respondent's U.S. subsidiary falls into this category) a limited right and licence under the U.S. patent at issue for the sale of licensed products in the U.S, and Company B agrees not to sue the Respondents or its related company on the ground that the U.S. patent at issue was infringed by the sale of licensed products prior to the effective date of this Agreement, and

ii) the Respondents pays to Company B the royalties with respect to the licensed products sold by the Respondent or its related company in the U.S. prior to and on or after the effective date of the agreement ...

There are other provisions in the licence agreement. For example, the Respondent pays to Company B the settlement fees as stipulated in the agreement and in return for such payment Company B grants to the Respondent and its related company a worldwide, non-exclusive licence under the U.S. patent at issue to manufacture licensed products and have them made (Art. 2). Such fee is for the dismissal of the [Sec. 337] complaint and the settlement of the outstanding disputes between the Respondent and Company B (Art. 6(a)). However, these provisions are subordinate to the above mentioned main provisions of the licence agreement, and nothing in these [subordinate] provisions adversely affects the Court's interpretation that the settlement fees were paid as royalties [for sale] in the U.S. under the U.S. patent at issue. An additional provision (Art 5(a)) is a covenant not to sue and relates to the foreign patents corresponding to the subject U.S. patent owned or controlled by Company B and its affiliates. While the covenant relates to the corresponding foreign patents and complements the covenant not to sue offered in Art. 5(b), these provisions do not affect the above interpretation of this Court [that the settlements only relate to the U.S. territory].

The Respondent did not engage in the importation into and sale in the U.S. of licensed products, and was thus not liable for infringement of the U.S. patent at issue. However, its subsidiary would be economically damaged if the sale of the licensed products was banned in the U.S. Therefore, the Respondent willingly entered into the agreement in order for its U.S. subsidiary to continue its business in the U.S. There is nothing wrong with this kind of arrangement. As discussed above, the settlement fees paid under the settlement agreement amounted to the royalties with respect to the sale in the U.S. of licensed products and was not for manufacture and sale in Japan. The fee therefore does not fall into the class of taxable income under the Income Tax Act (Sec. 161(7-1)). Company B has no liability as a payer with regard to the settlement fees, which, in turn, exempt the Respondent from withholding the income tax for the settlement fees. The judgment of the lower court, denying that the Respondent had a duty to withhold the income tax and dismissing the decision of the Petitioner for tax purposes, was appropriate....

[Dissenting Opinion]

We [two judges of a five-judge panel] disagree with the majority opinion that the settlement fees in this case did not amount to royalties as defined in the Income Tax Act, Sec. 161(7-1), for the following reasons.

1. Facts established by the lower court show that the Respondent manufactured its own products in Japan and sold them to its U.S. subsidiary, an independent business entity. Licensed products thus sold were imported into the U.S. for sale in the U.S. The Respondent's business was therefore to manufacture

and sell the licensed products in Japan. It was the U.S. subsidiary that had to assume liability for direct infringement of the U.S. patent at issue, but not the Respondent.

2. The settlement agreement aimed at resolving all of the outstanding disputes between the Respondent and Company B (Preamble F of the agreement). Several provisions are directed to the resolution of the outstanding disputes. For example, Art. 2 provides for a non-exclusive licence under which the Respondent and its related company are allowed to manufacture, or have products made under licence, and sell them directly or indirectly in the U.S. in return for payment of the stipulated royalties. Article 4 sanctions any past infringements by the Respondent and its related company prior to the effective date of the agreement by waiving any legal action with regard to products manufactured or sold in the U.S. prior to the agreement. In Art. 5(a), Company B promises not to sue on the basis of the foreign patents corresponding to the U.S. patent. Article 6(a) defines the payments made under the agreement as a consideration for the settlement of the outstanding disputes. From these provisions, it is clear that the resolution of the outstanding disputes between the Respondent and Company B was not only the direct infringement of the U.S. patent by the sale of licensed products in the U.S., but also possible infringements in other parts of the world, including the manufacture of licensed products outside the U.S. and their possible resale in the U.S..... Therefore, an appropriate interpretation should be that the dispute was not limited to the direct infringement of the U.S. patent, but concerned all disputes arising in connection with the use of the invention and technology constituting the U.S. patent ....

3. ...

4. Against the factual background discussed above (Paras. 1-3), the Respondent manufactured its own products in Japan and sold them to its U.S. subsidiary for exportation to the U.S. The Respondent was not in a position to be made liable for direct infringement of the U.S. patent. The royalties stipulated in the agreement were calculated in accordance with the sales price and volume of such products at the time the Respondent sold them to its U.S. subsidiary. Such royalties were required to be paid before the actual sale in the U.S. Thus, the royalties not only pertained to the licence for the U.S. patent and the sale of licensed products, but also to the licence for the invention and technology

constituting the U.S. patent enabling the Respondent to manufacture the products in Japan and sell them. With the payment of such royalties, the Respondent obtained a waiver under Arts. 2 and 4 of the agreement for infringement claims against its U.S. subsidiary which was selling the licensed products in the U.S.

5. ... The royalties paid by the Respondent under the agreement can be considered for the industrial property rights and other technology-based rights as provided for in the Income Tax Act (Sec. 161(7-1)). The Respondent engaged in the manufacture and sale of licensed products in Japan. Such royalties should be construed as domestic source income.

Comment:

The Japanese Income Tax Act defines domestic source income in Section 161. The income as defined in the statute includes, *inter alia*, profits, dividends, interest and royalties. They are taxable in so far as they are generated by and in connection with domestic business. Section 161(7) (a) provides that royalties include compensation for the use of industrial property rights and other technologies or for the use of methods for production. The royalty in the statute also includes remuneration for the assignment of industrial property rights and technologies.

In the case at issue, arguments were raised as to whether the fees paid under the settlement agreement amounted to a royalty as defined in the statute. The tax authority argued that the fees were taxable as domestic source income in view of the place of actual production. In its argument, the tax authority focused on the fact that a corresponding Japanese patent was included in the license agreement and that the products in question were manufactured and sold in Japan.

In Japan, there were four reported cases involving the issue of "domestic source income." Three were from the courts and one from the tax tribunal. Among the three court cases, the *Compressor* case in 1985 is considered a landmark decision. Here, the Tokyo District Court put more weight on the place of manufacture than the place of sale and use in determining the source country for taxation. As no appeal was made, the district court's decision became final and became a precedent for tax practice.

In the case at issue, the tax authority basically followed the decision in the *Compressor* case. However, the court deviated from its previous decision. This deviation provoked criticism and debate among practitioners and tax experts in

Japan. Some criticized that the court's decision was not in conformity with precedents, thereby causing confusion among practitioners in both the licensing and tax fields. Some debated that the court's decision would render the withholding tax system fragile. It is perhaps in view of such criticism and debate that the courts needed the unusually long time of almost 17 years to reach a final decision on the matter.

(This article was first cited in the International Review of Intellectual Property and Competition Law" published by the Max Planck Institute, 8/2005, Volume 36, pp. 976-980)

あとがき

　スマートフォンをめぐるグローバルな特許訴訟，そして今年（2015）になって発表されたトヨタによる水素燃料電池車（FCV）関連特許の無償公開など，特許をめぐる大手企業の事業戦略がこのところ注目されている。これらは基本的に知的財産権の問題であるが，製品や技術の世代交代を促す標準化戦略と密接に関連している。

　スマートフォン訴訟の場合，標準に必須の特許を合理的かつ無差別な条件（FRAND条件）で実施許諾することを宣言した特許保有者が，後に侵害差止請求を提起した場合に差止を認めるかどうかが争われている。いわゆる「標準必須特許（SEP）」問題である。この問題は，裁判所だけではなく，ITUなどの国際標準化機関でもその対応が議論されている。また，わが国の公正取引委員会は今年の7月，この問題に対処するための知財ガイドライン改訂案を発表し，一般から意見募集を行って話題となった。

　SEP問題は，知的財産権の排他性と標準制度の公開性が交錯した場合に生じる。この問題は新しい法律問題であるため，先行研究はまだ十分とは言えず，体系化もされていない。そのような状況に鑑み，筆者がこれまでに発表してきた論考を一冊にまとめたのが本書である。

　本書では，冒頭に特許と標準の交錯というテーマを問題提起した。そして，第1章で標準化戦略の事例を，第2章で標準と法律の関係する事例を，第3章で両者が交錯した場合の権利調整理論を論じた。第4章では必ずしも標準関連ではないが，筆者の関心事項である職務発明問題と米国最高裁判例についての論考を紹介した。第5章は，知財と標準にかかわる政策論，制度論，教育論などについての論考を紹介した。そして第6章に英語で発表した論考や学会発表論文の英訳文を載せた。

　ここでなぜ第6章に英文論考を入れたかについて簡単にふれておきたい。筆者は1998年に特許と標準が交錯した場合の利害調整論として「社会領域論」を提唱した（本書，第3章Ⅳに所収）。近年，同じ考え方に立った権利調

整論が，米国でも発表されるようになった。たとえばカルフォルニア大学バークレー校のRobert Merges教授は，著書"Justifying Intellectual Property"(2009)の中で筆者の調整理論に近い考え方を展開している（本書，第5章V参照）。また，最近の米控訴裁の判決（エリクソン対D-LINK事件）の中でも，発明から生じる特許の価値と標準化によって生まれる価値を分けるという，基本的に筆者が提唱した二分論が展開されている。

筆者のこれまでの論考は邦文で公表されたものであり，残念ながらそのほとんどは英文で発表されていない。そのこともあって，筆者の論考が米国の最近の動きに何らかの示唆を与えたとは考えにくい。少なくても，Merges教授の著書には引用されていない。英文発表の機会を逃したという反省もあって，今回はいくつかの論考を英文で掲載することにした。

最後に，本書は筆者の処女作である『特許と技術標準—法的関係と交錯事例』(1998年)の姉妹編ともいえるものであるが，今回もまた八朔社の片倉和夫社長のお世話になった。厳しい出版環境にあるにもかかわらず，筆者の定年退官を記念する書籍として本書を公刊していただいた。この場を借りてあつく御礼を申しあげるしだいである。

2015年9月

藤野　仁三

[著者略歴]

藤野　仁三（ふじの　じんぞう）

1949年岩手県生まれ。福島大学経済学部卒業後，早稲田大学大学院法学研究科修士課程修了。
日本技術貿易株式会社，モリソン・フォースター法律事務所等を経て，2005年より東京理科大学専門職大学院教授。
現在，同専門職大学院嘱託教授。

著　書

『知財担当者のための実務英文入門』（オーム社，2011年）
『標準化ビジネス』（共編著）（白桃書房，2009年）
『アメリカ知的財産権法』（訳書）（八朔社，2009年）
『よくわかる知的財産権問題』（日刊工業新聞社，2003年）
『特許と技術標準―交錯事例と法的関係』（八朔社，1998年）

主な論文・論説

「職務発明制度を考える―法制史の視点から」（『日本知財学会誌』Vol.11, No.2, 2014年）
「ホールドアップ特許に対する権利制限理論」（『日本知財学会誌』Vol.5, No.4, 2009年）
「クアルコムの標準化戦略と特許戦略―ノキアとの特許訴訟を中心にして」（『日本知財学会誌』Vol.4, No.1, 2007年）
「判例評釈『単離DNAの特許適格』」（Association for Molecular Pathology v. Myriad Genetics, Inc. 133 S. Ct. 2107 (2013), 日米法学会『アメリカ法』2014-1号）
「ホールドアップ問題に関する米国判例の展開」（日本知財協会『知財管理』Vol.59, No.3, 2009年）
「特許と技術標準の共存可能性―社会領域論の提唱―」（日本知財協会『知財管理』, Vol. 48, No. 3, 1998年）

学会等

社団法人　日本知財学会会員，日米法学会会員

知的財産と標準化戦略
2015年9月25日　第1刷発行

著　者	藤野　仁三
発行者	片倉　和夫
発行所	株式会社　八朔社（はっさくしゃ）

東京都新宿区神楽坂2-19銀鈴館内
電話03-3235-1553　Fax 03-3235-5910
E-mail：hassaku-sha@nifty.com

©藤野仁三，2015　　組版・森健晃　印刷／製本・互恵印刷

ISBN978-4-86014-076-2

── 八朔社 ──

藤野仁三著
特許と技術標準
交錯事例と法的関係
二八〇〇円

アーサー・R・ミラー 他 著／藤野仁三訳
アメリカ知的財産権法
三〇〇〇円

清成忠男監修／東北産業活性化センター編
シリコンバレーで成功する秘訣
二〇〇〇円

伊藤裕人著
国際化学産業経営史
二八〇〇円

鈴木浩 他 編著
地域計画の射程
三四〇〇円

定価は本体価格です

― 八朔社 ―

東日本大震災からの復旧・復興と国際比較
福島大学国際災害復興学研究チーム編著
二八〇〇円

テキスト災害復興支援学
福島大学の支援知をもとにした
福島大学うつくしまふくしま未来支援センター編
二〇〇〇円

北東日本の地域経済
経済地理学会北東支部編
三四〇〇円

八ッ場ダムと地域社会
大規模公共事業による地域社会の疲弊
桜美林大学産業研究所編
二八〇〇円

小さな自治体の大きな挑戦
飯舘村における地域づくり
境野健兒・千葉悦子・松野光伸 編著
二八〇〇円

定価は本体価格です

――― 八朔社 ―――

新保芳栄著
金融機関のリスク管理再考 一八〇〇円

新保芳栄著
実務者からみた
金融機関行動と不良債権問題 一八〇〇円

中田常男著
株式会社論と経営者支配 七〇〇〇円

涌井秀行著
ポスト冷戦世界の構造と動態 三二〇〇円

吉田忠著
近代オランダの確率論と統計学 四〇〇〇円

定価は本体価格です